向健杰 ◎ 著

大学生职业规划
20堂必修课

附录：最能激励你走向成功的100句励志成功语录

广东省出版集团
花城出版社
中国·广州

图书在版编目（ＣＩＰ）数据

大学生职业规划20堂必修课 ／ 向健杰著. -- 广州：
花城出版社，2014.1
ISBN 978-7-5360-6708-0

Ⅰ．①大… Ⅱ．①向… Ⅲ．①大学生－职业选择②大
学生－创造教育 Ⅳ．①G647.38②G640

中国版本图书馆CIP数据核字(2013)第005205号

出 版 人：詹秀敏
责任编辑：邓　如
技术编辑：薛伟民　陈诗泳
封面设计：
版式设计：林露茜

书　　　名　大学生职业规划 20 堂必修课
　　　　　　DAXUESHENG ZHIYE GUIHUA 20 TANG BIXIU KE
出版发行　花城出版社
　　　　　　（广州市环市东路水荫路 11 号）
经　　销　全国新华书店
印　　刷　广东新华印刷有限公司
　　　　　　（广东省佛山市南海区盐步河东中心路 23 号）
开　　本　880 毫米×1230 毫米　32 开
印　　张　10.625
字　　数　200,000 字
版　　次　2014 年 1 月第 1 版　2014 年 1 月第 1 次印刷
定　　价　32.00 元

如发现印装质量问题，请直接与印刷厂联系调换。
购书热线：020－37604658　37602954
花城出版社网站：http://www.fcph.com.cn

人因梦想而伟大！梦想才是人一生最大的财富。

目录 *ontents*

第二篇章　**人生规划的法则**

职业成功法则第一课：有明确的人生目标

职业成功法则第二课：做好自己的职业规划

第三篇章　**做人的法则**

职业成功法则第三课：诚信做人

第四篇章　做事的法则

职业成功法则第八课：你的职业形象价值百万

职业成功法则第九课：学会自我营销

职业成功法则第十课：学会沟通

职业成功法则第十一课：良好的职业素质是成功的基石

职业成功法则第十二课：从小事做起

职业成功法则第十三课：找到成功的方法

职业成功法则第十四课：强烈的成功欲望

第五篇章　终身学习法则

职业成功法则第十五课：终身学习

职业成功法则第十六课：终身思考

第六篇章　**生活法则**

前言

Introductio

在 2006 年 2 月发布的《1999—2005 年美国企业在华营商环境调查报告》显示：如今在华外企的发展最大的难题是人才紧缺，而且这一难题还会在未来相当长的时间里存在。70% 的公司都认为他们的业务因高级人才缺乏而受到了严重影响；然而，许多企业都明确表态不招大学应届毕业生。

据中国共青团中央学校部和北京大学公共政策研究所根据《2006 年中国大学生就业状况调查》所得出的结论："六成中国大学生毕业即面临失业。"另据 2011 年广东人力资源报告：广东每年就业有缺口几十万，但是大学生就业形势依然非常严峻。

2012 年两会报道："调查显示中国有 65% 以上的家庭存在'老养小'现象，30% 左右的青年基本靠父母供养。"

据中国青年报报道：最近出炉的"2011 届大学生毕业生求职

期待分析报告"显示：学历越高创业意愿就越低。

近年来，我国的高等教育在不断地扩招，大学生人数在逐年增加，而"啃老族"却与日俱增并迅速扩大，这表明，我们的教育、我们的大学人才的培养以及对人才评估标准出了大问题！这种啃老现象很快就会从一种"家庭现象"演化成严重的"社会问题"……

一份 2006 年世界大学排名的前 10 位中，美国的大学占了 8个，而享有中国最高等学府之美誉的北大、清华却已经跌出 200 名之外，这在某种程度上说明中国教育质量的落后。最直接的体现就是代表一个国家的教育最高水平的大学的教育水平，也就是大学能够培养出什么样的人才，对国家、对社会、对世界有用的国际化人才。这也反映了我们国家的大学生人才在国际人才的竞争中所处的地位。

中国绝大多数大学生缺少阅读的习惯，甚至不看与考试无关的书，据调查，中国当代大学生有超过 80% 没有阅读的习惯，这是一件多么可悲的事情！

前不久在广州做了一个关于大学生就业实习状况调查：在充斥着整个城市的汽车四 S 店，卖汽车的哥哥姐姐给人感觉是很有职业素养，穿着得体大方有礼而且形象也很好，他们通常都是毕业不久的大学生。但是，你知道他们在刚刚大学毕业时所拿的薪水是多少吗？刚刚毕业的大学生为实习生，2011 年之前的基本工资定位是 300 元每月，2012 年后好像是升到 600 元了，实习时间通常为 6 个月。在许多类似的行业里针对刚刚毕业的大学生都是如此，原因是什么？许多行业人士表示：大学生本科生还不如中专生或者大专生好用。因为现在的大学生尤其是重点名校毕业的本科生和研究生，他们非常缺乏基本的职业素质，没有一技之长而且还眼高手低，很不稳定。

在就业形势日益严峻的今天，大学生却未能深刻地意识到自身综合素质与社会职业岗位之间的巨大差距，他们的就业创业意识还远远没有跟上中国社会市场经济发展的需求，以及全球化人才竞争的大环境。

中国的青年一代，尤其是大学生们，担负着中国未来的重担。正如梁启超所说："少年智则国智，少年富则国富，少年强则国强，少年独立则国独立，少年自由则国自由，少年进步则国进步。"

但是，让人很纠结的是如今的中国大学生们所面临的困难和挑战是前所未有的，他们是在中国应试教育里走出来的考试型的人才，却缺少了职业化所最需要的而且是最重要的综合能力、职业化所需要的软实力。在当今全球化日益严峻的竞争中，他们面临着对自己有着高期望的父母，以及早已习惯了应试教育的学习模式和学习氛围，以及日益浮躁的社会心态的负面影响。

他们早已从原来的"天之骄子"掉了下来，有待更多过来人能够帮助他们指明方向，转变观念，树立梦想和自信，找到适合自己的成功的方法，面对现实，终身学习，积极进取，使他们在步入职场后，能够走得更稳更踏实，使他们能够为中国的崛起发挥中流砥柱的作用。这是多么迫切的事啊！

如果有更多的人能够多一些把成功学、MBA 课堂以及成功的职业化教育课程搬到大学校园，提前教育大学生们如何成功就业；如何快速提升自己的职业素质；如何规划自己的职业生涯；如何创业成功；帮助当代应试教育下的大学生们找到自己的人生方向实现自己的梦想，那该是一件多么美好的事啊！

中国教育只重视硬实力，不重视软实力。而决定一个人成功的关键往往是靠软实力。大学生毕业找不到工作，无数的企业招不到需要的人才，而影响人的一生的职业化教育在中国整个教育体系中几乎看不见，特别是在我们的大学教育中几乎不受重视，这是最令人惋惜的事。

在中国应试教育的笼子里走出来的当代大学生，如何面对竞争？如何生存？

希望当代大学生们能够认清现实，找到自己的短板，学会独立思考和变通，拥有"归零的心态"，脚踏实地，从小事做起，终身学习，提升自己的职业素质和综合能力，通过终身学习和积极参加职业化的培训，来提升自己的价值，使自己能够快速地适应社会和职场的残酷竞争，最终赢得人生的成功。

一个人幸运的前提是他有能力改变自己。人生舞台的大幕随时都可能拉开，关键是你愿意表演还是选择躲避。拼来的是人生，等来的是命运。

什么是成功？

成功就是挑战自我，做最好的自己，就是不断超越自己。

成功也是多元化个性化的，每个人的成功都是独一无二的。

每个人都向往成功，每个大学生都渴望着成功。但是，我们又真正理解成功了吗？认识了吗？多少人对成功流露出了困惑，尤其是当代大学生，很容易人云亦云丧失自我，在面对出国、经商、创业、从政考公务员等等职业选择中，感觉无所适从找不到自己，甚至是完全失去了自己的主见和立场。每个人对成功的认识都有所不同，每个人都想拥有成功，但是，成功对于大多数人又是那么遥不可及。

为了尽自己的最大努力来帮助更多的中国大学生获得成功，"华旭大学生就业创业中心"在成立之际，专门引导应试教育下的中国大学生们做到"适应变化，学会改变"，从而获得人生发展方向和职业的成功而编著这本书。

本书的意义和目的就是想使大学生们能够立即转换自己的社会角色，避免恐惧与迷茫，正确地把握人生的方向，成功地走向社会，快速地适应社会激烈的竞争环境，在最短的时间里走上快速的职业通道，去获得属于自己的那份成功。使大学生们在人生的道路上少走10年弯路、错路；避免大学生们成为"啃老一族"是我编写此书的最大的心愿。

小学努力学，中学拼命学，大学放松学，到了社会不知道学！这已经是中国应试教育里学生的普遍现象。

命运如同手中的掌纹，无论多曲折，终掌握在自己的手中。

本书从多个角度分析大学生要想获得成功所必须具备的综合素质：首先认识自我，发现自我，学会做人做事的成功法则；懂得生活和养成终身学习的习惯，做好人生的规划；并且以大量成功的事实故事告诉大学生们如何快速进入社会职场，快速适应职场的竞争，快速获得职位的一个良好的开端和找到成功方法。

在这本专门写给大学生的书里，我们一起探索成功的奥秘，寻找通向成功的道路。我们真心希望能够帮助当代大学生们快速找到适合自己成功的方法，对关于如何成功为他们进行指导与帮助。

在此，我希望更多的有志向的大学生们，能够从《大学生职业规划20堂必修课》一书中找到开启成功之门的金钥匙。在求学及未来的发展中找到自己的人生坐标。

世界是我们的！人生不止一条路，不走独木桥，人生成功之路将更宽阔！

机会面前人人平等，但机会并不平均分配，上帝只青睐有准备的人。就让一切从今天开始吧！从现在开始，我也微笑着面对世界，我能够活得更好！

成功的人不是赢在起点，而是赢在终点。现在的你在干什么是什么样子都不重要，重要的是你将来想成为什么样的人！自助者，天助！上帝只会帮助那些自救的人！

中国是正在崛起的世界大国，这里会有无数的机会在等着你去把握和争取，只要你能运用你的智慧与勤劳，积极主动地去思考和行动，成功就会属于你！

"为中国大学生就业创业保驾护航。"这是我们华旭人的使命。

帮助更多的大学生获得成功是我们为之终身奋斗的目标。在此，感谢华旭教育的优秀成功学讲师们！感谢华旭教育的各位团队成员们！是他们为本书提供了许多素材以及案例。感谢所有帮助、指导以及鼓励过我的人们，谢谢！

另外，敬请关注我的另一本名叫《钱学森的忧思》的书，这本书也是我在同一时期编写的，预计在《大学生职业规划20堂必修课》出版后的不久就会发行。那是一本有关素质教育与中国教育改革的书，希望能够为中国未来教育改革的方向以及人才的培养模式进行探索和分析。由于本人的阅历与文学水平不够，本书还存在许多的问题与不足，请各方人士提出宝贵建议，本人万分感激！

向健杰

我是谁，我要做什么

伟大的哲学家康德对人生的追求提出了四个问题：1.我是谁？2.我要做什么？3.我能做什么？4.我怎么去做？

这就是人生的意义与人生的真谛！这也是我们当代大学生们必须认真思考的四个人生问题。为此，我们要用一生的经历来回答。

我是谁

伟大的哲学家康德对人生的追求提出了四个问题：1.我是谁？2.我要做什么？3.我能做什么？4.我怎么去做？

这就是人生的意义与人生的真谛！这也是我们当代大学生们必须认真思考的四个人生问题。为此，我们要用一生的经历来回答。

在《成长比成功更重要》描述中国教育的一篇文章中说：中国教育体系就像一座大厦，里面容纳了亿万学生，每一个学生在大厦里都有自己的位置。这座大厦并非我们通常看到的那种形状，它是一个金字塔。

金字塔有五级，学生则有五种类型，分别对应金字塔的五个层次：

如下图：

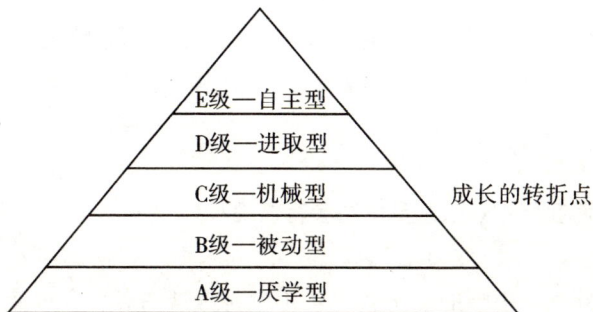

A 级，厌学型：不快乐、厌恶学习、心理上强烈反感和抵触，恨不得把课本扔到老师的脸上去。

B 级，被动型：消极、被动、麻木，在父母和老师严厉督促的压力环境下取得进步。

C 级，机械型：全身心投入、刻苦用功、按部就班地朝着一流的方向努力，基本能够满足老师和家长的要求。

D 级，进取型：自信、主动、积极，把必须要做的事情做到最好，持续地保持一流的成绩。

E 级，自主型：拥有"D 级学生"的特征，此外还有：自主、自由、坚韧、快乐。有个性和多种爱好兴趣，有激情，有想象力，享受学习的快乐而不是完成学习，不以分数衡量成败，不一定是第一名，但一定有独立的意志，有强烈的兴趣，有一个或多个执着追求的目标。

以上五种级别的学生，并不是只考虑学生的成绩分数和智力因素等硬实力，而是更多地考虑学习的态度、自信、自主、快乐、兴趣、想象力等软实力。

从上面所划分的塔型位置找找：你自己的位置在哪里？

可以很清晰地看出，我们亿万学生在这座金字塔大厦里、在中国应试教育这种大环境下能够站在什么位置，他们能够在这种教育体系中吸收到多少真正有用的东西。

我们是在中国应试教育的环境里成长的；我们都是经历过高考的人，但是，有多少人真正想过，"中国的高考"——真的是一考定终身吗？

下面我们来认识几点中国教育的现状

现状一：中国的应试教育就是应付考试的教育，这使我们从小就学会了"应付"！

现状二：小学努力学，中学拼命学，大学放松学，到了社会不知道学！这是中国教育的普遍现象。

现状三：中国绝大多数大学生缺少阅读的习惯，甚至不看与考试无关的书，据调查，中国当代大学生有超过 80% 没有阅读的习惯，这是一件多么不可思议的事情！阅读是关乎民族生存与国家发展的大事！

现状四：中国的教育"一考定终身"，这对大部分孩子来说，是"赢得了一时，却输掉了一生"。

现状五：只重视硬实力，不重视软实力。而决定一个人成功的关键往往是软实力。

现状六：大学生毕业找不到工作，无数的企业招不到需要的人才。

现状七：职业化教育在中国整个教育体系中几乎见不到。

现状八：中国的教育存在严重的功利主义与急功近利的教育思想与作风。

笼子外面的知识你掌握了多少？

把孩子关在笼子里面学习，这是中国应试教育的结果！

那么，笼子外面的知识你掌握了多少？我们学会了什么？

让我们来讲个真实的故事吧：一群孩子被关在一个大笼子里面，然后，由所谓的几位权威专家圈好几本书放在笼子里，告诉孩子们："学习好这几本书就可以了，笼子外面的书和知识是不用学的也是可以不学的，因为考试只考笼子里面的这几本书里的东西，学好了就可以考高分，就可以考名牌大学，就可以考状元，就可以升官发财！你们可千万记住了！现在的学习任务很重了，竞争非常大！'优秀'的孩子太多了，你们一定不能再花其他的时间在笼子外面的书本和知识了，那些都是不考试的是'没有用的'！所以不管怎样，一定要把所有的时间和精力放在笼子里面的这几本书上，只有这样你们才有可能超过其他的'优秀'的孩子，考出更好的成绩，拿到更高的分数；才不会辜负了父母和老师们的一片苦心啊！记住了！千万记住了！！！"

考上大学就是一种"成功"，就是成功过后的"彻底解放"！

中国的孩子"18岁奋斗到头"！"一考定终身"！绝大多数中国孩子的悲惨人生是从18岁开始的。这种教育主流思想会不会害了我们的孩子，我们的未来，害了整个民族和国家？

考上大学了，终于熬到头了，父母不管了，老师不管了，自己也不管了，该解放了，该彻底地放松了，怎么样都会有一本文凭啦！

有人说，最难的事是中国的教育体制改革！给孩子爱和自由！让孩子成为他自己！教育的目的不只是考大学，而是实现自我和追求幸福，获得人生的成功！

让我们一辈子都不敢忘记的中国的高考"黑色六月"有两个重大问题：一个是一次考试定终身；一个是只看考试分数不看别的。对于搞教育，这种模式是最简单的办法，但绝对是最害人的。

中国应试教育导致的怪现象——当前大学毕业生学历越高创业意愿就越低

据中国青年报报道：

最近出炉的"2011届大学生毕业生求职期待分析报告"显示，被调查的2011届高职高专、本科、硕士毕业生，计划继续深造的比例分别为7%、18%、4%，计划自主创业的比例分别为4%、3%、2%。调查还反映了学历越高的本届毕业生，毕业后期待在政府机构、科研事业单位就业的比例越高。而选择考公务员的大学生在2011年达到了167万人之多，超过了60%的大学毕业生都极力选择到国家机关事业单位就业，追求稳定，有保障而有面子。

2012年两会报道：调查显示中国超六成家庭"老养小"。随着家庭结构的变化，"啃老族"也逐渐登上社会舞台。全国政协委员、社会学研究所原所长景天魁提出《关于激励啃老族自立自强的提案》，鼓励啃老一族自强不息。他还指出："调查显示，中国有65%以上的家庭存在'老养小'现象，30%左右的青年基本靠父母供养。"

近年来，中国的高等教育在不断地扩招，大学生人数在逐年增加，而"啃老族"却与日俱增并迅速扩大，这表明，我们的教育、我们的人才评估标准出了大问题！这种啃老现象很快就会从一种"家庭现象"演化成严重的"社会问题"……

这种现象的背后的原因是什么？是当代大学生们对现代世界发展以及对改变世界的公司的认识不足，还没有跟上世界发展的潮流，还是被中国几千年的封建教育思想的禁锢？

这种现象使我对国家前途和当代大学生们产生了担忧：读书为了升官发财，为了铁饭碗，为了光宗耀祖，这就是当代中国大学生"天之骄子"，中国最高级别、最优秀的人才的最真实最普遍的写照！

这种现象使我们得出一种结论：中国的应试教育体系若不改革不与时俱进，不重视综合素质软实力的教育，不重视市场化职业化的教育，则中国的未来发展将一定会受阻！中国不能拥有具有远见的一流的教育，就不会拥有具有远见的一流的大学人才，则中国未来没有希望！

是那条"横线"让我们来到了现在

世界上最有号召力、最有领导力、最有权威的一条"中国横线"，就是中国应试教育下的统考统招后的那条分数线，这条分数线能够调动千军万马——中国亿万学子。

它能够决定中国一代代千万学子的命运！中国的孩子都被它关在了笼子里没有自由没有快乐！它可以决定中国千万学子往东走还是往西走！它能够让中国含辛茹苦的千万学子一线（考）定终身！而且，几十年如一日，没有人能够挑战它！也没有人能够在中国大地上逃得出它的手掌心！除非，像那些已经成功"逃亡"到欧美优秀成功的教育体系里自由快乐地成长，并且已在国际职业舞台上表现优异的，如一帮"微软小子"、于智博等少许幸运儿们了！

就是那条"横线"让我们来到了现在！

职业化教育的重要性

中国最缺的就是职业化、职业化精神。如果我们的政府职员、教师、企业员工、工人、农民等所有的人们都具有高尚的职业化精神与职业道德，那么我们的社会、我们的国家会是什么样子？还会有全民焦虑时代、全民焦躁时代吗？还会有这么多的腐败问题吗？还会有这么多的豆腐渣工程吗？还会有这么多的地沟油吃吗？还有这么多的假药吗？还有这么多的三聚氰胺喝吗？还有这么多的假货用吗？我们的社会文明会不会向前跨了一大步呢？我们国家的综合国力与竞争力会不会是世界一流？

解放思想与压力。彻底解放老师、学生、父母们在应试教育下对考试、分数的迷信与种种压力。在家庭教育、中小学教育、大学教育、社会教育中增加各种职业化教育与各种社会实践活动，参加各种有益的社会公益活动。从小开始对我们的孩子进行各种职业精神、职业素质的培养与熏陶。但必须有一个前提，就是彻底解放思想与压在全中国人民教师、学生、父母们身上的那座无形的大山——应试教育中的种种考试、门门分数、各种排名等。

只有真正解放了思想、卸掉了包袱与压力，我们才能真正重视职业化的教育、综合素质的教育等决定人生命运的软实力的教育。

职业化教育包括：责任感教育、忠诚教育、职业素质与技能教育、人生价值观教育、人生职业规划与理想教育等等。

教育首先应该是教育我们的孩子做一个合格的公民。教育孩子做人做事，教会孩子从小养成良好的职业道德、职业意识与习惯。教会孩子"爱"，爱自己、爱家人、爱民族、爱国家、爱社会。这比强迫他考 100 分，考第一名，学会微积分数学理论要重要百倍，甚至是千倍。重视对孩子的最基本素质的教育比要求所有孩子都去考 100 分，考第一名，考重点，要重要得多。

我们面临的挑战——全球化的竞争

全球就业危机将加剧：2012 年 1 月 23 日国际劳工组织发布年度全球就业趋势报告称，世界面临着今后十年创造 6 亿个就业岗位的严峻挑战。全球劳动力市场连续三年不振，全球范围内失业人数超过 2 亿，比金融危机爆发初期增长了 2700 万。到 2016 年，全球失业率预计将一直维持在 6% 左右。另外，国际货币基金组织（IMF）24 日大幅度下调了今后几年的经济增长预期，并警告说欧债危机给全球经济复苏带来严峻挑战。

经济全球化的市场竞争已经到来，发展中的中国将面临着全球化严峻而残酷的竞争和挑战。我们必须要时刻保持有一种忧患意识：人无远虑必有近忧；国无远虑必有近难。

日本人曾预言："中国不可能有高科技。因为中国的独生子女有一个通病，不重视团队合作，不知道感恩惜福，不能接受磨砺。中国的和平崛起的历史重任，国力胜负的对决都是要由年轻的一代来承担，只有伟大的团队才能完成如此伟大的历史使命。"

可是，日本人还是错了！我们不但有了高科技，还有了今日之中国经济总量对小日本的超越。

当今的中国是世界上发展速度最快的发展中国家之一。

请相信：在中国，到处都有机会！当代大学生们，就看你们是选择自信乐观还是止步不前，是选择勇敢奋斗还是恐惧退缩，是选择终身学习还是得过且过，是选择追求成功还是放弃自我。

中国是正在崛起的世界大国，这里会有无数的机会在等着你去把握和争取，只要你能运用你的智慧与勤劳，积极主动地去思考和行动，成功就会属于你！

梁启超曾说："故今日之责任，不在他人，而全在我少年。少年智则国智，少年富则国富，少年强则国强，少年独立则国独立，少年自由则国自由，少年进步则国进步。"

年轻的中国大学生们！让我们一起选择智慧、强大、自由和进步吧！

你想成为什么样的人

"读什么大学并不重要，重要的是你想成为什么样的人！"这是世界最著名的 10 所大学校长们共同的声音。

在社会中，工作的形式有多种多样，但工作的态度和职业心态只有三种：

第一种，打份工；

第二种，当职业；

第三种，当事业。

各位亲爱的大学毕业生们，你们会选择哪一种？

它们之间存在什么区别？下面我们来分析和对比一下。

第一种，打份工的心态。就是无所谓，不上心，不怎么当回事，可有可无，只是为了赚点工资，可以东打一下工西打一下工，东家不行我去西家。这种工作心态的人通常不会怎么学习与思考总结，或者想办法提升自己的职业技能与素质；只关心自己的工资，却并不关心自己的工作绩效；关心自己多过关心公司与团队的发展，目光短视，从不考虑太远，喜欢以自我为中心，只看到眼前的利益，看不到将来和潜在的利益。当前，中国的几亿农民工通常是属于这第一种类型。

第二种，当职业。也就是我们通常所说的职业化，中国最缺的就是职业化，这也是中国目前经济发展与社会民主发展的一个重大的阻碍。如职业化的市场竞争、职业化的经理人、职业化的员工、职业化的政府职员、职业化的教师等等。

第一篇章　我是谁，我要做什么

当今世界，职业化程度最高的就是当今世界最强大的国家——美国；美国的强大与它的职业化程度有着密不可分的关系。世界没有公司的出现，就没有当今的美国。可以说，是公司的力量成就了当今的美国，改变了世界。但是公司最不可或缺的是职业化，没有职业化就没有公司的发展。职业化程度越高公司就越强大越有竞争力。在美国，有职业球员、各种职业大联盟、各种职业化的教育、各种学校包括中小学校的教育都与职业化相结合。所以，在美国，不管是政府职员、企业员工、工人、教师、农民等等，人人都已经具备了相当高的职业化意识和素质。

职业化的标准是——责任、忠诚、守时、不断提升工作绩效、为他人服务等。

第三种，当事业。如果一个人能把工作当成是自己的事业，那么，他离成功就不远了。当事业在工作，工作就会变成是你的生活，工作就是事业，你就会全力以赴。一天 24 小时除了睡觉的时间，你都会在不停地思考自己的事业和未来。那么，你就自然而然地会对自己的事业和未来负责，你就会承担起一份责任，你就会容忍工作中的压力和乏味，始终会觉得自己所从事的职业是有价值、有意义的，就自然地会去格外珍惜，并且从中体会到一种使命感与成就感。

靠脑袋与智慧赚钱，还是靠手脚赚钱

"人的需求层次理论"，亦称"人的基本需求层次理论"，是世界重要的人类行为科学理论之一，是由美国著名心理家学亚伯拉罕·马斯洛于 1943 年在《人类激励理论》论文中所提出的。

该理论将人的需求分为五种，像阶梯一样从低到高，按层次逐级递升，分别为：生理上的需求，安全上的需求，情感和归属的需求即社交需求，尊重的需求，自我实现的需求。

求知需要和审美需要这两种需要未被列入到他的需求层次排

列中，他认为这二者应居于尊重需求与自我实现需求之间。另外他还研究了需要层次理论的价值与应用等。

（1）五种需要像阶梯一样从低到高，按层次逐级递升，但这样次序不是完全固定的，可以变化，也有种种例外情况。

（2）需求层次理论有两个基本出发点，一是人人都有需要，某层需要获得满足后，另一层需要才出现；二是在多种需要未获满足前，首先满足迫切需要；该需要满足后，后面的需要才显示出其激励作用。

（3）一般来说，某一层次的需要相对满足了，就会向高一层次发展，追求更高一层次的需要就成为驱使行为的动力。相应的，获得基本满足的需要就不再是一股激励力量。

（4）五种需要可以分为两级，其中生理上的需要、安全上的需要和感情上的需要都属于低一级的需要，这些需要通过外部条件就可以满足；而尊重的需要和自我实现的需要是高级需要，他们是通过内部因素才能满足的，而且一个人对尊重和自我实现的需要是无止境的。同一时期，一个人可能有几种需要，但每一时期总有一种需要占支配地位，对行为起决定作用。

任何一种需要都不会因为更高层次需要的发展而消失。各层次的需要相互依赖和重叠，高层次的需要发展后，低层次的需要仍然存在，只是对行为影响的程度大大减小。

（5）马斯洛和其他的行为心理学家都认为，一个国家多数人的需要层次结构，是同这个国家的经济发展水平、科技发展水平、文化和人民受教育的程度直接相关的。在不发达国家，生理需要和安全需要占主导的人数比例较大，而高级需要占主导的人数比例较小；在发达国家，则刚好相反。

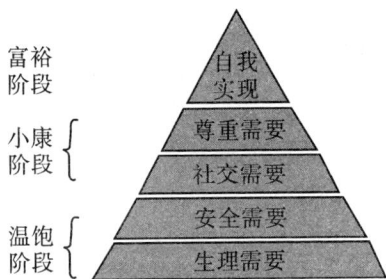

富裕
阶段 ── 自我实现

小康
阶段 { 尊重需要
社交需要

温饱
阶段 { 安全需要
生理需要

马斯洛的需求层次理论图示

生理上的需求

这是人们维持自身生存的最基本要求，包括对以下事物的需求：呼吸、水、食物、睡眠、生理平衡、分泌、性等。

如果这些需要（除性以外）任何一项得不到满足，人类个人的生理机能就无法正常运转。换而言之，人类的生命就会因此受到威胁。在这个意义上说，生理需要是推动人们行动最首要的动力。马斯洛认为，只有这些最基本的需要满足到维持生存所必需的程度后，其他的需要才能成为新的激励因素，而到了此时，这些已相对满足的需要也就不再成为激励因素了。

安全上的需求

这是人们对以下事物的需求：人身安全、健康保障、资源所有性、财产所有性、道德保障、工作职位保障、家庭安全等。

马斯洛认为，整个有机体是一个追求安全的机制，人的感受器官、效应器官、智能和其他能量主要是寻求安全的工具，甚至可以把科学和人生观都看成是满足安全需要的一部分。当然，这种需要一旦相对满足后，也就不再成为激励因素了。

情感和归属的需求

这一层次包括人们对以下事物的需求：友情、爱情、性亲密。

每个人都希望得到相互的关心和照顾。感情上的需要比生理上的需要来得细致，它和一个人的生理特性、经历、教育、宗教信仰都有关系。

尊重的需求

该层次包括人们对以下事物的需求：自我尊重、信心、成就、对他人尊重、被他人尊重等。

每个人都希望自己有稳定的社会地位，要求个人的能力和成就得到社会的承认。尊重的需要又可分为内部尊重和外部尊重。内部尊重是指一个人希望在各种不同情境中有实力、能胜任、充满信心、能独立自主。总之，内部尊重就是人的自尊。外部尊重是指一个人希望有地位、有威信，受到别人的尊重、信赖和高度评价。马斯洛认为，尊重需要得到满足，能使人对自己充满信心，对社会满腔热情，体验到自己活着的用处和价值。

自我实现的需求

该层次包括人们对以下事物的需求：道德、创造力、自觉性、问题解决能力、公正度、接受现实能力。

这是最人们最高层次的需要，它是指实现个人理想、抱负，发挥个人的能力到最大程度，达到自我实现境界的人，接受自己也接受他人，解决问题能力增强，自觉性提高，善于独立处事，要求不受打扰地独处，完成与自己的能力相称的一切事情的需要。也就是说，人必须干称职的工作，这样才会使他们感到最大的快乐。马斯洛提出，为满足自我实现需要所采取的途径是因人而异的。自我实现的需要是在努力实现自己的潜力，使自己越来越成为自己所期望的人物。

根据以上马斯洛的"人类需求层次"的分类，我们可以从中看出，哪些是通过手脚和体力可以获得的，哪些是要靠脑袋和智慧才可以获取的。工作成就不能只是以时间来计算，而应该以实际工作所获得的有效劳动成果来衡量。

人的追求不能只是停留在吃饭穿衣的这个层次，特别是掌握无限知识的大学生们，你们更应该明白这一理论：要靠脑袋和智慧获取财富，使自身能够实现更高层次的需求。

像蚂蚁一样活着——人的行为就是思想的仆人

你想什么，它就会表现什么。小小的蚂蚁也有令人惊讶的哲学，也值得我们人类好好地学习。

蚂蚁的生命哲学可以总结为四部。

第一部：蚂蚁从不放弃。如果它们奔向某个地方，而有人想阻止它们，它们就会寻找另一条路线，或往上爬，或往下钻，或绕行，直至找到另外一条路。这是多么令人敬佩的哲学啊！从不放弃，一直不知疲惫地寻找，直到寻找一条可以通往目的之路。

第二部：蚂蚁极其具有远见，在夏天就开始为冬天做打算。多么深刻的洞察力啊！它们从不天真地认为夏天会永远地持续下去，冬天还很遥远。所以，即使还在盛夏，蚂蚁便开始积极地为冬天的到来准备粮食。

第三部：蚂蚁在冬天里始终想着夏天会很快来到。所以，整个冬天，蚂蚁都在提醒自己，冬天不会持续太长的，我们很快就会熬过冬天的。在气温刚刚开始变暖的第一天，蚂蚁就会出去活动；如果气温变冷，它们又会爬回洞里。它们从不会一味地等待，它们总是会在气温变暖的第一天爬出来寻找食物，蚂蚁可以说是所有动物中最早熬过冬天来到春天的动物之一。

第四部：全力以赴！这是多么令人叹服的哲学啊！蚂蚁在整个夏天会为冬天竭尽全力尽可能多地准备食物。

这就是"伟大"的蚂蚁留给人类的充满智慧的哲学——从不放弃，深谋远虑，积极进取，全力以赴！

有这么一个小故事：

从前，有一个人在高山之巅的巢穴里抓了一只幼鹰，他把幼鹰带回家之后就养在鸡笼里。从此这只幼鹰和鸡天天吃在一起，玩在一起，慢慢地它以为自己就是一只鸡。终于，等到这只鹰慢慢地长大了，那个人想把它训练成一只猎鹰，可是鹰已经搞不清楚自己到底是鹰还是鸡，它没有任何想飞的愿望。主人试了好多办法都毫无效果，最后把鹰带到山顶上，再一下子把鹰扔下去，这时这只鹰像块石头似的直掉下去，慌乱之中它拼命地拍打翅膀，终于飞起来了，从此它知道了自己不是小鸡，而是一只能够在天空中翱翔的飞鹰。

古代三国时期的刘备如何实现他的事业和梦想？

刘备非常清楚自己的弱点，所以他到处寻找有才干的能人，结交有能力的武将，做一番大事。他信守承诺，并且永不言败。"桃园结义"就是一种承诺，那么刘备如何实现他的承诺？书上说得很清楚，他与张飞、关羽吃在一起，睡在一起，由此获得了张飞和关羽对他的赤胆忠心。即便后来曹操用高官厚禄与赤兔宝马利诱关羽，也没有引起关羽一丝动摇之心。

同样，为什么像美国阿甘那样智力有缺陷的人，乒乓球能打成全美冠军，跑步也能跑成众人追捧的明星，每做一样事都能做到极致？他靠的是什么？靠的就是执着、全力以赴，靠的就是对自己所向往的梦想的不懈追求，靠的就是坚定的信念！

因此有人说，"阿甘精神"才是真正的美国精神！而这一切，都是对自己人生的定位和愿望——"我想成为什么样的人"的一种人生态度和追求。

把职业当成自己的事业

世界前首富微软总裁比尔·盖茨曾说过："如果只把工作当做一件差事，或者只将目光停留在工作的本身，那么即使是从事你最喜欢的工作，你依然无法持久地保持对工作的激情。但是如果你把工作当成一项事业来看待，情况就会完全不同。"

其实，我们无论做什么工作，最重要的是心态。把工作当成是自己的事业来做就是最好的职业心态，这会使你不断地获取成功！

把工作和职业当成是自己的事业，那么，你就自然而然地会对自己的未来负责，对自己的事业负责，你就会承担起更大的责任，并始终觉得自己所从事的职业是有价值、有意义的，且从中体会到一种使命感与成就感！那么，成功就离你不远了！

请记住：读什么大学，现在的你在干什么都并不重要，重要的是你想成为什么样的人！

中国应试教育体制里走出来的大学生与美国一流的素质教育体系下的大学生的差距有多少

中国和美国学校之对比——回顾一下我们的成长历程

中国的学生学习，一切为了考试！一切为了考高分！一考定终身！

所以造成如下现象：考前突击、应付考试、考完就忘、投机取巧、考试作弊、害怕考试、考高分最重要的心态等考试综合症；平时不认真，考前拼命补，这无形中会造成孩子的投机取巧、应付了事等不良思想。

中国的学校学生常出现的问题：学生之间经常会相互攀比、嫉妒、竞争、自我、骄傲、自满、易怒情绪、自卑、胆小、懊恼沮丧、耿耿于怀、缺乏团队合作精神和职业化意识等等。

这些心态和品性本不该在孩子时期出现。因为，第一名永远只有一个，考了99分都不算优秀，还有100分的，别人考了重点自己怎么办？我也要上？我一定要排在他的前面，比他多考一分！或者"我不行！""我比他笨！""我永远都考不到100分，我是差生！"或我家住别墅，我家有宝马，我穿的是名牌，我用的是？我……

如此一来，我们的中小学的考试、高考、研考、国考始终不能成为一个具有远见、科学有效而统一的人才培养和优秀人才评判标准体系。

而美国一流的教育强调的是人的个性的发展，而不是你的名次和分数。

在美国的中小学里，并不强调相互竞争和攀比，相反，更推崇团队合作意识，因为他们知道没有完美的个体，只有完美的团队；只有相互取长补短的团队合作，才能更加完美；只有成功的团队，没有成功的个人，因为成功的个人一定是建立在成功的团队基础上的。美国学校更多的是鼓励学生和自己竞争，比自己更好，而不是和别人比。

团队精神对于任何大大小小的团体、企业、民族甚至国家都尤为重要。

我们的古训："人心齐，泰山移；一木难成舟，万木才成林；一根筷子易折断，一把筷子包成团……"一个优秀的团队是集体智慧的结晶，它可以发挥巨大的力量来解决各种各样复杂的问题。

所以说：一个团队，一个企业如果没有团队精神将会是一盘散沙，一个民族一个国家如果没有团队精神也将无所作为。可见，团队精神的重要性！

美国教师的定位：师生关系是平等的相互尊重和信任，教师扮演的角色不是学术权威，更多的是成为引导和帮助学生建立自信心，挖掘自身潜能，主动学习成长的顾问。

美国教师始终把培养学生自信心放在首位，充分发掘学生的潜能和个性的发展，每个孩子都是独一无二的。在美国的中小学校学习环境轻松快乐，充满尊重和信任，鼓励和赞美。

对比中国和美国的大学和中小学的数学教育可以窥见一斑。我们高考的数学难度相当于美国大学本科毕业的数学难度；而美国高中数学是中国初中生学过的。可见，中国的教育一直是在"拔苗助长"，而为我们新中国的崛起做出过巨大贡献的科学家钱学森在晚年总是在忧思这样一个问题——"中国怎么就培养不出优秀的科技人才呢？"

比如，一位在中国输在起跑线上且在国内中学排在倒数的美国留学生于智博，到了美国高中后成长为"哈佛男孩"的例子就充分说明了这一点。于智博，《输在起跑线上的哈佛男孩》作者，毕业后成为花旗银行"全球领袖计划"成员，联想集团总裁高级助理，成长为世界500强企业抢手的国际化人才。

绝大多数美国的学校的教育理念都相信，一个孩子内心的渴望，而不是别人的渴望将成为孩子一生追求的向导。因为一个人的内心产生了渴望，那么就会产生出一种奇异的力量！

中美教育定位之别——应试教育与全面素质、职业化教育

美国教育是以培养对社会有用的人才，及具备全面综合素质，具有全球视野的职业化的人才，从小学到大学都与职业化教育紧密地联系。而中国应试教育是以培养应试人才，即会考试，能考高分，能上大学的人，其他到底培养的是不是有用的人才那就不管了，也不是我们国家人才教育评判的标准，所以也不是他们的事了；从小让我们学会了如何"应付"，而这些都是与职业化教育背道而驰的，我们从小学到大学都没有真正与职业化教育有过什么联系。所以，中国当代最缺的就是"职业化"。而当今世界上职业化程度越高的国家就越发达，越文明，越富有。

综观如今我国的大学生，在人才全球化的竞争中已经完全不具备优势，因此，抱怨"工作难找"或者"好工作难找"的大学毕业生已不占少数。通过了解，我们发现，大部分毕业生认为在学校里所学的东西知识面太窄，与现代企业所需要的综合能力素质存在相当大的差距，因此在找工作时受到了许多的限制。特别是所学的专业较为冷门，那么可供选择的职业机会就更少了，而其他的职业或行业又因为了解不多或者根本没有了解过，根本无法胜任，极其难堪和无奈，只好选择从零开始。

对于这种普遍现象，上海大学钱伟长校长就很有感触地说：

"我一向主张大学教育宜宽不宜窄，不能把专业看得太重。实际上，很多学生毕业后所从事的工作与所学专业没有太大关系，过早的专业化的结果常常是'教师教什么，学生懂什么'；学生只在一个方向上学习和发展，把这个方向上的东西学四年甚至六年，别的都不懂。这是极其不利于培养学生的创造性思维，而事实上，国家和社会需要的是能够带着满脑子的问题从大学走出来的人才；需要有创造性而不是模仿性的人才……"

现实中，从学生的学习成长发展的角度来看，如果教育只仅仅是为了培养学生从事某种狭窄的专业分工，就会很容易忽视了学生作为一个完整的人的全面发展的需要。

中国大学把专业划分得过细使学生对职业生活的认识就自然会变得支离破碎，但是，职业生活本身就应该是一个整体，并非像大学专业划分那样的界限分明。大学专业划分得过细会直接导致知识的过分分割，使各科系学生所学的内容的差异过于明显，使学生难以走出各自专业的小框框去融入到职业社会的大圈子。

如今的世界日新月异，如果没有具备宽阔的视野，较为全面的相关的知识，就根本无法有效地解决实际工作中遇到的各种问题，也无力应对职业化的挑战。

中国的应试教育容易造成"赢得一时，输掉一生"！

因为我们的教育本质教育方向和教育模式，评判人才的方式标准以及人才的选拔的标准出了很大的问题，我们对学校对老师对学生是否有效的唯一评判标准是：分数、分数，还是分数。唯有分数才能考上所谓重点学校，唯有分数才能完成上级的重点指标。唯有分数才能让学校和老师获得奖励和认可。分数就是优秀，就是唯一的成绩，就是好学生、好学校、好老师、好校长的唯一标准。这一标准最终直接导致了畸形的教育方向、畸形的教育目的、畸形的教育模式、畸形的教育方法，这就是"畸形教育"出

"畸形人才"的主要根源所在。

比如就业找工作、找对象结婚、选优秀管理人才、创业成功、选举市长、选举主席，还有谁会问你的中小学高考考了多少分、大学毕业考了多少分、是不是考了第一名？想一想就会明白了……

再比如，创业成功的人、高级管理者、领导者、各种社会精英是否规定了必须是考试排名第几名以前，必须是考了多少分数的才有资格？

商业发展与国家发展应该是相通的，道理是再简单不过了，干多大的事业就需要多少的人才。我们可以从这一点来思考和定位我们的教育的真正目的和人才培养模式。

被动应付型学习与自主型学习造成人才的差距

以下是中国大学生与美国大学生的对照：

看看中国大学生在干什么，再看看美国大学生在干嘛，就能更加认清自己：我们具备了怎样的优势和弱势，在全球化的今天，我们又具备了多少竞争力？

中国大学生在干嘛？解放了！彻底解放了！经历了人生决定命运的高考，十几年的压力和恐惧，耗尽了童年与少年青春之精力，终于结束了！父母管不了了，也不会管了，因为已经完成了人生最大的大事啦！对父母也已经有了最大的回报了，父母也已经心满意足了。进了大学，开心地玩，快乐地玩，放心大胆地玩！60分万岁！考不到没关系，代考，送礼，请客，补考，人情面子最终肯定会过的。

这就是中国多数的大学生的真实写照！有句话叫："18岁奋斗到头。"中国的高考是一考定终身！而美国大学不只是看你的分数与名次，更看重你的个性发展，你的综合素质，你的领导才能。

再看看美国一流的综合素质教育体系培养出来的大学生人才，

也是全球化的今天我们最强大的竞争对手。

美国大学生在干嘛？一边在校园打工，参加许许多多的社会实践，因为学校与社会会创造很多的实践工作的机会，一边自己设计选修课程，完全按照自己的实际情况来设计学习方式而自主地学习，同时在工作实践学习的过程中进行自己的职业规划与人生规划。由于是学生自己完全自主地设计选修课程与学习计划，所以，学生们大都非常努力，而且可以选择提前修完所有的课程而提早毕业，也可以重新选择专业或转学。

而中国大学生就不同了，当你因为选择的错误而想更换专业或想转读其他大学，那基本只有回去复读一年再经历一次命运的考验了。这种事情还真有不少，在我还在上大学的时候，就听说过，有一个学生考上了北大某个专业，读了半年，觉得不太适合，又回去复读了，发誓一定要考上清华的某个专业……

再看看美国的考试。在美国，所有高中生都要参加 SAT 或 ACT 考试。考试结果是大学录取审查的一个因素，但并不是唯一因素。美国教育非常注重学生的全面素质，比如社会服务、体育文艺活动能力等。像哈佛、普林斯顿大学等常春藤联盟的各所高校，在招生时根本不设分数底线，而是要求考生详细填写其在文艺体育活动、社会服务等方面的活动表现，以及自己的与众不同之处。学生光凭考试分数是吃不开的。至于选择专业，学生们可以等到大学三年级再选也不迟。而且，美国大学允许学生在任何时候换专业。学生们有更多的时间和绝对的自由来为自己的未来做出选择。

美国大学对大学生的评分标准与高中一样，采用 GPA（平均成绩）评分标准。统计一个学期的 GPA 分数，就像踢一个赛季的足球联赛，每一次作业、考试的成绩都会被记录在册，并对学生本学期的 GPA 有影响。学生在一个学期的表现如何，绝不是简单的由一次期末考试决定的，而是一个学期内不停积累的结果。所以，学生平时不用心，只想考前突击，是不可能一鸣惊人的。

在美国上大学，是没有固定班级的概念，每个大学生都有100%的自由选课权。学生根据自己的水平、时间、能力和兴趣自由选课。选得多，学费就交得多。当然，不同的专业的选课是有大框架的，如果选课范围都不在选择的专业里，自然最终也拿不到这个专业的学位。因为学生可以任意选择自己在哪个学期、什么时段上课，这样学生会认真负责地给自己选择一个完全适应自己日常生活和能力的课程表。选择课程完全自主，反而学生都会非常用心，上课的积极性也就大大提高。

18岁是走向成人的分水岭。成年人就应该有能力为自己的人生规划，并逐渐走向独立自主。自由选课也能真正地实现因材施教。我发现，当学校放手引导学生在学习过程中自己探索，发现自身特长，充分调动其自身潜能，学习对自己的选择和未来负起责任时，学生们的学习动力就会更加高涨，其责任感也就自然培养起来了。

美国大学要求本科大学生，必须学一些与个人兴趣毫不相干的学分，因为人才需要有广泛的知识面。美国的学士学位包括10～15个人文科学的学分，人文科学包括：美术、文学、历史等。

美国的教育方式和学校是尽量把每一个孩子教育成不同的个体，培养成全面素质的"通才"。而中国的教育和学校是尽量把每一个孩子教育成相同的"专才"，就好像生产流水线一样。

中国的大学是进来难而出去容易；而美国的大学是进来容易出去却难。这一明显的差异将导致中美大学生的巨大差距。大学生人才意味着什么，代表着什么？国家的综合竞争力。

我们必须打破"赢在起跑线上"的神灯。它是一种教育危机！只有打破它，才能让学生自然快乐地成长，最终赢在终点，最终成为软硬实力兼备的现代人才。

李开复的一段话："在美国的学习和工作，使我从一个腼腆的东方男孩成长为一个能够适应现代社会发展趋势、融会贯通中西方思想精华的国际化人才。"

一流的具有远见的教育主流思想

读书为了掌握更多的知识，为了改变自己实现自身的人生价值；读书是一种终身的学习过程，是每个个体的自我完善的过程。

应试教育下的国民素质很容易造成各种各样的畸形心态和畸形意识，如"贫民心态"与"贫民意识"、"自卑心态"与"自卑意识"、"恐惧心态"与"恐惧意识"、"功利心态"与"功利意识"等。

比如，多数中国人干什么首先想到的就是去拉关系、送礼。不送礼不开后门，心里就不踏实。上个医院，开个刀做个手术生个孩子不送礼就是心里不踏实、就是纠结；考个学校上个大学，不找找关系送点礼花点钱心就是不踏实就是觉得亏了孩子；找个工作就业如果不找关系送个礼，就是觉得不踏实就是觉得自己家里没熟人没后台。

应试教育体系下的国民素质会怎样？中国的学生从小容易学会这种意识形态：从小开始相互攀比、相互竞争，我也要考第一名，我也要比他更好，穿得好、吃得好、用得好，我也要进名校进重点，我家孩子也要上名牌大学，我要考名牌大学，我要升官发财，我要光宗耀祖；我爸我妈也要比别人的厉害，我爷爷也要比别人的官大；我害怕被别人瞧不起，我害怕比别人考得差，我害怕考不到 100 分，我害怕我考不到第一名等等畸形心态与畸形意识。

再看看我们的中小学校、大学培养了什么样的人才也就略知一二啦。高分低能、只会考试考高分，一切都为了读死书拼命地死记硬背，一切都是为了考文凭、考高分、考上名牌学校，眼里只有分数，分数决定一切决定一个人的"优秀"还是"不优秀"，这必然导致了只会考试而不会思考，只会考试而不会干事；眼里只有铁饭碗、急功近利、心浮气躁、升官发财，研究生考三年甚至五年，拼了命的只为了考上公务员，因为有保障工资高还因为"我不想冒险"，这是不是就是中国特色的国考呢？

长此以往，也许"全民焦虑时代"、"全民焦躁时代"真的会来临。这些等等现象背后的深层次的原因是什么？这或许就是所谓的"畸形教育"出"畸形人才"的原因吧！

那么，什么是一流的教育思想呢？

一流的教育思想，首先应该是教育孩子公民素质，学会自我完善，终身学习，使之成为"合格的公民"；然后在合格的公民基础上发展为现代社会与国家所需要的各式各样的人才，比如科学家、医生、教师、商人、政府职员、文艺者、工人、农民等等。

为什么我们不可以制定一本中国人自己的"育人圣经"呢？或者像犹太民族的《犹太法典》呢？当然我们的这本"育人圣经"与西方的不一定完全类同。专门教育国人基本的公民素质，使国人能够成为"合格的公民"。具备科学的现代职业素质：人生价值观、责任、忠诚、荣誉、事业、学习、勤勉、谦虚、节俭、孝敬、博爱等等。

美国的成功，也可以说就是教育的成功

美国已经形成了一整套成功的教育体系。美国始终能够把国家发展战略和教育战略统一，并形成全民主张和拥护的教育主流思想。

在美国微软公司获得职业令人羡慕的一批"微软小子"说出了他们的一种假设——假如我们没有选择出国留学，而是留在国内上大学，还会如此成功吗？

世界前首富微软总裁比尔·盖茨对"中国微软小子"的评价是：在中国有一批世界上最优秀的科学家……

美国的成功也可以归功于教育的成功！美国的教育体系，吸引了全世界的优秀学生与优秀人才，也包括了大批中国的留学生。

这就是美国为什么强大，因为美国的教育最成功。

人才竞争的全球化——中国学生与美国学生的区别

把中国学生与美国学生的硬实力与软实力进行对照后，发现有了很大的差别。在不同的两种教育体系下成长的人才，在思维方式、创新精神、全球视野、自信心、心理素质、想象力、广泛的兴趣、职业化、人生价值观与追求乐观主动性、综合素质与能力、团队合作精神等具有很大的差距。

中国学生	美国学生
求稳务实	有创新精神
有毅力	有热情
讲纪律、服从	有主动性
理论基础扎实，欠缺独立思考能力	擅长独立工作，有独立思考能力
听话，相信权威	不相信权威，敢于挑战
含蓄，心理有想法不直说	说话直接、善于沟通
不善表达	善于表达
谦虚、缺少冒险	敢冒风险
不够自信	自信
不具有开拓精神	具有开拓精神
注重个体发展	注重团队合作
不具备全球视野	具有全球视野
缺少领导力	富有领导力
欠缺职业素养	一流的职业化素质

在美国，又有多少中国的留学生海归，你知道吗？在欧洲又有多少中国留学生海归，你知道吗？在澳洲和亚洲其他发达国家有多少中国留学生海归，你知道吗？

他们离你很近，就在你的身边和你一起竞争！据说 2013 年有超过 30 万名海归回国发展，不同的是，海归们首选北上广作为他们就业或创业之地。

据广州新闻报道：2012 年 3 月 10 日，逾六百名英国海归广州求职——英国驻华使馆文化教育处 10 日在广州、上海、重庆同步举办"2012 留英校友职业发展研讨会暨小型招聘会"。记者从广州会场获悉，逾六百名英国留学归来的学生参加了此次招聘会，最受他们青睐的依然是金融类的企业。

据《人民日报》等媒体不久前报道，从 1978 年到 2010 年年底，我国各类出国留学人员总数达 190.54 万人，成全球最大留学输出国之一。教育部公布的数据显示，仅 2010 年，我国出国留学人员总数就达 28.47 万人，比 2009 年增加 5.54 万人，增长率达24.2%。其中高中留学生已经占中国留学生总数比例为 22.6%。

2011 年中国学生留学美国热潮滚滚，近 16 万学生赴美留学；据 2011 年 11 月 14 日华盛顿报道：中国学生留学美国近几年掀起一浪高过一浪的热潮，14 日发布的最新数据印证了这个趋势：2010 到 2011 学年，中国大陆共有 157558 名学生来到美国的大学里求学，连续第二年高居美国国际学生来源地之首。

如果加上来自台湾的近 2.5 万学生和来自香港的 8000 多名学生，每年来到美国留学的华人学生超过 19 万名，遥遥领先于排列第二位印度的 10.4 万人。

2010 到 2011 学年共有 72.3 万国际学生正在美国大学求学，比上年增加 3.2 万人，而来自中国大陆学生占了五分之一多，一年就增加了 3 万多人。中国学生已成为美国大学国际学生连续 5 年增长的主要驱动力。

中国大陆在美留学生选择热门专业包括，商业与管理（28%）、工程（19%）、物理与生命科学（12%）、数学与电脑（11%）、社会科学（7%）、英语强化（4%）、艺术（3%）、健康专业（2%）、教育（2%）。与国际学生的整体状况相比，中国学生更热衷于选择商业与管理、数学与电脑、物理与生命科学，而学习社会科学、艺术、健康专业的中国学生偏少。

IIE专家对《侨报》记者分析，从美国大学的反馈和中国经济的表现看，中国留美学生数量今后几年可望持续增加，虽然未必都会是两位数的增长。美国副助理国务卿柯蒂斯表示，高等教育合作被列入美中战略与经济对话中，可以预见今后两国在高等教育领域会有更密切的合作。

2011留学生数据统计：33%学生首选美国；据报道：2010年中国留学市场高奏凯歌，出国留学总人数已然突破25万。瞻望2011年，业界专家认为留学市场的大牛市必然会进行到底。

日前，某教育集团"国际教育研究院"发布的《2011年中国学生留学意向调查报告》显示：从留学目标国的选择上来说，美国留学将更加炙手可热，美、英、澳、加以及韩国仍是留学市场上的热点国家；从计划出国的学生学历层次方面来看，本科生和高中生将依然是出国留学大军的主力队伍，留学低龄化成为一种普遍现象。

李开复的一段话：

中国正在成为世界上最大的经济体，但中国是否能成为真正的科技强国，还是要取决于我们能否在教育领域赶上西方。美国之所以强盛，主要是因为他拥有最为先进的教育体系，并能通过该体系吸引全世界的杰出人才。在那些成功的美国大企业里，你可以看到许多优秀的华裔、印裔、英裔、加裔的员工，他们都是被美国的教育体系吸引过来的。美国的教育体系不仅包括那些知名的高校，也包括深藏在美国每一位家长和老师的头脑里的先进的教育观念，如美国的父母和老师会鼓励孩子追求爱好和理想，并极力倡导合作、主动、创新等。中国的教育观念和教育体系需要不断的改革、发展，中国的下一代需要在更好的环境下健康成长。

诗人叶芝曾说：教育不是注满一桶水，而是点燃一把火。这句话已经道破了教育的真正意义与目的。

硬实力与软实力

早在 2005 年，新华网就发表了一篇文章——《大学生"软实力"不足导致就业难》，文中毫不客气的指出：看起来是大学生，有些还是名校生，但实际工作能力可能还比不上一个中专毕业的老员工，其主要原因就是只有"硬实力"，而"软实力"不足。

那么，什么是硬实力与软实力？

硬实力是指会"学习"会"考试"，会考证，成绩好，能上名校，或名校毕业；即能得到各种考试考证考级要求所具备的实力。但硬实力是可以复制的，他们无法让你成为无可替代的人才。也就是说，硬实力只会成了"纸上"能力。

软实力是指课堂和各种考试考证都无法涉及和检验的能力，是不可以复制和替代的。只有软实力才会彰显你的"不可替代"。因为更为重要的创新能力、自我发现能力、综合素质、道德品质、沟通表达能力、交际能力、思维能力、个性魄力以及领导能力等都属于软实力。

硬实力与软实力稍作比较后，不容置疑，决定一个人的人生成败的不是硬实力，而是软实力。软实力才是人生的制胜法宝。

真正的教育不是赢在"起跑线"，而是要赢在"终点"。因为真正的输赢不是"百米赛跑"，而是"马拉松"，人生的比赛就如"马拉松"，没有人只会看重谁能赢在起跑线。所以，真正的输赢在"终点"或"转折点"。但可怕的是，越来越多的父母、学生以及老师都把"赢在起跑线上"视为神灯，而认定自己的孩子已经"输在了起跑线上"就输掉了人生。进而从根本上动摇了孩子的自信心！或完全地扼杀了孩子的上进心！当一个正在成长的孩子没有了自信心，那么他还会有什么？当孩子彻底地丧失了信心时，那么丧志就离他们不远了!!!

我们的教育方式总是在不停地贬损，不停地刺激；孩子考99分都不算优秀，因为还有考100分的，这种不停的高压下学习和成长，孩子将来会变成什么样子？缺乏自信和创造力的个性。

不考100分，在西方有一种说法：A等生是被人管的；B等生是管人的。在中国，学习越好的学生往往主动性越差；而学习成绩一般中等的往往主动性还好一些。也就是说，软实力与成绩的高低不一定成正比，也许还是相反的。

笼子里的教育，让我们学会了考试等硬实力，而决定命运的软实力却被忽视了。

成功者、管理者最需要的是情商而不是智商。用李开复的话说，优秀的管理者情商与智商的决定因素比例是9:1。

我们的短板就是——软实力

"一个输在起跑线上的哈佛男孩"——于智博，《输在起跑线上的哈佛男孩》作者，一个在中国的学校留级后仍然排名倒数的孩子到成功考入美国哈佛商学院，毕业后成为花旗银行"全球领袖计划"成员，成长为世界五百强企业抢手的国际化人才，现任联想集团总裁高级助理。

于智博，热爱运动，健康向上，父母离异，不喜欢数学，小学留级，中学倒数，1998年高中"胜利大逃亡"到美国西海岸俄勒冈州中部密歇尔的一所最小级别的乡村高中学校留学，全校只有不过50几个学生，高中毕业考入一所物美价廉的大学——美国东俄勒冈大学（Eastern Oregon University），在大学校园里边打工边读书，自主学习，敢于尝试，后成功转入美国西部名校密歇根州立大学布莱德商学院，选择供应链管理专业。毕业时被学院评为"最佳学生"，毕业后成功被戴尔公司录用；在戴尔工作期间，积极学习，又通过三次 GMAT 的考试，前两次失败了之后，第三次成功敲开了哈佛商学院 MBA 的大门。于智博幸运的是他走了一条"赢在转折点"的成长之路，而不是赢在起跑线，赢在了软实力，而不是硬实力。

与于智博形成鲜明对比的是另一位结局完全不同的中国"最好学生"的留学经历——一位在中国的绝对"好学生"到了美国后，天天忙于学习，不参加任何学校或学生组织的活动。最后，学校在多次警告无效的情况下，决定开除他。他的父母本来在国内看到他在美国学习好，非常开心和放心，万万没有想到，门门课程考第一的儿子会被学校开除，赶紧飞到美国周旋，以为凭借在中国的那一套"关系后门法则"等手段可以保证孩子的学籍，但是美国那所学校坚决维护其最终的决定，因为他们之前已经提醒和说服过多次了，家长这时才后悔莫及！

美国学校的培养方向、培养模式和对人才的评判标准与中国的教育和学校对人才的评判标准是完全不同的，他们强调的教育理念是培养综合素质全面、职业化、对社会有用的人，而非只顾自己学习，对旁人漠不关心、自私的人。

2012 年两会上有人大代表提出探讨中国青少年体质问题："现在的孩子个子比以前高了，但是，有的跑不到 10 分钟就气喘吁吁。"全国政协委员、民盟中央副主席徐辉同志说，生活越来越好，但孩子的体质却呈现下降趋势，在一些中小学校园，随处可见到"胖墩墩儿""豆芽菜"等不健康的孩子。教育部最新调查显示："学生每天锻炼一小时"，全国只有 21.95% 的中小学能够落实。分析称，青少年学业负担过重、青少年运动氛围缺失、体育课经常给升学率让路、学校顾虑安全问题等，是青少年体质下降背后的"症结"。有代表称，不解决应试教育的体制问题，加强锻炼，提高身体素质恐怕成为空谈！

2012 年两会代表们还呼吁关注"男孩危机"：人大代表、上海市教育发展基金会理事长王荣称：男孩学习成绩不如女生的问题已越来越突出，而且男孩越来越缺乏阳刚之气，呼吁社会关注教育中的"男孩危机"，应该确立"因性施教"的教育平等观。

西北首家精子库捐赠者多为大学生的报道：我国西北地区首个人类精子库，陕西省妇幼保健院精子库张洲主任日前透露，该院人类精子库自成立以来，共接受 300 余人的捐赠，精子合格率不到 30%。捐赠者多为在校的大学生和研究生，其中理工科院校生占绝大多数。另据悉，中国育龄妇女不孕不育发病比例达到 1/8，不孕不育患者已超过 5000 万。

以上是我近期下载的 2012 年两会中有关的新闻信息：中国应试教育下的中国孩子的软实力的普遍极度的缺失。造成了我们的学生体质、心智、综合的素质和能力的低下，甚至是将来中国男人的自信心从小都会受到来自女孩子的打压，因为中国的男孩都考不过女孩！那么，未来中国的男人都会普遍从小就缺乏自信心！

亲爱的当代大学生们：找找你的短板是什么？想办法把它加长！再想想我的长板是什么？想办法把它充分施展。人生的长跑才刚刚开始——你准备好了吗？

请记住：每个人都有自己的短板与长板。如何发挥自己的长板，弥补自己的短板，是你成功的关键。

自助者，天助

天行健，君子以自强不息。

做一个生活的强者，一个人幸运的前提是他有能力改变自己。

人生舞台的大幕随时都可能拉开，关键是你愿意表演还是选择躲避。

有位成功的商人曾说过：这个世界既不是有权人的世界，也不是有钱人的世界，而是有心人的世界。

据新华网报道：全球就业危机将加剧。世界面临着今后十年创造6亿个就业岗位的严峻挑战。全球范围内失业人数超过2亿。

据中国共青团中央学校部和北京大学公共政策研究所根据《2006年中国大学生就业状况调查》所得出的结论："六成中国大学生毕业即面临失业。"另据广东人力资源报告：广东每年就有缺口几十万，但是大学生就业形势依然非常严峻。

以下几点是中国当代大学生的面临现状：1. 价值观的现状；2. 学习的现状；3. 职业化的现状；4. 综合能力的现状；5. 就业的现状。

记得李开复曾经说过一句话："我看到很多中国大学生的生命被浪费了，觉得很可惜！"

有这样一则故事：有两个人在森林里游玩，突然，发现有老虎往他们的方向跑来。"快跑!"一个人不顾一切地起身就跑,另一个人蹲身系鞋带。前一个人好奇地问:"反正我们也跑不过老虎,你系鞋带有什么用?""我只要跑得过你就行!"

这个故事也许有些"残酷",令人不寒而栗但却告诉了我们一个道理:在全球化的今天,如今高科技"知识爆炸"的信息时代,国家与国家间的竞争,企业与企业间的竞争,个人与个人竞争,已经不仅仅是实力之间的竞争了,更是学习力的竞争,现在的文盲,已经不是不识字的人了,而是停止学习的人!不能改变自己的人!

大鱼吃小鱼,快鱼吃慢鱼正在发生!此时的你呢?是正在陶醉于已有的成绩之中呢,还是在不断地学习和进步?

我的一个广州朋友,已经六十多岁了,在广东开了数十家超市,生意非常红火,每年的利润都超过几千万,像他这样成功的人,却还是在周末参加各种各样的 MBA 培训课程。他的体会是:"充电等于充值,求知就是求财!"

下面我们一起来听听几个小故事吧!或许从中能使我们得到一些人生启发……

渔夫的誓言的故事:

古代有个渔夫,是出海打鱼的好手。可他却有一个不好的习惯,就是爱立誓言。

今年春天,听说市面上墨鱼的价格最高,于是渔夫便立下誓言:这次出海只捕捞墨鱼。

但这一次渔夫所遇到的全是螃蟹,他只能空手而归。回到岸上后,他才得知现在市面上螃蟹的价格最高。渔夫后悔不已,发誓下一次出海一定只捕捞螃蟹。

第二次出海,他把注意力全放在螃蟹上,可这一次遇到的却全是墨鱼。不用说,他又只能空手而归了。晚上,渔夫饥饿难忍,躺在床上十分懊悔。于是,他又发誓,下次出海,无论是遇到螃蟹，还是遇到墨鱼，他都要去捕捞。

第三次出海，渔夫严格按照自己的誓言去捕捞，可是这次墨鱼和螃蟹他都没见到，见到的只是一些马鲛鱼。于是，渔夫再一次空手而归……

渔夫没赶上第四次出海，就在自己的誓言中饥寒交迫地死去了。

当然，这只是一个故事而已，世上没有如此愚蠢的渔夫，但是却有这样愚蠢至极的誓言。

许多时候，目标与现实之间往往具有一定的距离，我们必须学会随时调整。无论如何，人不应该为不切实际的誓言和愿望而活着。

人生永远的坐票的故事：

一位朋友经常出差，经常买不到对号入座的车票。可是无论长途短途无论车上多挤，他说，他总能找到座位。

他的办法其实很简单，就是耐心地一节车厢一节车厢找过去。这个办法听上去似乎并不高明，但却很管用。每次，他都做好了从第一节车厢走到最后一节的准备，可是每次他都不用走到最后就会发现空位。他说，这是因为像他这样锲而不舍地找座位的乘客实在不多。经常是在他落座的车厢里尚余若干座位，而在其他车厢里的过道和车厢接头处，居然人满为患。

他说，大多数乘客轻易就被一两节车厢拥挤的表面现象迷惑了，不大细想在数十次停靠之中，从火车十几个车门上上下下的流动中蕴藏了不少提供座位的机遇。即使想到了，也没有那一份寻找的耐心。眼前一方小小的立足之地很容易让大多数人满足，为了一两个座位背负着行囊挤来挤去有些人觉得不值。他们还担心万一找不到座位，回头连个好好站着的地方都没有了。生活中一些安于现状不思进取害怕失败的人，永远只能滞留在没有成功的起点上一样，这些不愿主动找座位的乘客大多只能在上车时最初的角落一直站到下车。

朋友作为生意人，经常被同行羡慕"运气好"。因为一些看来希望渺茫的机会一旦被他撞上，总能达到最后的收获。当我听过他"找座位"的故事后，我开始悟出，他的运气其实是他不懈追求的回报。

这位朋友的自信、执着和他的富有远见，以及勤于实践让他有了一张人生永远的坐票。

亨利·德拉门曾说过这样一个故事：

一个小男孩得了重病快死了，他的父母哀求医生救救孩子，可是医生也没有办法。正在这时一个牧师经过病房，他看见每个人的脸上都是哀伤和沮丧，就上前打听发生什么事了，他们把事情的原委告诉了他。牧师马上走到男孩床前，握住男孩的手，轻声地说："孩子，别怕，上帝爱你。"小男孩喃喃地跟着念："上帝爱我？""是的，上帝爱你。""上帝爱我。"小男孩念着这句话，平静地睡去了。

从此小男孩一天天地康复了，很快，他就能跑能跳，开始变得健康而且结实。毫无疑问，小男孩一旦知道了上帝爱他，而不是在惩罚他，他就有了活下去的信心，他选择了相信上帝爱他，也就选择了生存。

很多父母为了避免孩子犯错，总是对小孩子说："上帝会看着你，如果你做错了事，上帝就会惩罚你。"于是孩子们就会恐惧，这种恐惧伴随着他们长大，并向他们的后代传递下去。于是，人们总以为上帝是专门惩罚别人的，而没有人告诉自己的孩子：上帝爱你。

所以，往往不是上帝在惩罚我们，而是我们自己选择了"惩罚"并带来了最终的"惩罚"。

最优秀的老师的故事：

校长把一位教师叫进办公室，对他说："你是本校最优秀的老师。因此，我们特意挑选了30名全校最聪明的学生，组成一个班让你执教。这些学生的智商比其他孩子都高，希望你能让他们取得更好的成绩。"老师高兴地表示一定尽力。

校长又叮嘱他，对待这些孩子，要像平常一样，不要让孩子或孩子的家长知道他们是被特意挑选出来的，老师也都答应了。

一年之后，这个班的学生成绩果然排在整个学区的前列。这时，校长告诉了这位老师真相：这些学生并不是刻意选出来的最优秀的学生，只不过是随机抽调的最普通的学生。

老师没想到会是这样，因为他认为自己的教学水平确实高。

这时校长又告诉他另一个真相，那就是，他也不是被特意挑选出的全校最优秀的教师，也不过是随机抽调的普通老师罢了。

以退为进的策略：

有一位留美的计算机博士，毕业后在美国找工作，结果很多家公司都不录用他。思来想去，他决定收起所有的学校证明，以一种"低身份"再去求职。

不久，他就被一家公司录用为程序输入员。这对他来说简直是"高射炮打蚊子——大材小用"，但他仍干得一丝不苟。

不久，老板发现他能看出程序中的错误，非一般程序输入员可比。

这时，他才亮出学士证，老板给他换了个与大学毕业生对口的职位。

过了一段时间，老板发现他时常能提出许多独到的、有价值的建议，远比一般大学生要高明。

这时，他又亮出了硕士证，老板见后又提升了他。

又过了一段时间，老板觉得他还是与别人不一样，就向他提出"质询"。

此时他才拿出了博士证。老板对他的水平已有了全面的认识，于是毫不犹豫地重用了他。

人不怕被别人看低，而怕的恰恰是人家把你看高了。

看低了，你可以寻找机会全面地展现自己的才华，让别人一次又一次地对你"刮目相看"，你的形象就会慢慢地高大起来。可如果被人看高了，别人对你给予了种种厚望，而你随后的表现让人一次一次地失望，那就会被人越来越看不起。

以退为进，由低到高，也是自我表现的一种艺术。

我们要相信这个真理——每个人都可以精彩、成功！

请记住：没有梦想和目标的人，永远为有梦想和目标的人打工。拼来的是人生，等来的是命运。

做最好的自己

相信自己，你就一定会赢！

美国前总统罗斯福有句名言："杰出的人不是那些天赋很高的人，而是那些把自己的才能在尽可能的范围内发挥到最高限度的人。"

中国有句老话："天生我材必有用。"

一个人最大的悲哀就是他一生中都没有发现自己身上所蕴藏的巨大的潜能。在这个世界里，无数的人都是在这"世界最大的悲哀"中度过一生。

有位科学家指出："一个人发挥的能力，往往只占了他全部潜能的4%。"据说像爱因斯坦这样的天才科学家，也只是发挥了其潜能的10%左右。

所以说，天才是可以通过后天培养的；每个人都能成为天才。只是你能够在一生中把自己的潜能挖掘出多少而已。

每个人都是独一无二的。自信的态度，将决定你一生的高度。成功者与失败者之间的差距只是——积极的态度与消极的态度的差别。

成功者始终会用积极的态度去思考，去面对自己的人生。而失败者始终会用消极的态度去思考，去面对自己的人生。

"成功"的钥匙始终掌握在每个人自己的手里，关键是看你选择了"积极"还是"消极"。

你的态度在很大程度上决定了自己的成长，更是决定了自己的成功与否。我们怎么对待生活，生活就怎么对待我们；我们怎么对待别人，别人就怎么对待我们；这好比在照镜子，我们对着镜子笑，镜子里的人就会对着你笑。

态度决定一切！一切皆有可能！成功之路就是信念加行动之路！

相信自己，保持乐观的心态、积极的心态，成功就会离你越来越近。

相信自己，成功触手可及

"世上无难事，只怕有心人！"

坚强的信心是成功者不可或缺的重要因素。

自信是一种积极的心态，是一种自我肯定、自我鼓励、坚信自己一定能够成功的素质。没有自信的人，就会失去生活的热情，也就失去了对未来探索拼搏的勇气与力量。许许多多很有天赋的人就是因为缺乏了自信，而使自己在一生中默默无闻地度过，最终一事无成。

发明家爱迪生曾说过一句名言："自信是成功的第一秘诀！"

无论你将来的成就有多大，自信对一个人一生来说都是至关重要的，因为你的自信，会使你更早、更容易地找到成功的钥匙。自信是一个人一生成就用之不竭的催化剂。

任何一个人，只有"先相信自己，然后别人才会相信你"。

每个人心中都有一块魔法石，它就是——自信！

居里夫人有一句名言："我们应该要有自信心，必须相信自己是有能力的，而且要不惜代价把这种能力发挥出来。"

一个真实的故事会告诉我们这个道理：

罗杰·罗尔斯是美国纽约州历史上第一位黑人州长。他出生在纽约州一个声名狼藉的贫民窟，从小就生活在一种肮脏的充满暴力的环境中。那么，是什么能量唤醒了他的潜能而使他走出贫民窟，成为了纽约州的州长呢？

答案就是——信心！

当罗杰·罗尔斯还像以前一样从窗台上跳下来，伸出小手走向讲台时，他的老师并没有指责他，而是轻声地对他说："我一看你这修长的小拇指，就知道将来你准是纽约州的州长。"

那位老师并不是什么算命先生，他只是想通过这种方式来鼓励这些贫民窟里的孩子，给他们树立自信心。然而，这句话却令罗尔斯大吃一惊，因为他长这么大，只有奶奶让他振奋过一次，说他可以成为五吨重的小船的船长。这一次，老师竟然说自己能够成为纽约州的州长，难道真的会这样吗？这太令人振奋！于是，罗尔斯记住了老师的这句话，并开始对自己充满了信心……

从此，信心激发了罗尔斯的潜能，他的衣服不再沾满泥土，说话也不再夹杂着污言秽语，他开始挺直腰板走路。在以后的许多年里，他没有一天不按照州长的标准来要求自己。

终于，在他51岁那年，他成为了纽约州的州长。

他在就职演说中讲了这样几句话："信念值多少钱？信念有时是不值钱的，它有时甚至是一个善意的欺骗。然而，你一旦坚持下去，它就会迅速升值……"

这个故事也应该给我们的教育一些启示：自信心是每个孩子教育中最宝贵的，是能够影响他一生的心态与精神财富。

当一个人还是孩子的时候，如果我们的父母老师能够一直提醒他："你是最优秀的，你的失败只是暂时的，再做一次肯定会成功的"，事实上也要求孩子做错了可以再试一次，直到成功，这无疑会培养孩子的自信心。

而如果因为孩子做错了什么，或者比别人差了，就对他进行打骂、进行指责侮辱取笑，那么，在这样的环境中成长的孩子的自信心还会有多少呢？从小在他的心灵里就埋下了一颗"我不行，我比别人差，我不敢，我害怕！"或者"我就是不"等等不自信或极端叛逆的心态与精神状态，这就等于从孩子的时候就对他判了"死刑"。这是多么的可悲和无知啊！

自信，你是独一无二的

卢梭曾说过："自信心对于一个人的事业简直是奇迹，有了它，你的才智就可以取之不尽。一个没有自信的人，无论他有多大的才能，也不会有成功的机会。"

人生最重要的是什么？是自信。

自信是潜能的放大镜，是快乐的源泉，是战胜所有困难的勇气。不自信的人总是在问："我能行吗？"而自信的人总是回答："我一定行。"

现实生活中，越是谦虚、低调的人，越是自信。自信的人不会嫉妒别人的优点，反而会给予真诚的赞美，因为他们相信自己身上也有令人欣赏的地方。

在某个小镇上有一个家境十分贫寒的女孩子，父亲在她年幼时就去世了，她与妈妈相依为命，靠做手工维持生活。贫困的生活让她十分自卑，因为她买不起那些漂亮的衣服和首饰。

在她18岁那年的圣诞节，妈妈破例给了她20美元，让她用这些钱为自己买一份喜欢的圣诞礼物。她非常开心，可是还是没有勇气从大街上大大方方地走过。她拿着钱，绕开人群，贴着墙角朝商店走去。一路上她的内心非常忐忑，她认为自己是这个小镇上生活最寒酸的女孩子。看见自己喜欢的小伙子，她又自卑地想："不知道今晚盛大的舞会上，他会邀请谁作为他的舞伴？反正不会是我。"

带着这样自卑的想法她来到了商店。一进门，看到柜台上摆着的漂亮头饰，她有点不知所措。正当她站在那里望着那些美丽的头饰发卡的时候，售货员对她说："小姑娘，你亚麻色的头发真美！假如配上一朵淡绿色的头花，肯定更美了。"说完，售货员就将一朵淡绿色头花戴在了她的头上。

售货员口中不停地称赞着，并拿起镜子让她看看自己。当这个女孩看到镜子中的自己时，一下子惊呆了，她从来没看到自己这么漂亮过，她觉得这一朵头花让她变得像天使一样楚楚动人！

尽管头花的价格不便宜，她还是掏出钱将它买了下来。她的内心无比陶醉和激动，接过售货员找的钱之后，就兴奋地往外跑。

不知不觉她来到了小镇中心的大街上，她看见每一个人都向她投来惊讶的目光，她听见人们在议论说："没想到这个镇上还有这么美丽的女孩子，这是哪家的孩子呢？"她又碰到了自己暗地里喜欢的那个男孩，更让她没想到的是，那个男孩竟叫住她说："不知今天晚上我是否有幸邀请你当我圣诞舞会的舞伴？"

此时，女孩自信而愉快地答应了！

一朵头花真有如此神奇的力量能让女孩瞬间变美吗？当然不是，头花仅仅是起到锦上添花的作用而已，真正让女孩转变的是自信心的回归。自卑让她变得畏畏缩缩，害怕与人交往，连走路都要避开人群；自信却让她容光焕发、光彩照人，敢于面对别人，不再抱怨生活。

自信的人往往落落大方、从容淡定，甚至鼓舞他人；自信的人敢于表达自己的感受与建议，对于自己的缺点，他们毫不避讳，对别人的批评和建议，他们虚心接受。在一项差不多有4万人参加的"个性品质对人在交往过程中的作用"的调查中，研究者发现：有82.9%的人愿意与拥有优秀品质的人交往，而他们判断一个人是否具备优秀品质时，首要的原则就是看他自信与否。

有了积极的心态和良好的自我控制能力，你就有了战胜一切困难的信心。信心就是指因为心里有了信仰并且信任这个世界而产生的一种心理。我们不是在否认这个世界还有一定的可疑性，但是有了信心，就能使我们的行动少一份迟疑，从而让我们所做的事减少难度，抓住问题的关键。

一个没有自信心的人连自己成功了也都会怀疑，这种人完全丧失了生活的意义。历史上成功的人都是信心十足的人。

被人们称为"全球第一 CEO"的美国通用电气公司前首席执行官杰克·韦尔奇曾有句名言："所有的管理都是围绕'自信'展开的。"韦尔奇的自信，与他所受的家庭教育是分不开的。

杰克·韦尔奇的母亲对儿子的关心主要体现在培养他的自信心上。

韦尔奇从小就患有口吃，说话口齿不清，因此经常闹笑话。韦尔奇的母亲想方设法将儿子这个缺陷转变为一种激励。她常对韦尔奇说："这是因为你太聪明，没有任何一个人的舌头可以跟得上你这样聪明的脑袋。"

于是从小到大，韦尔奇从未对自己的口吃有过丝毫的忧虑。因为他从心底相信母亲的话：他的大脑比别人的舌头转得快。在母亲的鼓励下，口吃的毛病并没有阻碍韦尔奇学业与事业的发展。而且注意到他这个弱点的人大都对他产生了某种敬意，因为他竟能克服这个缺陷，在商界出类拔萃。

美国全国广播公司新闻部总裁迈克尔就对韦尔奇十分敬佩，他甚至开玩笑说："杰克真有力量，真有效率，我恨不得自己也口吃。"

韦尔奇的个子不高，却从小酷爱体育运动。读小学的时候，他想报名参加校篮球队，当他把这个想法告诉母亲时，母亲便鼓励他说："你想做什么就尽管去做好了，你一定会成功的！"于是，韦尔奇参加了篮球队。当时，他的个头几乎只有其他队员的四分之三。然而，由于充满自信，韦尔奇对此始终都没有丝毫的觉察，以至几十年后，当他翻看自己青少年时代在运动队与其他队友的合影时，才惊奇地发现自己几乎一直是整个球队中最为弱小的一个。

成功在于你自己。没有人能够左右你，成为优秀还是甘愿现在，一切都取决于你自己的奋斗！

懂得为自己奋斗的人，是绝不会满足于现状，满足于目前所获得的成就，也不会因为别人的夸奖而沾沾自喜，或者遇到困难就退缩。他们总是会不停地向前迈进，去获得更高的成就。生命不息，奋斗不止，每个人都是自己的国王。

命运如同手中的掌纹，无论多曲折，终掌握在自己的手中。

世上本没有什么天才，每个人都是有潜力的，靠自己的努力，发掘自身的潜力，就可以改变自己的命运，成为天才。

人生没有永远的劣势，请放下你的自卑

下面我以几个真实的故事来证明这一点：

故事一：发表《进化论》的达尔文当年决定放弃行医时，遭到了父亲的强烈斥责："你放着正经事不干，整天只管打猎、捉耗子，将来怎么办？"后来，达尔文在自传里说："小时候，所有的老师和长辈都认为我资质平庸，我与聪明是沾不上边的。"

故事二：爱因斯坦四岁才会说话，七岁才会认字，老师给他的评语是："反应迟钝，不合理，满脑子不切实际的幻想。"他曾被迫退学，在申请进入瑞士联邦技术学院时也被拒绝。而在他死后，竟然有许多的科学家都在研究他的大脑与常人的到底有什么不同。

故事三：英国首相丘吉尔小学六年级时曾经留级，他的前半生也充满了失败与挫折，直到62岁才当上首相。

故事四：罗丹的父亲曾抱怨自己有个白痴儿子。在众人眼里，罗丹也是个前途渺茫的学生。艺术学院考了三次还考不进去，他的叔叔还绝望地说："孺子不可教也！"

故事五：电影舞星弗莱德·艾斯泰尔1933年到米高电影公司试镜后，导演给他的评语纸上写道："毫无演技，前额微秃，略懂跳舞。"到了后来，直到他成为著名的电影舞星时，这张被他装裱过的评语字还一直挂在他的比弗利山庄的豪宅里。

故事六：彼得·丹尼尔上小学四年级的时候，常遭到班主任菲利普太太的责骂："彼得，你的功课不好，脑袋也不行，将来别想有什么出息。"彼得直到26岁时仍大字不识几个，有一次一位朋友念了一篇《思考才能致富》的文章给他听，彼得深受震动，此后他就像变了一个人一样。后来，他买下了他当年曾经打架闹事的那条街，并且出了一本书，书名就叫《菲利普太太，您错了》。

故事七：一代围棋大师吴清源幼时酷爱下棋，但由于家境贫寒，生计常无着落。舅舅总是劝他另学一技之长，他不干。舅舅非常生气地说："下棋能当饭吃吗？"吴清源回答说："能。"后来，他在十多岁的时候就在段祺瑞府中下棋，月支8块大洋，足以养家糊口。东渡日本后，他曾击败日本所有高手，独霸棋坛多年。

故事八：美国历史上最伟大的总统林肯，一生总是与失败为伍，18岁开始失业，创业一年就遭受了失败，遭受过无数次的议员选举的失败经历，一生只成功了两次：一次成功当选议员，一次成功当上总统。

翅膀断了，心也要飞翔

每个人都不会是完美无瑕的，都会存在或大或小的缺陷。自己身上的缺陷往往是你无法改变的事实，任何企图去掩饰或逃避缺陷的心态与做法很可能会导致消极的结果。不如用一种正面的积极乐观的态度去面对，对于任何一个人，重要的不是在你的身上发生了什么事，而是你自己对事情的态度。

敢于直面缺陷，并把他当做自己奋斗的动力，即使是你自身有天大的缺陷，也无法阻挡你获得成功。凡事都能往好的方面想，人生就会出现不同的结果。

大学毕业后进入工作岗位，就意味着在你的人生中，你每天都要用结果来交换自己的薪水，也要用结果来证明自己的价值。

结果怎样，与其他人无关，只在于你是不是一名合格的员工或合格的管理者，在于你是不是真正地对企业、对自己负责任！要知道，任何身外的东西都不能够伤害到我们，伤害我们的只有我们自己。

如果你自身有什么缺陷或者有严重的不足，或者现在的你没有任何基础，这也没什么大不了，更不应该成为你的借口和理由。在上帝面前人人都是平等的，这一面你可能弱了，或许你在其他的方面会更胜一筹呢！

要相信，人生没有永远的劣势，过去不等于未来，请放下自己的自卑，你的人生就会呈现出不同的一页。

翅膀断了，心也要飞翔！

请记住： 困难是暂时的，办法总比困难多！相信自己，总会有一扇大门会为你打开。

做最好的自己，不起攀比之心

世界上最聪明最智慧的犹太民族有一句教诲："总拿自己与别人相比不好！"

曾经有一位获得冬季奥运会金牌的俄国选手在采访中曾说以前总是想与别人比赛总是想赢别人，争名次，反倒因压力老是发挥失常影响比赛成绩。后来经过一位犹太人教练的指导，他明白了要与自己比赛的道理，要首先战胜自己，而且是不断地战胜自己。

攀比心理会让人心浮气躁、心虚而不自信或过于自负；这些都是你想获得成功的杀手，都会严重阻碍你的成功。

做最好的自己。一个人最大的损失，莫过于失去自我。

一位画家把自己的一幅佳作，送到画廊里展出，他别出心裁地在旁边放了一支笔，并附言："亲爱的观赏者，如果您认为这幅画有欠佳之处，请在画上做上记号。"结果，画上标满了记号，几乎没有一处不被指责。这让这位画家几乎失去了自信！

又过了几日，这位画家又画了一幅同样的作品拿去展出，不过这次附言与上次不同，他请观赏者在他们认为最为欣赏的地方都标上记号。当他取回画时，看到画面上又被涂满了记号，原先被指责的地方，都换上了赞美的标记。

终于，他又找回了自我。一个人"自信而不自满，善听意见却不被其左右，执着却不偏执"，这样才是真正的自我！

相信自己，放下你的自卑；做心态的主人，积极的心态可以改变世界，积极的心态可以点燃成功的火焰；乐观的心态，做最好的自己。不断地挑战自我，超越自我，与自己比赛，把不可能变为可能。人之所以能，是相信能。

　　　　请记住：超越别人，不能算是真正的超越；而超越自己，才是真正的超越。

改变观念：了解公司的力量

通过与许多的大学生以及多所大学的领导、教授、辅导员、就业指导中心的老师交流和沟通，我非常明显地感觉到，当前的大学教育明显严重地与职业化脱节，大学的老师与学生对市场与公司的概念是非常淡薄。我深深感觉到非常有必要写下这一章节的文字，希望能够引起当代大学生们以及当代大学老师们的思考和重视。

公司的力量

公司是世界历史上最伟大的革命性组织之一。它才真正缔造了现代社会！

公司，它能凝聚起生命个体的能力，将其变成强大于任何个人的经济动力，它能给每一个想投身于奋斗的人搭建了平台。

公司的诞生，以及欧洲移民的开拓创新，企业家精神创造了美国，改变了世界！

200多年间，敢于冒险、创新、自我奋斗的企业家精神，曾经改变了无数欧洲移民的命运，也改变了新大陆美国自身的命运，改变了整个人类世界！

在当今的世界，公司的传奇不断在上演，许多伟大的哲学家、政治家、经济学家都曾经说过："在世界历史的近现代，企业家至少和政治领袖同样重要。是伟大的企业家们曾经让欧洲列国变得

强大，也让美国在短短 100 年里崛起变得无比强大。如今也正在让中国变得强大。他们是和政治领袖一样重要的人物。"

在近现代的世界历史中，任何不重视"公司"这一优秀组织力量的国家和社会都会逐渐凋落。唯有公司才能推动市场经济的生产力，才能解放个人的创造力，国家才能登上世界舞台的中心。

在世界经济全球化的今天，公司越来越显得重要无比，是否拥有大量强大的公司，已经成为关乎一个国家经济实力和国家综合国力和竞争力的问题。

历史总是在反复地验证，但历史不会简单地重复。

1840 年后，中国在经历了两次鸦片战争后，被西方列强彻底打开了国门，从而被迫沦为了半殖民半封建社会的国家。19 世纪末，中国驻英法意比四国的公使薛福成这样评价"公司的威力"："尽其能事，移山可以、填海可也！驱驾风电，制御水火，亦可也！西洋诸国，所以横绝四海，莫之能御者。其不以此哉！"他还说过这样的一段话："公司不举，则工商之业无一能振；工商之业不振，则中国终不可以富、不可以强。"

1896 年，晚清直隶总督兼北洋大臣李鸿章来到美国纽约。抵达当天，当他路过华尔街，经过纽约交易所时，看见街上的摩天大楼，他对美国陪同的官员说："我在大清国和欧洲从没有见过这种高楼，清国也要发展经济，我们欢迎美国和欧洲的资金进入。"1911 年，清政府被推翻，又经过了几十年的动荡和战乱，直到半个世纪之后，中国才重启了资本市场。

当今世界两个文明古国，人口大国，曾经的"计划经济国家"中国和印度，几乎同时打开了市场的大门，1991 年后，印度逐渐取消了公司建立和运营的许可证制度。十余年后，印度的 700 多家软件公司取得了巨大的成功，使印度在世界高科技产业中位居世界前列。

80 年代初，中国公司开始走向了中国特色的发展道路。

今天，除了世界 500 强企业榜单上 43 个席位之外，还有 4000

多万个中小企业在为中国这片土地提供发展的动力。

在中国 2012 年两会期间的新闻报道说：中国民营企业超过840 万家。和讯与数字 100 日前联合发布了中国民营企业调查报告。数据显示，目前中国民营企业已经超过 840 万家，占中国企业总数的 87.4%，占 GDP 的贡献率也从改革开放之初的 1% 发展到现在的超过 60%。

在当今的世界上任何一个地方，都找不到一个公司的组织制度不发达，市场不发达，而这个国家和社会可以发达的，这绝对没有！

那些懂得充分利用市场竞争，具有良好的公司体制的国家，能够吸引更多的智力、才能、资本和企业，并且动员起全部公共资源，从而成为当今世界上发展得最好的国家和地区。

因此，现代社会创造财富，国民财富的积累、市场经济的发展和公司的发展，它们实际上是同一个问题。

当今世界，公司可以天翻地覆地改变世界！公司创造了财富，公司创造了科技改革；公司创造了世界现代文明进步。

有这样一组数据：人类 97% 的财富是在过去 250 年间，也就是自人类诞生后的近代 250 年间，即占人类历史 0.01% 的时间里所创造的。而带来这 97% 的人类财富的创造就是自欧洲移民在荷兰阿姆斯特丹发明了股份制公司后，在世界范围内所发展起来的市场经济所创造的。

公司已经成为了一种生活，它引导我们吃什么，穿什么，用什么，如何去赚钱，创造财富，住什么样的房子，开什么样的车！甚至是最隐秘的私人事务，如恋爱、婚姻、结婚等等也逐渐开始由公司帮助打理。

但是，我们真的了解身边的公司吗？

走过了几个世纪的公司，正在迎接新的机遇。伴随着全球化的脚步，公司已不再属于一个国家、一个地区市场的引领者了，而应是属于全球人类的共同资源，共同的市场和机制。公司的世纪似乎已经到来，任何个人，任何国家和民族都不可能拒绝公司的到来，都不可能逃避公司所带来的影响，都不可能不重视公司的力量。

公司，是我们的过去，也是未来！

我们具有 5000 年历史的文明古国，在世界近现代的历史发展中，已经错失了一次彻底改变世界的"工业革命"，可再也不能错过新的改变世界和创造人类未来的"革命"啦！

那么，我们将无法错过和回避这个比我们的生命更加古老和年轻的命题。那就让我们勇敢地去接受和挑战吧！

有一个地方，在 500 年前它是印第安人的领地；在 400 年前，它是荷兰殖民地的一堵墙；在 300 年前，他是英国人的殖民地；在 200 年前，欧洲移民在这里播下了金融的种子，这就是当今代表美国经济，掌控了世界经济命脉的"华尔街"。

在世界经济全球化的今天，它就是撒向世界经济的一张大网。

股份制公司是近代世界历史上最伟大的发明。如果没有它，今天的地球还摆脱不了自转而产生的黑夜与白天，还处于夜晚点油灯蜡烛的历史。

在 160 多年前，美国一个没有上过几天学的叫爱迪生的年轻发明家，与华尔街一个叫摩根的银行家合作开了一家爱迪生电灯公司（现美国通用公司的前身）。就是这家公司改变了世界，把光明带给了人类，点亮了全世界；使人类世界进入了光明的电气时代。

在 20 多年前，美国两个大学没有毕业的学生创办的公司改变了世界，引领了世界 IT 业的发展潮流。一个是叫比尔·盖茨的学生创办的微软；一个是叫乔布斯的学生创办的苹果。当然也还有其他像戴尔电脑的创始人戴尔，大学也没有毕业就在自家的车库里成立了戴尔电脑公司。

硅谷，美国甚至全世界年轻人的创业梦想、创新梦想的摇篮，那里有无数的能够改变，正在改变或将来可能会改变世界的公司。包括从那里走过来中国百度的李彦宏等。

在当今的美国，大多数的孩子从小学开始就有了创新意识、冒险与创业精神，都有了开办自己的公司的各种想法与职业化的观念。

而中国的学生还被关在笼子里，妈妈会说："孩子，你只要好好读书考出好成绩，其他的你都不用管，都由妈妈来做！"

公司的观念，它也代表了一个国家民族和人们的一种思维与观念。

我们需要冒险精神与创新精神。

在此，我们要极力地呼吁中国各级政府机构、事业单位、学校都要像公司学习。学习改变世界的现代优秀公司的治理与管理；学习像现代优秀公司的那种"创新精神、开拓精神"；那种"责任、文化、人性化、透明、公正、公平、绩效意识、优胜劣汰等特质"。

呼吁中国大学生们一定要重视公司的力量、公司的重要性、职业化的力量与职业化的重要性。一定要摆脱中国千百年来的封建传统思想与观念——读书为了升官发财，眼里只有"铁饭碗"等无知的封建思想与观念。

呼吁中国现代大学生们要重视公司，重视公司的力量；要有创业精神、创新精神、冒险精神等与时俱进的，跟上世界发展脚步的思想观念与品质。

呼吁中国年轻的一代大学生们积极创业，学习企业家精神，以开拓创新的精神去创造富强的国家，去改变世界！

唯有如此，中国才有希望！民族才有未来！

"中国梦"——每个中国人的梦想！人因梦想而伟大！我们中国 13 亿人的梦想加起来就是中国梦。我们年轻的一代大学生必须拥有自己的梦想，每个人都应该想想自己能否改变世界！能否改变国家与民族！能否改变家族！能否改变自己的命运！从中选择适合自己的梦想！

在当今世界，公司的力量就是国家的力量；它代表了一个国家的综合竞争实力。公司的力量，代表了一个国家的创新力量；代表了一个国家的发展力量。

请记住：你能看到多远的过去，就能看到多远的未来！世界是我们的！人生不止一条路，不走独木桥，人生成功之路将更宽阔！

明白你在为谁工作

为自己奋斗

每一个大学毕业生或者步入社会的人都应该明白，别人给予的永远都不会属于你自己，要想获得成功，就必须学会为自己而奋斗。

每个渴望成功，渴望荣誉的人，都应该自强不息，为了自己的梦想而奋斗！

许多在职业生涯中获得巨大成就的人在被问到成功的秘诀的时候，都不约而同地说："当一个人是在为自己工作，并把工作当成自己的事业来做时，成功就已经离你不远了。"

而现实中，总是有许许多多的人始终认为我是在为公司工作，我是在为老板工作，我是为薪水而工作，我是为养家糊口而工作等等。这些人总是会对工作抱怨："只要对得起这份工资就行了，干那么多做什么！""我只拿这点工资，凭什么要我做那么多事！""我为公司做事，公司给我薪水，天经地义，等价交换而已！""他比我工资高那么多，事情都应该让他去干嘛！"……

那些人总是在抱怨，是他们对工作的认识以及对工作的态度所造成的。通常这些人们认为："我只是在打份工而已，我只是在为公司为老板做事，工作只是一种雇佣的关系，多做一点不如少做一点……"

这是一种普遍存在的严重错误的职业心态，这种职业的心态会使你陷入永无休止的抱怨之中，渐渐地失去对工作的热情，进而使你远离了成功的机会，甚至最终无情地被职场所抛弃。

或许你总是会抱怨上帝没有给你机会，没有为你的成功提供或创造各种条件。但你是否想过，机会是留给有准备的人；自助者，天助！上帝只会帮助那些自救的人！

其实，你没有获得成功的原因并非是你所抱怨的那些，而是你不够努力！

热情

热情是一种高度积极自律的状态，它能把人的全身每一个细胞都调动起来为了梦想目标而努力工作。当一个人充满了无限热情时，任何困难和挑战都会被他的热情融化而成就任何目标。

一个人如果缺乏热情，那他就失去了竞争力，失去了奋斗的动力和对成功的渴望。

梦想与目标最需要的就是热情，因为热情是实现梦想目标最为有效的方式，只有对自己的愿望有着无限热情的人，才能把梦想目标变为现实。

而使你获得热情的前提就是"明白你在为谁而工作"。

热情是我们高效率工作的原动力。是我们能够保持始终如一的高质量地完成任务的重要因素，也是我们创造辉煌成就不可或缺的珍贵品质。

比如这样：

一位女士抱怨道："我活得很不快乐，因为先生时常出差不在家，他不够关爱我。"她把快乐的钥匙放在先生手里。

一位妈妈说："我的孩子不听话，总让我很生气！"妈妈把快乐的钥匙放在了孩子的身上。

男人可能说："老板不赏识我，所以我情绪低落。"这把快乐的钥匙又被塞在老板手中。

婆婆说："我的媳妇不孝顺，我真命苦！"年轻人从商店走出来说："那位店主的服务态度恶劣，把我气疯了！"

这些人都做了相同的决定，就是让别人来控制他的心情。当我们总是让别人轻易掌控我们的情绪时，我们便觉得自己是受害者，对现实状况无能为力，抱怨与愤怒便成为我们唯一的选择。

我们开始怪罪他人，并且传达这样一个讯息：我这么痛苦，都是别人造成的，别人要为我的痛苦负责！

就这样，我们总是把人生的快乐之重大责任推给了别人，我们似乎默认自己无法掌控自己的快乐，可怜地任人摆布。这样的人会使别人不喜欢接近，甚至望而生畏。

但是一个成熟的人就能够掌握自己快乐的钥匙，他不会期待别人使他快乐，反而能将快乐与幸福带给别人。他的情绪稳定，为自己负责，和他在一起是种享受，而不是压力。

那么，你快乐的钥匙在哪里？

如果还在别人的手中，就请快去把它拿回来吧！快乐是自己给的！

同样的道理，一个连自己都不明白是在为谁而工作的人，是永远都不会得到别人的信任和尊重的。

如果你还没有意识到自己准备为谁而工作，就请赶快醒醒吧！

正确对待自己的工作，拥有正确的职业心态有助于你解除困惑、调整心态、点燃工作的热情，使你的人生从平庸走向辉煌。

把工作当成自己的事业来做，这会使你在工作中不断地得到幸福感；进而使自己能够不断地获得一种自我实现的成就感和满足感。

请记住：人不是命运的奴隶，而是观念的奴隶。

明白你的工资从哪里来

大学毕业生或者刚刚步入职场的人，还先要明白这个问题——你的工资从哪里来？是国家给的？公司给的？老板给的？还是自己努力挣的？

这个看似简单甚至令人发笑的问题，并不是我们每一个人都能够真正领会其内涵，特别是刚刚走出校园步入职场的大学生们，甚至有人一辈子也没有认真思考过这一看似无比简单的问题。

当然，如果你不想一辈子就这么稀里糊涂地蒙混过去，永远就是选择在"打份工"的话，就请你认认真真思考一下这个问题。也许它能够让你获得新的启发，让你在对待事业与工作中有清醒的认识，避免自己早早就被残酷的社会竞争所淘汰；能够让你为自己设立明确的人生方向和职业规划，避免一辈子总是在"打份工"的观念里徘徊迷失。

你的工资从哪里来？就让我们好好地思考这个简单而重要的问题吧！

第一，你的工资从你的工作绩效中来

1. 干出你的工作绩效，用业绩说话。

什么是绩效？绩效是通过统一的标准，通过结果和过程来综合考察一个人的能力与业绩。如何体现你的工作绩效呢？它集中体现在为其所拥有的工作效率和所创造的工作业绩。高绩效是优秀员工的主要标志。没有业绩或者业绩不好，是被淘汰的主要原因。一个员工所创造的利润多少将直接来自于工作绩效的高与低。

2. 不重苦劳重功劳，以结果为导向。

完成任务不等于结果。在工作中，有句话常常被人们利用："没有功劳也有苦劳。"这句话，特别适合那些能力不够，对待工作没有尽力的人，他们常常会拿这句话来安慰自己和掩饰自己，为自己找最好的借口！如果一个人经常这样子为自己找借口，那么，他被淘汰的命运是迟早的事。所以，我们要趁早懂得这一个道理：对结果负责，就是对我们工作的价值负责；对任务负责，是对工作的过程负责，完成任务不等于结果！

海尔总裁张瑞敏曾说过："在海尔，没有苦劳与疲劳，只有功劳。"无功便是过的道理。

有这样一个故事讲的是三个大学生，他们是中学与大学的同学，并且大学毕业同时进入同一家广州的公司工作。但是薪水却有很大的不同：小王的月薪是5000元、小张的月薪3500元、小李的月薪2000元。

有一天，他们的中学老师来看望他们，得知他们薪水的差距之后，百思不得其解，于是便去请教总经理："在学校，他们的成绩都差不多呀，都是优秀学生啊！为什么毕业一年就会有这么大的差距？"总经理听完老师的话，就笑着对老师说："在学校他们是学习书本知识，只要求考书本里的内容；但在公司里，却是要综合素质、综合能力，要行动，要结果，要为公司创造价值。公司的要求与学校的要求有所不同，学校的考试成绩不等于他的职业能力；薪水作为衡量员工价值的标准，就自然有所不同呀！"

看到老师疑惑不解地皱着眉头，总经理又对老师说："这样吧，我现在叫他们三人做相同的事情，你只要看看他们的表现，就可以知道答案了。"

于是总经理把这三个同学找来，然后对他们说："现在请你们去调查一下停泊在黄埔港口边的货船。船上毛皮的数量、价格和品质，你们都要详细地记录下来，并尽快给我答复。"

两个小时后，他们三人都回来了。小李先做了汇报说："那个港口正好有一个我的老乡，我给他打了电话，他愿意帮我们的忙，但是他要明天才能给我结果。我为了保证明天他一定能给我结果，我还准备今晚请他吃顿饭，请总经理放心，明天我一定给您汇报结果。"

接着，小张开始汇报：他把船上的毛皮数量、品质等详细情况一一汇报给了总经理。最后到小王汇报：他首先报告了毛皮数量、品质等情况，并且将船上最有价值的货品详细记录了下来。然后还说道，他出发前已向总经理助理了解到总经理的目的，是要在了解了货物的情况后与货主谈判。于是，他在回程的路上，又打电话向另外两家毛皮公司询问了相关货物的价格与品质等相关情况。

此时，总经理会心地一笑，老师这时恍然大悟。在老师眼里都同样优秀的学生，为什么他们的薪水会有这么大的差别！

大学毕业生们：在任何一家公司单位，我们都可以看到这三种不同工作态度与工作方法的人。我们应当好好审视一下自己：哪一个人身上有自己的影子，你将来会是谁？

在上面的故事中，小王显然是现在众多公司喜欢的员工类型。因为他不仅完成了任务，而且更懂得老板和公司"吩咐"他做事最终需要获得的结果！

也许，有人会感到迷惑：完成了交代的任务不就是有结果了吗？这就是"任务"迷惑人的地方：任务不等于结果，结果才最重要。

3. 多给公司创造价值。

日本经营之神松下幸之助曾问他公司的一个员工："如果公司

付给你 1000 元钱的话，你应该做多少事情才对？"

这个员工回答："你给我 1000 元，我就给你做 1000 元的事。"

松下说："如果真是这样的话，公司是要开除你的，因为给你 1000 元钱，你就做 1000 元的事，公司就没有利润，是在赔钱，所以公司不会要你，你自然一分薪水也领不到了。"

这个例子告诉我们：要经常问自己："怎样才能把自己的工作价值提高十倍？"如果你经常这么想，加薪不是很困难的事，如果你希望老板给你加薪 300 元钱，你要先问你自己有没有做 3000 元钱的事？只要你做到 3000 元，老板给你加 300 元是非常容易的事。假如你只做 200 元钱的事，你有什么理由要求老板为你加薪？假如你不愿意多做一点，老板不感觉到你有 3000 元的价值，那为什么要用你？假如你现在只赚 500 元，你希望老板给你加薪到 1000 元，而你不先做 10000 元钱的事，他为什么给你加薪？

所以，做一个员工就一定要想办法多给公司创造价值或者提高自己创造价值的能力！要相信，只要你有能力给公司创造更多的价值，老板也就会相应地付给你更多的回报！

4. 靠本事凭能力获取高额薪水。

要善于把知识转化为能力，把能力转化为业绩；能力最终决定你的薪水高低。

第二，你的工资从职业精神中来

1. 工作态度决定你的收入。

态度决定一切！首先要端正自己的工作态度，你是在为谁而工作？你是在为谁而努力？积极的态度还是消极的态度，最终是由你的态度决定你的工作成败！因为，一个人的态度直接决定了他的行为，他的行为是认真严谨、尽心尽力、积极进取，还是随心所欲、敷衍了事、安于现状，都是由态度说了算。如果你的态

度积极，下定决心，那么，你对工作投入的精力和心血就会越多，从而你从工作所获得的回报和快乐就会相应的更为理想。因为你的心态才是你的真正的主人。

2. 对工作有吃苦耐劳的精神。

日本经营之神松下幸之助曾说："只埋怨工作辛苦，是不会出人头地的。没有辛勤，哪有成果？吃苦精神，是一个人事业能否成功的基础。""吃得苦中苦方为人上人"，这也是一个人能否成功最大的秘密。

3. "团队的利益高于一切"。

这是美国西点军校最著名的一句至理名言。任何公司都是一个团队，没有团队就没有个人，没有团队的成功就不会有个人的成功！一个人的能力不管有多强，如果总是考虑自己的感受与利益，不顾团队其他人的感受与利益，那么，这样的人是不受团队欢迎的，是得不到团队其他成员的帮助与配合的，最终等待他的将是一无所有。

请记住：永远将团队利益置于个人的利益与追求之上！没有完美的个人，只有完美的团队！

4. 全力以赴做好每一件平凡的小事。

工作之中无小事，一个人只有从小事情做起才能干好大事。千万不要做"大事做不了，小事不想做"这样的人。如果你是这样的人，请马上检讨！检讨是成功之母！另外，注重工作中的细节，工作之中无小事，每一个看似微不足道的小事都可能会影响你的业绩，甚至影响你的事业与成功！

老子曾说："天下难事，必做于易；天下大事，必做于细。"注重工作中的细节，也是一个员工良好的工作态度和工作作风的重要表现形式。

世界上最伟大的销售冠军乔吉拉德曾说过一句话："成功的机会无处不在，无时不有，它遍布于每一个细节之中。"细节是对一个人的综合素质最真实的体现，也是你区别于他人的特点。忽视细节与重视细节，其结果可能会截然不同。做一个能够独当一面的优秀员工，这非常重要！在大多数的公司里，都是一个萝卜一个坑，一个能够独当一面独立胜任自己的工作岗位的员工，才能受到老板的器重。让别人佩服你，信任你。这一点也是你将来在公司里能够立足和加薪晋职的必要条件。

第三，你的工资从卓越的工作方法中来

1. 为公司奉献好的点子。

衡量一个员工是否优秀，要看他是否能够给公司提出有价值、有益的合理化建议，这在一定程度上也反映员工对公司的忠诚度。好员工要善于提出合理化的建议，主动地为公司和团队的进步与发展承担责任与义务，应主动地提出你的建议和想法。这也是一个优秀的员工对公司、对老板应尽的责任。但有些员工为了避免出错而保持沉默，他们也不是没有好的主意，好的建议，而是他们的观点是"这事跟我没关系"，多一事不如少一事；反正事不关己，也无所谓！所以就不愿张口提建议了。

但这样一种工作态度的员工不仅会埋没了自己的才能，而且也让公司损失了许多的发展机会！你不觉得这是一件非常可惜非常令人痛心疾首的事吗？

请记住：你的合理化的建议，代表了你的忠诚，也让人知道了你会替公司着想；这会让你在老板和团队成员的心目中留下很好的印象，会为自己创造更多的发展机会。

2. 勇于创新，不断为公司增值。

比尔·盖茨说："好的创意如原子裂变，每一盎司的创意都会带来无以计数的商业利润。"在一个公司中往往最有价值的创新就是员工创造的，他们也往往因为出色的工作与创新而深受公司和老板的器重，同时会得到丰厚的回报。

美国著名的心智发展专家约翰·钱斐有句名言："创新能力是一种强大的生命力，它能给你的生活注入活力，赋予你的生活意义。创新能力是你的命运转变的唯一希望。"社会每前进一步，历史每翻开一页，无不留下创新的脚印。

海尔是我们中国最早走出国门的民族品牌。海尔集团非常重视所有员工的创新，在这种机制和文化下，海尔涌现出了无数的创新功臣。海尔员工通过不断的创新，把自己的荣誉、事业、智慧和企业深深地结合在一起，才有了今天走向世界舞台的民族品牌。

请记住：没有一个公司需要墨守成规、不思进取、不会改变的员工！

3. 多做一点或者少做一点，日积月累，不同的选择便会显示出巨大的不同结果。

在数学中，1.01、1 和 0.99 之间的差距是微乎其微的，几乎可以忽略不计。但如果以 1 作为人生处事的及格标准，这两者的差距便是巨大的。

假如用 1 作为标准，也就是说，你的工作达到了 1 就是合格的。每天的工作都达到 1，你永远都是合格的，不管乘以多少次，结果永远都是 1。

让我们一起来看看这样一组计算方式：

$1.01 \times 1.01 = 1.0201$

$1.01 \times 1.01 \times 1.01 = 1.030301$

$1.01 \times 1.01 \times 1.01 \times 1.01 = 1.040604$

$1.01 \times 1.01 \times 1.01 \times 1.01 \times \cdots \cdots = ?$

如此无限地乘下去，其结果是越乘越大，无数个 1.01 相乘，就会接近于无限大。当 1.01 连乘 69 次后，其结果就大于 2。也就是说，比原来增大了一倍。

假如你每天工作是 1.01，你比别人多做了一点点，做好了一点点，也就是说，比合格稍微好出一点点。这似乎看不出来有多大收益，也许还会有人抱怨自己比别人多做了事情，吃亏了。其实不然，奥妙就在 69 天以后，你就不是你了！你就比以前的你成长了一倍，变成了 2！

另有一组计算方式：

$0.99 \times 0.99 = 0.9801$

$0.99 \times 0.99 \times 0.99 = 0.970299$

$0.99 \times 0.99 \times 0.99 \times 0.99 = 0.960596$

$0.99 \times 0.99 \times 0.99 \times 0.99 \times \cdots \cdots = ?$

如此无限乘下去，其结果是越乘越少，无数个 0.99 的乘积便会接近于无限小。当 0.99 连乘 69 次之后，其结果就小于 0.5。也就是说，比原来减少了一半。

假如你每天的工作是 0.99，比别人少做一点点，偷懒一点点，也就是说，比合格稍微差一点点。这似乎看不出来有什么危害，也许还会有人庆幸自己比别人少做了事情，占便宜了。其实不然，奥妙就在 69 天以后，你就不是你了！你只是原来的你的一半，变成了 0.5！而此时的你，才是比你努力一点点的人的四分之一了。

现在，摆在老板、同事的面前，有这样三个人：一个是"2"，一个是"1"，一个是"0.5"。谁会得到尊敬？谁会得到赞美？谁会得到重视？谁的薪水会更高？谁能获得成功？

答案是不言而喻的。

古人云："莫以善小而不为，莫以恶小而为之。"这是千真万确的真理！

原本 1.01、1 与 0.99 之间的差距只是 0.01，但如果我们每一个在工作时，多做一点点、做好一点点、对细节多关注一点点、比标准多出一点点，努力做一到 1.01，那么我们的企业和团队就会在每个人的努力中越做越大。

永远多做 0.01，成功来自 0.01！这就是世界上许许多多成功者的成功秘密。

亲爱的大学毕业生们！公司里通常有以上三种人：一种人认为做多了吃亏；一种人认为做多了赚了；还有一种人，也不吃亏也不想赚。你想做哪种人啊！

"多做一点不吃亏，少做一点才吃亏。"记住这句话："多做永远不吃亏！"做得多，你就懂得越多，你的经验就越多，将来的机会与成功就是属于你的。这也是智慧与小聪明的最本质的区别。

请记住：小聪明是战术，大智慧是战略；前者看到芝麻后者得到西瓜。

第四，你的工资从公司的利润中来

1. 为公司创造利润是我们每个人的使命。

为公司赚钱是第一位的。全力以赴为公司赚钱，比尔·盖茨说的一句话："能为公司赚钱的人，才是公司最需要的人。"为公司赚钱是一种义不容辞的责任。为公司赚钱就是为自己赚钱，不赚钱的公司，哪有利润来发你的薪水和奖金？

2. 为公司省钱，让节约成本成为一种自觉的行动。因为，为公司节约一分钱，就相当于为公司赚取一分钱的利润。

3. 处处维护公司的利益。

维护公司的利益是每个人最基本的职业道德。维护公司的利益，就是要求员工能够尽职尽责，热爱本职工作，对公司和客户负责，有强烈的责任感；能充分承担本职工作的经济责任、社会责任和道德责任；不做任何与履行职责相悖的事情，不做有损公司和团队形象信誉的事，更不要做违背公司和团队利益的事。

努力维护公司的形象，是维护公司利益的另外一个重要的方面。因为，你的一言一行都代表着公司的形象。公司的形象是由每个员工通过长期的努力才建立起来的。公司的形象对于一个公司来说就好比是生命！时刻想着为公司做宣传，一个处处为公司想着的员工，不管他在何时何处，他都会想着为公司做宣传。

请记住：比别人多做一点点，做好一点点。上帝只青睐有准备的人！

第二 篇章

人生规划的法则

　　人因梦想而伟大！伟大的人之所以伟大，就是因为他具有伟大的目标与梦想！

　　但凡有大志之人，无论年长年幼，其心里一旦有了宏大的目标，就会拥有永不枯竭的动力和永不放弃的行动。

　　信念，能给弱者以勇气，能给气馁者以希望，能给强者以更强大的力量。因此，人不能没有信念与梦想！信念与梦想就如同一股神奇的力量，无时无刻不在推动我们向着既定的目标前进。

　　这个世界既不是有权人的世界，也不是有钱人的世界，而是有心人的世界。整个世界，没有一颗心会因为追求梦想而受伤，当你真心渴望某样东西时，整个宇宙都会来帮你。

职业成功法则第一课：有明确的人生目标

信念与梦想

信念，能给弱者以勇气，能给气馁者以希望，能给强者以更强大的力量。

一个没有信念和梦想的人，往往缺少坚韧的品质，一旦遇到困难就轻言放弃。因此，一个人不能没有信念与梦想！信念与梦想就如同一股神奇的力量，无时无刻不在推动我们向着既定的目标前进。

所有的成功者都必定有着坚定的信念与梦想。信念与梦想就犹如人生路上的加油站，为你最终到达目标提供源源不断的能量。

有位成功的人曾经说过一句话："一个有坚定信念的人，胜过一百个只有兴趣的人。"生活中有很多人在一开始遭受到挫折遇到困难的时候就放弃了，甚至早在一开始就为自己想好了失败之后的退路。当然，人有时也难免会产生一种惰性，会想到逃避、想到放弃，而你的信念与心中的梦想会战胜这种惰性，直至你成为最终的胜利者。

有这样一个听起来匪夷所思的故事：

有一个法国人，年过42岁，仍一事无成。他也认为自己简直倒霉透了：离婚、破产、失业……他不知道自己生存的价值和人生的意义到底是什么。他对自己非常的不满意，开始变得古怪、易怒，同时又十分脆弱。

有一天，一个吉普赛人在巴黎街头算命，他无聊地走过去，决定试一下。吉普赛人看过他的手后，说："您是一个伟人，您很了不起！"

"什么？"他大吃一惊，"我是个伟人，你不是在开玩笑吧？"

吉普赛人很平静地说："您知道您是谁吗？"

"我是谁？"他暗想，"我是个倒霉鬼，是个穷光蛋，我是个被生活抛弃的人。"但他还是故作镇静地问："我是谁呢？"

"您是个伟人！"吉普赛人说："您知道吗？您是拿破仑转世！您身体里流的血和您的勇气、智慧，都是拿破仑啊！先生，难道您真的没有发觉，您的面貌也很像拿破仑吗？"

"不会吧……"他迟疑地说，"我离婚了，我破产了，我失业了，我几乎无家可归……"

"那是您的过去。"吉普赛人说："您的未来可不得了！如果您不相信，就不用付钱给我了。不过，五年之后，您将是法国最成功的人！因为，您就是拿破仑的化身啊！"

他表面装作极不相信的样子离开了，但心里却有了一种从未有过的美妙感觉，他对拿破仑产生了浓厚的兴趣。回家后，他想方设法地寻找拿破仑有关的著述来学习。渐渐地他发现，周围的一切开始改变了，朋友、家人、同事、老板都换了另外一种眼光看待他，事业开始变得顺利起来。

后来，他才领悟到，其实，一切都没有变，只是自己变了。他的气质、思维模式、行为等等，都在不自觉地模范拿破仑，就连走路、说话都开始像极了拿破仑。

13年后，也就是在他55岁的时候，成为了亿万富豪，成了当时法国赫赫有名的成功人士。

这个故事告诉了我们：信念与梦想可以拯救一个人，也可以成就一个人。

可以说，人类社会就是因为有了无数的信念与梦想，才会不断地向前发展。先有梦想才有实现梦想的可能，任何事物连想都没有想就根本不存在最终的结果。试想，人类如果没有信念和梦想，人类的历史必定将会是枯燥无味甚至是停滞不前的。

因为梦想着能够像鸟儿一样在天空自由地飞翔，所以才有人们不断的尝试与努力，终于在1903年，美国莱特兄弟发明了人类历史上第一架飞机，实现了人类能够在天空自由地翱翔的梦想。再到后来，勇敢的罗杰斯驾驶飞机飞越了欧洲大陆，让所有的人都看到了人类飞翔的现实。

约翰·弥尔顿在小时候，就已经梦想要写一部流传后世的伟大史诗了。他那儿时的朦胧梦想变成了青年时代执着的追求。不论是学习还是经历过的风风雨雨，他的理想的火焰从没有在心头熄灭。他在年迈体衰、双目失明后，终于实现了少年时的梦想……

经历几个世纪后，《失乐园》这部伟大史诗的优美旋律还在令人们荡气回肠。

这位不朽的诗人，当他悄然告别人世时，他微笑的嘴角里吐出最后的一句话是："美好的梦想引导我们前行！"

无论现在我们的境遇如何，过去的生活如何度过，每个人都可以展望自己的未来。只要还有明天，今天就永远都是起跑线！一个人胸无大志，那才是最可怕的。一个人如果没有目标，就会得过且过，最后终将碌碌无为。

人一旦失去了梦想，便失去了斗志，精神会变得萎靡不振，成功就永远地离他远去了。

当然，仅仅只是有梦想是不够的，梦想必须付诸行动。如果没有行动，梦想永远只是空想，是那么的遥不可及。只有合理的梦想与切实可行的计划再加付诸行动才能使我们成功地实现梦想。

做一个拥有梦想，并且为此付诸行动不断努力的人。一个人只有找准了自己的方向，才能开创真正成功的人生！

人类因渴望而有梦想，因梦想而有了信念，因信念而发生了奇迹……

请记住：当一个人有了想飞的梦想，哪怕爬着，也没有不站起来的理由。

人因梦想而伟大

人之所以伟大，是因为目标伟大！

但凡有大志之人，无论年长年幼，其心里一旦有了宏大的目标，就会拥有永不枯竭的动力和永不放弃的行动。

我们最最敬爱的周恩来总理从小就立志："为中华之崛起而读书！"最终他和伟大的毛主席等一批革命先辈带领中国人民不畏艰险历尽磨难，推翻了压在中国人们头顶的三座大山，成立了新中国。

在新中国有这样一个小学生的故事：

一位中国的老师给小学生出了一道作文题："我的志愿"。

有一位小学生在他的本子上飞快地写下了自己的梦想——我将来长大后要拥有一座占地几十亩的庄园，在一遍辽阔的土地上种满了绿草。庄园里有无数的小木屋，还有烤肉区，以及一座大大的休闲旅馆。除了自己可以住在那儿，还可以供大家前来参观游玩……

他以最快的速度写好了交给老师，老师看完后，十分的生气，要求那位学生重新再写一篇。小学生仔细看了看自己写的志愿，没有错误，便拿着作文本去请教老师。老师告诉他："我要你写下自己的志愿，而不是这些梦呓般的空想，你知道吗？"

小学生据理力争说："可是，老师，这真的是我的志愿啊！"

老师坚持说："哈哈！不可能，你不觉得你幼稚可笑吗？那是你小孩子的一堆空想，我从来就没见过你这样的作文！我还是要你重写。"

小学生也不肯妥协："我自己很清楚，这就是我的志愿，我的梦想！"

老师摇了摇头说："如果你不重写，我就不让你及格！"

小学生坚决不肯重写，最后，那篇作文只得了一个大大的"0"！

30 年后，这位已经快退休的老师带着一群小学生到一处当地风景优美的旅游度假胜地春游，尽情地享受着那里辽阔的草地、舒适的环境，吃着香味四溢的烤肉，而这个地方，恰恰就是那位作文得"0"分的小学生的度假庄园。

一个没有目标的人，只能在人生的道路上不停地徘徊。而对于每个人来说，重要的不是你原来处在什么地方，现在又在什么地方，而是在于你将来打算走向哪里。这就是你的梦想与目标在起着决定的作用。

古希腊伟大的哲学大师亚里士多德有一句话很尖锐地区分了这两种人："吃饭为了活着"与"活着就是为了吃饭"。

英国著名的诗人华兹华斯曾说过一句名言："高尚的目标能切实地保持，就是高尚的事业！"

人因梦想而伟大！伟大的人之所以伟大，就是因为他具有伟大的目标与梦想！

请记住：梦想才是你一生最大的财富！心有多大舞台就有多大，成功在于你自己。

心怀梦想

有梦想才快乐！成功的人与失败的人之间最大的差别，通常就是毅力。许多天资聪慧的人就是因为中途放弃，以至于功亏一篑。然而，成就辉煌的人绝不会轻言放弃，成功的人只不过是爬起来的次数比倒下去多一次而已；而支持他爬起来的信念就是心中的梦想。

无数成功的故事告诉我们：有梦想并努力去追求是人生的最高境界；只有通过坚持不懈的努力，才能实现自己的梦想。

梦想的魔力：梦想，是漂浮在心头的一缕美丽的诱惑，它使平凡的你再也不能容忍往日的庸俗与无聊。在蓦然间，使你悟得了日子应有的诗意与挥洒诗意的抉择。梦想，是闪亮在你的眼前的一束灿烂的惊奇，它使渺小的你再也不肯在卑微的世界里压抑未来的生机；使你油然涌起的是无穷无尽的勇气与潜能，以及对成功的渴望……

有了梦想，同时还有了实现梦想的决心与坚强的毅力，这才是一件美妙的事情。

不要阻止你的梦想与信念，要抛弃一切鼓励自己的憧憬，发扬自己的梦想，因为它是你走上成功之路的指南针；是你的生命中最强大的力量，你的生命的全部内容将全依你的憧憬和梦想而决定。梦想就是你的生命历程的预言！

"我不行！"这 3 个字是否已经帮你推开了无数的任务和挑战？但它同样也带走了机遇。

从今天开始，请你告诉自己"我能行！"只要相信自己能行，你就能够做好一切，能够达到期望的高度。

短小的目标很容易实现，但我们要把眼光放得长远点。这个世界上最坚不可摧的就是自己的意志以及追寻梦想的信心。"我能行！"是一句含有无限力量的话，人们相信自己能做到什么，就一定能做到什么，有时候理想与现实的距离就是那么小，重要的是你一定要相信自己能行！

在这一点上，或许美国安利公司总裁查德·德渥司先生的经历可以告诉我们一些什么。

德渥司小时候就有自己要创业和闯出一番天地的理想，读高中时，他认识了一位朋友杰范·安德尔，他们同甘共苦，经常在一起讨论对人生的看法。

二战结束后，他和安德尔回到家乡。他们眼光锐利，很快就发现航空业必定是未来的热门行业，于是他们借了一架飞机，准备开一家航空学校。

但那时他们两个都还不会飞行，而更麻烦的是，生员已经招满的时候，小机场的跑道却还没有完工。这些都没有打消他们的信心，他们很快雇用了有经验的飞行员来当教员，又买了些浮筒，还架了一个浮动码头，让飞机在水上起飞，在浮动码头上降落。这个小航空公司非常成功，收入也很不错，这给他们带来了极大的信心。后来他们又买进了 10 几架飞机，逐渐拓展业务，最后他们的公司成了镇上最大的航空公司。正是那么一个小小的开始，成就了以后的安利在全世界发展了 50 万家个体分销商。

这些都说明了一个基本的问题：只要去尝试去努力，就总会有所收获。要想让梦想成为现实，就得给梦想一个机会，你不去尝试,你怎么知道你不行呢?战争的炮声还没有打响的时候就当逃兵,这实在太悲哀了。只要了解了自己的怯懦,就无须再怯懦任何事情,力量和经验只有通过不断地实践和努力才能获得的。

有许多困难是可以想象的,尽管任何事情都不可能一帆风顺,但只有去做,才可能有成功的机会。

成功者必须拥有的品质:信心、勇气和热忱。

1985年,王宝强出生在河北省南和县大会塔村,父母都是面朝黄土背朝天的庄稼人。

《少林寺》让只有7岁的小宝强突然产生了一个梦想:去少林寺当和尚、练武功,将来像李连杰那样拍电影。

在郑州开往北京的火车上14岁的王宝强蹲在车厢过道里。他心想:"将来出了名,我一定要买个卧铺票。"

王宝强和在北京漂着的5个师兄弟租了一间不到10平方米的破瓦棚。他身上带的钱很快就花光了,只好去当民工,搬砖头……

王宝强深有感触地说:"无论何时,都不能放弃自己的梦想,每行动一次都会接近梦想一步。"

天使因为有翅膀而幸福,人们因为有梦想而快乐!

有了梦想,才会有希望!才会有生活的动力!

记得有位诗人说过:"没有泪水的人,他的眼睛是干涸的,没有梦想的人,他的世界是黑暗的。"

请记住:世界上没有一颗心,会因为追求梦想而受伤,当你真心渴望某样东西时,整个宇宙都会来帮你。

雄心，成大事的畅想曲

伟大的高尔基说过一句名言："目标愈高远，人的进步愈大。"

人应该有一点野心，应该要有一个为自己树立崇高目标而努力的雄心。

有这样一则故事：

在法国，有一位年轻人曾经很穷苦。后来，他以推销肖像装饰画起家，在不到十年的时间里，他迅速跻身于法国50位大富豪之列，成为了法国一位最年轻的传媒大亨。不幸，他因患上前列腺癌，于1998年去世。

他去世以后，法国一家权威报纸刊登了他的一份遗嘱。在那份遗嘱里他这样说："我曾经是一位穷困潦倒的人，在以一个富人的身份跨入了天堂的门槛之前，我把自己成为富人的秘诀留下，如果谁能通过回答我的这个问题'穷人最缺的是什么？'而猜中我成为富人的秘诀，他将得到我的祝贺——我留在银行的私人保险柜内的100万法郎，将作为他睿智地揭开贫穷之谜的奖励，也是我在天堂给予他的欢呼与掌声。"

在遗嘱刊登之后，共有18461个人寄来了自己的答案。那些答案中，五花八门，应有尽有。但绝大部分的人认为，穷人最缺的当然是金钱了，穷人有了钱就不再会是穷人了。也有不少人认为穷人之所以穷，最缺少的是机会，是缺少技能；也有人说，穷人最缺少的是帮助与关爱，是名牌衣服，是漂亮，是总统的职位等等……

最后，在这位富豪逝世一周年纪念日，他的律师和代理人在公证部门的监督下，打开了他存在银行里的私人保险柜，公开了他致富的秘诀——'穷人最缺的是成为富人的野心。'

然而，令人意想不到的是在所有的答案中，只有一位年仅9岁的小女孩猜对了。

为什么只有那位小女孩想到了穷人最缺少的是野心呢？她在接受100万法郎的颁奖之时说："每次，我姐姐把她11岁的男朋友带回家时，总是警告我说'不要有野心！不要有野心！'于是我想，也许野心可以让人得到自己想得到的东西！"

揭开谜底之后，事件震动了整个法国，并波及到了英国美国等多个国家，引起了轩然大波。许多国家的新贵、富豪、名人在讨论此话题时，都毫不掩饰地承认：贫穷可以治愈，治疗贫穷的永恒的特效药就是"野心"。"野心"是所有奇迹发生的出发点。

这个故事告诉了我们：贫穷的人之所以贫穷恰恰就是因为他们缺少了致富的"野心"！

请记住：那些为了自己的信念与梦想而全力以赴，不给自己失败退路的人往往是最容易获得成功的。

想想十年后自己的样子——远见的重要性

人无远虑，必有近忧！没有远见的人是这个世界上最贫穷的人。

具有远见的人心中才会装着整个世界，才能看清世界，才能引领着自己和大家走向更美好的未来，才能获得更大的成就。

有一位哲学家在一个建筑工地上分别问了三个正在砌砖的工人说："你们在做什么呢？"第一个工人头也没抬回答说："我在砌砖。"

第二个工人抬了抬头回答说："我在砌一堵墙。"

第三个工人热情洋溢、满怀憧憬地回答说："我在建一座美丽的教堂！"

在过了若干年之后，第一位工人，还在不停地砌砖。而第二位工人则升为了建筑工地的技术工长。第三位工人则成为了有名的建筑师。

这是因为他们的心中装着不同的世界：一个心中只有砖头，一个则装着一堵墙，一个则装着一座美丽的教堂。所以，他们心中各不相同的世界把自己分别引向了不同的人生道路，结出了各不相同的人生结果。

所以说，没有梦想和远见的人才是这个世界最贫穷的人！

让梦想之光照亮现实，梦想是成功的起跑线；决心则是起跑的枪声；持续的行动与坚持则是成功的有力保证。

小时候听过这样一则"懒惰的青蛙"的故事：

一只小青蛙厌倦了常年生活的小水沟，水沟的水越来越少，它们已经没有什么食物了。小青蛙每天都不停地蹦，想要逃离这个地方。而它的同伴整日懒洋洋地蹲在浑浊的水洼里，说："现在不是还饿不死吗？你着什么急？"终于有一天，小青蛙纵身一跃，跳进了旁边的大池塘，那里面有很多好吃的，它可以自由游弋。

小青蛙呱呱地呼唤自己的伙伴："你们快过来吧，这边简直是天堂！"但是它的同伴说："我在这里已经习惯了，我从小就生活在这里，懒得动了！"

不久，水沟里的水干了，小青蛙的同伴们都活活饿死了……

每个人的身上都有很多看不见的圈圈，它禁锢着我们的思想，限制着我们的发展，只有敢于打破自己固有的圈子，才能改变自己的命运，拥有更加广阔的发展空间。那些死守习惯、不愿脱离惯有轨迹的人永远都是狭隘的，他们只会原地踏步。

在1864年，美国南北战争结束，一位叫马维尔的记者采访林肯总统。

记者：据我所知，上两届总统都曾想过废除黑奴制，《解放黑奴宣言》也早在他们那个时期就已起草，可是他们都没拿起笔签署它。请问总统先生，他们是不是想把这一伟业留给您去成就英名？

林肯说：可能有这个意思吧。不过，如果他们知道拿起笔需要的仅仅是一点勇气，我想他们一定非常懊丧！

有位著名诗人曾说过：你是自己命运的主人，是自己灵魂的领航人；要过什么样的人生就全看你自己。因此，不要忽视设定目标的重要性，马上下决心，要立即行动！因为前面不远处，就是你的未来！

请记住： 这个世界既不是有权人的世界，也不是有钱人的世界，而是有心人的世界。没有梦想和目标的人，永远为有梦想和目标的人打工。拼来的是人生，等来的是命运。

职业成功法则第二课：做好自己的职业规划

千里之行，始于足下——看清理想与现实

俗话说："志不立，天下无可成之事。"

志向是人生的起跑点，反映着一个人的理想、胸怀和人生价值观等。在准确地对自己和环境作出评估后，就可以为自己明确合适的、有实现可能的职业发展规划。

在明确自己的职业规划时要充分考虑到你的性格、兴趣、特长与设定的职业规划是否相匹配，更重要的是要充分考虑你所处的内外部环境与职业目标是否相适应，不能过于自以为是，好高骛远。大胆的、合理的、可行的职业目标的明确决定了你的职业发展中的行为和结果；也是你的职业生涯能否获得成功的关键。

从真实的自己开始，客观的认知自己，了解自我才能成就自我。

真正优秀的人才永远都不会过剩，永远都是珍品，永远都是很多企业所梦寐以求的，优秀的人才永远都不会缺少机会。

一个人最难的就是全面、客观、深刻地认识和评价自我。我们既要清晰地认识自己的优势和长处，又要了解自己的劣势与短处。如果你能够充分地驾驭自己的长处，并将其充分地发挥，你便更容易获得职业的成功。

刚刚步入职场的大学生们，学会自我检视、自我提高、自我调节，才是职业成功的必胜之计。

好工作人人都想要，但是，理想与现实总是一个令人纠结的问题。

最近几年，中国的大学生数量每年都是以数百万人在增长，那么，就业的压力就会随之逐年增加。近年来，大学生毕业就失业的事情已经不是什么新鲜事啦，大学生"啃老一族"、"蚁族"、"被就业"、"零工作就业"、"大学生与农民工抢饭碗"等等新的词句也早已被人们所熟悉和接受。有人说，大学生工作难找是因为大学扩招惹的祸，有人抱怨说是大学的教育质量在下降，有人说是中国的应试教育造成的问题等等。

只要你真的优秀，只要你能够真正地认清自我，始终以优秀人才的标准来衡量和对照自己，然后脚踏实地的干好现在所能得到的工作，我想，你最终会成为优秀的人才而获得职业的成功。

充分挖掘你的潜能

潜能，是指你尚未充分表现出来，但又是深刻存在的能力。这种潜在的能力每个人都会存在，它包括一个人的先天具备的智能、品性，以及后天形成的兴趣爱好、梦想动机、人生价值观等。在心理学中，潜能是指人的潜在的特质，是人格结构中重要的组成部分。它通常有三层含义：

第一，潜能要通过行为表现出来，即潜在特质要通过表面特质表现出来。

第二，当潜能被"挖掘"出来之后，它不会停留在某个"行为效果"的水平上，而是作为一种能量向更大范围或更深层次进行释放。

第三，情境和机遇也是潜能能否发挥的重要前提。

有一位理工科专业的大学毕业生，他的职业理想是当一名工程师；他在一家企业里做了一年多的技术工作。

一个很偶然的机会，他参加了一个话剧团的艺术兴趣小组，在参加了多次活动之后，他发现自己对舞台布景设计很有自己的想法，而且他自己也非常喜欢，经常花费大量的工作之余的时间和精力去思考和收集这方面的素材和资料。

实际上，在他的学习成长过程中，从来就没有想过话剧会与自己有什么关系。经过了半年多的积极参与话剧团的实践，他结识了许多话剧行业的朋友，他从这些专业人士的身上学到了很多这方面的专业知识。他还欣喜地发现自己在大学里选修过的设计绘图软件，完全可以应用到舞台布景设计上，虽然他并不是设计专业科班出身，但是他的创意想法每次都能够得到专业人士的肯定。

又过了半年，他加入了广州市的一家著名的话剧院，成为了一名优秀舞台布景设计师。

以上的职业成功的故事，告诉我们大学毕业生们：专业不等于职业，专业不等于优势，专业也不等于职业兴趣，专业不一定是选择职业的必须前提。职业兴趣与你自身潜在的能量，也许是通过多次的求职和工作中的磨砺过程中发掘和体验出来的。

大学毕业找工作，首先要想好：你自己擅长什么？有哪些特长技能？喜欢从事哪一领域的工作？什么样的组织更适合自己的特长发挥？

千里之行始于足下，看清理想与现实。要成就一番事业，要获得成功，就必须为自己的人生做一个规划。

目标越大越明确越好

高目标高回报。人的一生最重要的就是树立一个远大的目标与志向，并且，以足够的热情与智慧去实现它。世界上没有懒惰的人，只有没有目标的人，因为没有目标就没有动力。

只是有了远大的目标还不够，目标要越具体越明确越好，而且最重要的是还需要行动，不断的行动。

这就是"心动"加"行动"等于"成功"。

梦想是由许许多多的目标组成的，大目标里包含了许许多多的小目标。梦想就是我们要为之奋斗终生的目标。但通向目标的路途是漫长而艰辛的，是需要凭借坚定的信念与无畏的勇气，以及实现目标而永不熄灭的热情，去克服一切困难与其他任何与目标无关的诱惑，才能最终实现我们人生中一个一个的目标。

有目标就会有激情。在《塔木德》一书中说："人生如果没有目标，就无法充实，就不能有任何发展。"每个人一生的目标都要分三个阶段：短期目标、中期目标、长期目标。而且这三个目标必须要同时兼顾，不能只偏向其中一个。

短期目标是先解决身边的事情。把一个一个的短期目标加在一起，累积起来，才能一步步实现你的中长期的目标。只有短期的目标，人生就注定不会有多大的发展。因此，在制定短期目标的同时，就必须制定好自己的中长期目标。短期的目标通常为一年至四年为一期，中期目标最好以五年、十年、十五年为一期；长期目标就是你一生的追求与梦想，就是你一生的职业生涯。

目标越大，你的成就就会越大。目标越大，你的热情就会越大。

每个人都应该拥有一生的梦想，即长远的目标。这种长远的目标将给你燃起一股强大的热情，驱动着你勇往直前，义无反顾。

每个人都有自己的长处与短处，关键是你能否发现和充分地利用；每个人都具有无穷的潜力，关键是你能否看到和充分地挖掘。不断地发挥自己的长处与潜力，你就会一步一步地实现自己的目标，最终迈向成功。

没有目标的人会渐渐地失去热情，会变得两天打鱼，三天晒网；就会变得浑浑噩噩地做一天和尚撞一天钟；最后扼杀了自己的天赋与潜力。

只有小目标而没有大目标、长远的目标，你就会整天忙于一些琐碎的事情而忘了继续学习，继续努力；慢慢地你就会发现自己的热情会一点一点地消失掉。在遇到困难的时候，你首先想到的可能会是放弃、逃避；会缺少全力以赴的决心与激情。

所以，每个人都要学会为自己设定目标，不断地创造和探索成功的方法，从而一步一步地迈向成功。

大目标与小目标的区别就是：大目标使你的人生就是干事业，小目标使你的人生就是过日子。

对于我们每个人来说，目标再远大一些，是益多而无害，因为它将直接影响你将来成就的大小。只有在有了远大的目标时，你的无穷潜能才能充分地发掘；你的意志才会无比的坚强。

如何设定目标？怎样才能使目标具体化明确化呢？

什么是目标？

目标就是：方向、目的、你要干什么、你的梦想愿景是什么。

通常人生有六大目标领域：财富目标、事业目标、家庭生活目标、学习成长目标、人际关系目标和健康休闲目标。

通常人们不设定目标，主要原因有以下五个方面：1.设定目标后害怕失败；2.害怕被别人耻笑；3.不知道目标的重要性；4.不知道设定目标的方法；5.不知道目标设定得是否正确。

我们为什么要设定目标？设定目标很重要吗？

是的，目标对于任何一个想有所成就的人来说，都是非常重要的；因为没有目标的人就没有方向，就好比漂在大海里的一只小船，随时都有可能触礁翻船。

设定目标有以下几点原则：

第一，目标要具体要细化；

第二，目标要量化要从实际出发；

第三，目标要具有挑战性；

第四，目标要长中短结合；

第五，目标一定要设定完成的时限。

那么，如何设定目标呢？

第一，寻找你的人生终极目标和理想；

第二，分析自己的目标和理想；

第三，全力寻找支持和整合资源；

第四，请立即行动；这也是最关键的一点。

目标能使你产生积极的心态；目标使我们看清自己的使命，产生追求目标的动力；目标使我们觉得自己工作和努力更具有意义和价值；目标使我们把重点从过程转到结果，并以结果为导向；目标有助于我们分清轻重缓急、把握现在实现梦想；目标能提高你的激情，有助于提升效率；目标使我们自我完善，永不停步；目标使人产生信心勇气和胆量；目标使你能够成为一个成功的人。

如何实现目标，分阶段实现大目标

实现目标的步骤，首先就是我们要找出达成目标或是解决问题的关键；找到了问题的关键，往往也就等于成功了一半。然后，运用合理的方法达成自己的目标，是实现目标的重要保障。

有这样一个故事：

1984 年，在东京国际马拉松邀请赛中，名不见经传的日本选手山田本一出人意外地夺得了世界冠军。当记者问他凭什么取得如此惊人的成绩时，他说了这么一句话："凭智慧战胜对手。"

当时，许多人都认为这个偶然跑到前面的矮个子选手是在故弄玄虚。

两年后，意大利国际马拉松邀请赛在意大利北部城市米兰举行，山田本一代表日本参加比赛。这一次，他又获得了世界冠军。记者又请他谈经验。

山田本一性情木讷，不善言谈，回答的仍是上次那句话：用智慧战胜对手。这回记者在报纸上没再挖苦他，但对他所谓的智慧迷惑不解。

10 年后，山田本一在自传中是这么写的：每次比赛之前，我都要乘车把比赛的路线仔细地看一遍，并把沿途比较醒目的标志画下来，比如第一个标志是银行；第二个标志是一棵大树；第三个标志是一座红房子……这样一直画到赛程的终点。比赛开始后，我就以百米速度奋力地向第一个目标冲去，等到达第一个目标后，我又以同样的速度向第二个目标冲去。四十多公里的赛程，就这样被我分解成几个小目标，轻松地跑完了。

在现实中，大多数人们做事会半途而废，往往不是因为难度较大，而是觉得成功离得太远；确切地说，人们不是因为失败而放弃，而是因为倦怠放弃而失败。

在人生的旅途中，如果我们具有山田本一的智慧，也许我们就会多一些成功的机会。

美国一位名叫罗伯·舒乐的博士，在自己身无分文的情况下，却立志在加州建造一座水晶大教堂。这座水晶大教堂的预算造价为700万美金。

罗伯·舒乐博士首先在一张白纸上，写下自己实现目标的奇特计划：

寻找7笔100万美元的捐款；寻找14笔50万美元的捐款；寻找28笔25万美金的捐款；寻找70笔10万美元的捐款；寻找100笔7万美元的捐款；寻找280笔2.5万美元的捐款；寻找700笔1万美元的捐款。

他把700万美元这个大目标，一次又一次地分割成更小的目标，最终分割到1万美元。每次募捐1万美元，这个目标实现就容易多了。就这样他1万美元1万美元地募捐，一点一滴地筹集，历时12年，一座最终造价2000万美元，可容纳1万多人的水晶大教堂在他的努力下建成了，这座水晶大教堂目前已经成为世界建筑史上的奇迹与经典，也成为世界各地前往加州的人们必去的游览景胜。

在现实生活中，一些大目标看似难以实现，但如果你认真把它分割成无数个小目标，你就会发现这些小目标实现起来就不是什么难事了。在你的人生中，如果你不想虚度年华，就去每天实现一个小目标，日积月累，你就会获得人生的成功。

那么，实现目标还有哪些具体方法？第一，不断总结目标完成的情况；第二，总结未完成目标的原因与障碍是什么；第三，不断思考克服困难障碍的对策与成功的方法；第四，把一切与目标无关的东西暂时放弃掉；第五，每天进步一点，检讨本日、本周、本月的创新与收获。

"不务正业"未必就是坏事

据 CHR 可锐职业顾问调研中心日前针对京、沪、穗、深等地推出的一项调查显示：71% 的职业白领教育经历与从事工作并不相符，其中近三成职业白领认为中国的教育给他们带来的负面效益远大于正面效益，这三成白领基本均出自 211 重点高校。调查还显示：七成白领求职时不同程度地对教育经历灌水。

从以上数据可以看出，大学毕业生在步入职场，只有不到 30% 的人才有可能从事与自己所学的专业相关的工作，这在很大程度上说明了我国的大学专业教育已成了"无用功"。而在今后的职业生涯中所必需的综合能力和职业素质的积累与沉淀，却在我们大学阶段的教育中极度缺乏。

比如，有一位女大学本科毕业生，大学里学的是市场营销专业，其实，大学四年也没能让她明白为什么设置这个专业。当初她是为了上大学而被逼无奈填写的这个专业。

当时，父母还安慰她说，女孩子毕业了肯定会坐办公室的，哪会让你去大街上卖东西？她苦熬了四年，不断地逃课，终于不用再为了应付考试学那些无聊乏味的教科书了。

毕业后，她凭着自己实习的那些经验，应聘到了一家公司做销售助理。但不久，她就发现自己不适应做销售的工作，倒是在与媒体客户的接触过程中发现自己更喜欢和更适合做记者。

于是，她就整理了自己大学期间在校刊上发表的那些"豆腐块"文章，给几家报社发了应聘邮件，终于得到了一次面试的机会并幸运地通过了面试，从此走上了记者采访写稿的忙碌而充实的工作生活，这使她兴奋不已。

不务正业又如何？这才是自己喜欢的专业，这才是她想要的工作与生活。

戴尔就曾就读于美国哥伦比亚大学，他原本主修的专业是生物专业，却一手创办了戴尔电脑公司的直销模式，并最终推广到全世界整个电脑行业。能在电脑领域获得如此巨大的成就，戴尔自称是因为在大学时，他曾经选修过一门宏观经济课。

他说："那门课的教授讲的一个观点使他永生难忘，那就是你永远不能以常规的思维来认识世界"。

而现实世界中以常规思维在思考的人实在是太多了！

你的择业观与潜在能力的积累比你的专业更重要

有许多人认为，只有学法律专业的人才能当律师；只有学金融专业的人才能进银行；只有学行政管理的人才能进政府机关；只有学企业管理的人才能到企业，才能创业当老板；这种择业观是严重的误导与无知。除非是一些对专业要求极高的职业或岗位，比如那些要求较高的科学技术领域等。

当今的社会职场，有不计其数的行业与职业，对于大多数对专业要求很宽泛的职业领域来说，专业并非决定你职业的唯一砝码和选择。它不能决定你的一切，更不应该决定你的命运。

认清自我，首先就要具备正确的择业观，正确的择业观对于刚刚毕业的大学生或者刚刚踏入社会职场的人来说是非常重要的。对于多数的人，所学的专业很可能只是你就业的一个辅助条件和优势，更多的更为重要的可能是需要你自己的潜在能力的积累。比如你的知识结构，你的综合知识的积累与应用，你的兴趣与工作热情，你的品德和心态，你的价值观念等等。

美国一家著名的职业顾问公司在 2000 年做了一项调查：对100 位成功人士作了一项有关职业的调查。其中这 100 位成功人士包括了诺贝尔奖获得者、奥斯卡奖获得者和世界500 强企业的 CEO等。其中有一个调查的题目就是：你为之奋斗并且获得成功的事业，是你当初步入职业生涯时就选定的吗？调查结果出人意料。只有 18% 的受访者回答"是"，而 82% 的受访者回答"不是"。

调查者对这个结果大惑不解，于是问做出否定回答的人："获得成功的事业与当初的选择大相径庭，那你后来为什么能够成功呢？"

受访者几乎给出了相同的回答："当初择业时并没有遇到自己真正想要的工作，在后来的工作学习与生活砺练过程中，不断地修正自己的理想。对职业兴趣的培养，主要源自于职业的实践。成功的前提是理想加拼搏，拼搏的前提是热爱，热爱就是要不断地实践与探索，只有充满热情地做了，才会真正知道这个职业适不适合自己。只有真正地热爱这份职业了，才能把它做到最好。"

如果有幸在大学一毕业时就获得了与自己专业相关，又是自己喜欢和擅长的工作，那自然是再好不过的事了。但是，据统计，这样的幸运儿在大学毕业生中只占到了不到30%的比例。

因此，我要告诫所有的大学毕业生们，如果你还没有机会遇到，或者说暂时还没有机会遇到，也千万别灰心丧气。条条大道通罗马，三百六十行，行行有状元，只有你具备了正确的择业观和积累了良好的职业素质，脚踏实地地工作，保持一颗乐观上进的心，总会有一天，你能够得到你自己所想要的那份成功。

大学生毕业求职就业中的三大误区

以下是现在许多大学生在毕业时普遍会碰到和会走的几点误区：

误区一：总想一步到位。

"寒窗苦读十年书，一朝展翅飞。"我是天之骄子，好不容易熬到毕业，我一定要找到一份称心如意的工作，我一定要找个能够发挥自己的才华的工作单位，我一定要怎么样怎么样！

误区二：只选择国家机关单位或者国有大企业的"铁饭碗"。

因为稳定、福利好收入高有保障，而且还有面子、压力小。但是，我要提醒一句："请记住，只有蹲得低，才能跳得高。今天的你在干什么并不一定重要，重要的是你想成为什么样的人！"

误区三：一定要找个"轻松舒心"的工作单位。

而且还要薪水高、福利好、工作环境好；有许多的大学毕业生，左挑右选，总是不满意，好不容易应聘到一家公司单位，都是还没过试用期就辞职或者被辞退。一年两年三年就这么过去了，也没有找到最好最适合自己的工作，于是便成了"啃老族"……

请记住：好工作是干出来的，不是找出来的。

费尔通职业生涯的四个阶段

费尔通的职业生涯四个阶段总结出了每个人在其职业生涯发展过程中的不同阶段，具体见下表：

第一阶段 （融入阶段）	第二阶段 （成长阶段）	第三阶段 （发展与成熟阶段）	第四阶段 （持续拓展阶段）
个人像学徒一样接受专业人员的指导而工作，作为一个或多个师傅的帮手而学习	个人逐渐积累经验和能力，能够单独工作	个人除了独立工作外，还充当他人的师傅，指导他人工作	个人能够为组织提供未来应遵循和发展的方向，并行使各种权利，发挥影响力量

亲爱的同学们！看完以上费尔通的职业生涯的四个阶段后，现在请拿出一支笔，写下你要做的四件事：

第一，写下你的目标；

第二，给自己一个确定的期限，达到你制定出的目标；

第三，把目标定得高一些，再高一些，并相信自己能够到达；

第四，要满怀信心，鼓励自己奋斗。

如果你能够制定出更详细的计划，那就更好了……

走好职业生涯的第一步很重要

首先要定好位：每个人都应该工作，但人的工作状态分为三种：第一种，"打份工"；第二种，"当职业"；第三种，"当事业"。请选择后者。

在此，我想给部分打算考研或想"啃老"的同学一个忠告：面对现实，逆境也会变为顺境，总会有转机；逃避现实，虽暂时偷安，但没有翻身之余地。

最快的脚步不是跨越，而是继续；最慢的步伐不是小步，而是徘徊。

万事开头难！走好第一步，是你通向成功的关键。

下面这首小诗会告诉你如何走好职业生涯的第一步。

学校学的是知识，
职场要的是本事，
要想成为职业人，
得将知识变本事。

是新人！
先融入，后给予，
多思考，勤学习，
多付出，少索取，
团队活动多参与。

职业生涯路漫长，

空杯心态是关键，

千里之行，脚踏实地，

成就梦想终实现！

请记住：没有目标的人就没有方向，就好比漂在大海里的一只小船，随时都有可能触碓翻船。目标决定你的成就，目标的大小决定了你的成就的大小。

第三 篇章

做人的法则

人无信而不立，诚信是立业之本，做人的基本准则。诚信是人的一张脸，他写着你的品德和操行，是人的第二张身份证。"信用"是现代社会一种无法或缺的个人无形资产。

人与人之间只有很小的差异，但这种差异却往往造成了人生结果的巨大差异——很小的差异就是人生的态度是积极的还是消极的；巨大的差异就是结果的成功与失败！

简单做人是一种智慧。简单地做人，事情也就不再复杂；简单做人才能用心做事，简单是一种美，一种境界。

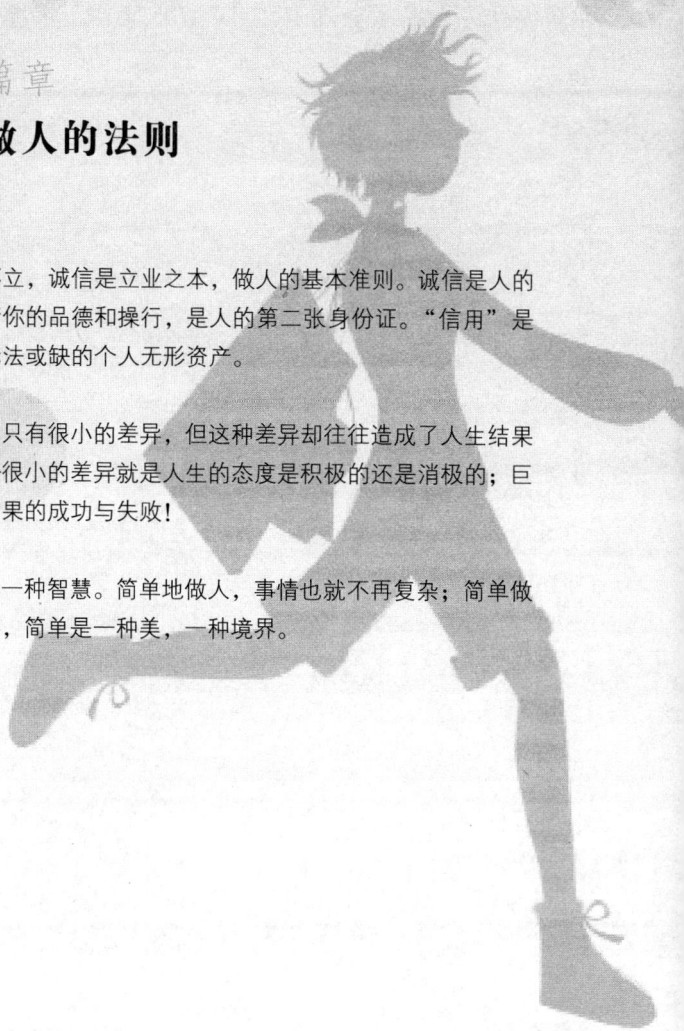

职业成功法则第三课：诚信做人

人无信而不立，诚信是立业之本

诚信是立业之本，是做人的基本准则。诚信是人的一张脸，他写着你的品德和操行，是人的第二张身份证。诚信是我们做人最基本的条件，"信用"是现代社会一种无法或缺的个人无形资产。

一个人成功的资本是什么？

首先要有良好的品性。如果你能够凭借自己的人格魅力获得大家对你的信任，那么，你就已经向成功迈进了一大步。

阿瑟·项帕拉托里10岁时，正好遇上了美国经济大萧条，为了能有自己的零花钱，他在一家糖果店干活。这份工作得来并不容易，同店主恳求了好久，店主才答应让他试试，因此，阿瑟干得十分卖力。

一天扫地时，阿瑟在糖果桌下捡到了一美元，这在当时可是笔大财产，相当于他半个月的薪水。尽管很希望自己能拥有它，但阿瑟清楚它并不是自己的，把钱交给了店主。

店主接过钱，显得十分高兴，他的话让阿瑟·项帕拉托里现在都记得："阿瑟，干得很好！你是个诚实的孩子，知道吗，这是我故意丢在地上考验你的。恭喜你过了诚实这一关，你可以在这儿一直干下去，直到你自己不愿意干为止。"

当时阿瑟高兴极了，终于有了一份长期稳定的收入，但没忘记，这一切都源于自己的诚实。现在，凭着他为人的诚信，阿瑟·项帕拉托里已经是一家大型运输公司的董事长了，他永远都记得"诚信胜于一切雄辩"的道理。

在那个年代的经济大萧条的时候，一美元对于一个孩子来说算得上是一笔不小的财富，但是小阿瑟抵挡住了它的诱惑，维护了自己的诚实。因此也换来了店主对自己的信任，换来了一份长期稳定的工作和收入。但如果当时他把那一美元藏起来了呢？店主或许不会雇用一个不诚实的孩子，阿瑟也许会因这一美元而丢掉自己的工作，丢掉稳定的收入，继而丢弃了信念甚至自己的职业生涯。

诚信胜于一切雄辩，它能直接反映一个人的品质。诚信本身是一笔无价的财富，在工作和生活中，我们相信诚信的力量是无穷的，诚信一定会为我们带来成功。

曾经有一位贤明的国王，没有子嗣，他决定从王国的众多孩子中挑选一个，培养成王位继承人。

国王用的方法很特别，他给全国每一个孩子发一些花种，并宣布谁能培育出最美丽的花朵，那么谁就能成为未来的国王。

孩子们得到种子后，开始了精心地培养，从早到晚浇水、施肥、松土，谁都希望自己能够成为王位的继承人。

有一个出身贫寒的小男孩也分到了一些花种，虽然尽心尽力地培育，但是，花盆里的种子始终也没有发芽。

最后，比赛的日子到了。贵族人家的孩子穿上漂亮的衣服走上街头，他们捧着盛开的鲜花，盼望国王的垂青。国王乘坐马车缓缓地巡视在花海里，但是，面对着朵朵争艳的鲜花，他一点都不高兴，直到他看到那个捧着空花盆的小男孩，脸上才露出了微笑。

最后，当然是这位最诚实的小男孩成为了最后的幸运儿。

因为国王所发的花种子全部都是煮过的，是根本就不能够发芽开花的。

这个故事告诉了我们一个道理：诚实守信才是世间最伟大的品格。国王在所有的优秀品质中最看重的就是诚实，所以，他把诚实作为自己接班人首要具备的品德。因为，没有诚实作为基础，哪怕有再多的学识才能或者金钱，也不能为国家和人民所用。

无数成功的故事告诉我们：坚守信誉是成功者的最大关键。

一个人要想获得他人的信任，就必须对自己的人格、品德、素质、习惯、修养、态度等等方面不断学习和完善，努力做到最好。取信于人是成功的根本！

那么，怎样才能获得他人的信任呢？让我们从以下几个方面来借鉴：

第一，注重公众形象与自身修养，诚实守信，善于自我克制，谦虚善学，做事认真诚恳；能及时纠正自己的缺点，说到能做到。这是获得他人信任的最重要的条件。

第二，靠业绩说话，勤奋努力，踏实肯干，具有让人信服的职业专长。

第三，具有良好的职业操守与良好的职业习惯；习惯成自然，不良的个人习惯很可能会影响自己的形象和声誉，从而影响了自己的前途；良好的个人习惯会为自己的名誉加分，甚至能够影响或改变身边的每一个人。

失去了诚信，就失去了所有

原微软副总裁李开复在一篇文章中也谈到了诚信忠诚对一个员工的重要性。他在成立微软中国研究院时曾面试过一位求职者。这个人在技术和资历、能力上都相当出色。但是，在面试的过程中，他表示，如果李开复能够录用他，他甚至可以把原来在公司时的一项发明带过来。随后，他似乎感觉到了这样说有些不妥，并马上特别地声明说：那个发明是他在工作之余做的，他的老板是不知道的。在这一番话过后，李开复就再也不肯录用他了。

事后，李开复说，不论他的能力和技术水平有多么好，我都不会录用这样的人，这样的员工缺乏了最起码的职业道德。如果雇用了这种不讲信用的员工，谁能够保证他在这里工作一段时间后，把这里的工作成果也当做是所谓的"业余之作"而变成向其他公司讨好的"贡品"呢？

诚信是一个人最起码的道德准则；同时也是一个人在职业场上取得成功不可缺少的美德。

从古至今，人们都把诚信当做立身之本，如果一个人失去诚信，一切都将无从谈起。

有这样一则故事，可以给我们以警示：

在我国战国时期，计然是一位很有名气的善做生意的人。虞孚是计然的学生，虞孚不甘心贫苦便去向计然讨教致富的方法，计然就把种植漆树的技术教给了他。

在当时，漆的销路很好，如果掌握了种植漆树的技术，就可以发大财。学成之后，虞孚种了三年漆树，收获了数百斗漆，这对于他来说已足以发一笔财了，于是他打算把漆运到吴国去销售，走之前他把一些漆树的叶子，也煮出汁来，一同运到了吴国。

吴国有位商人在看到虞孚的漆成色较好，十分纯正，准备全部买下，约定次日提货。虞孚以为买卖已成定局，心中暗喜，为了多赚钱，他连夜把漆树叶汁全部掺入了漆中。第二天，吴国商人在看到装漆桶的封条已经动过，不觉起了疑心，便找了个借口决定再过20天以后再来提货。20天后，掺了树叶汁的漆全部变了质，这档买卖自然也泡了汤。虞孚从此在吴国沦为了乞丐，最后客死他乡。

虞孚自以为聪明过人，弄虚作假，反倒自取其辱，聪明反被聪明误，落了个自食其果的下场。

诚信值钱吗？当然！诚信无价，诚信是一种最宝贵的财富。富兰克林在《对一个年轻商人的忠告》一书中说过两句至理名言："时间就是金钱"与"信誉也是金钱"。如今我们对前一句较为熟悉，对后面一句可能不以为然。特别是在当今这个急功近利的时代，人们为了自己的私利，可以挖空心思、不择手段。

诚实只会为你带来收获

诚实就是人格魅力。一个诚实的人总会为自己带来收获，一个人的生命中如果有了诚实，那么他的人生中就如同有了黄金。

具有诚实的品格是一个人获得成功的重要基石。一个信守诚诺的人就如同在通往成功的阶梯上先迈出了坚实的一步。

下面让我们看看关于李嘉诚的故事吧。

李嘉诚是全球华人首富，是我们全球华人的骄傲与榜样。关于他的成功的故事，已有许多的记载。但是关于他成功的最大秘诀只有一个：那就是诚实守信！

正如李嘉诚自己所说："做生意要以诚待人，不能投机取巧。人的一生，最重要的是守信用。我现在就算是再有多十倍的资金也不足以应付那么多的生意，而且很多生意是别人主动找我的，这些都是我为人守信的结果。"

李嘉诚对那些急功近利、不择手段的做法颇为反感，他说："我绝不同意为了成功而选择不择手段，如果是这样，即使侥幸略有所得，也必然不能长久。"

李嘉诚是从生产塑胶花开始的。当初，有一位外国商人希望能够从李嘉诚公司大量订购塑胶花，为确信他有能力供货，外国商人提出一个条件，要求李嘉诚必须找一家有实力的公司做担保。李嘉诚当时还是白手起家，没有背景，没有资源，他在跑了几天后，没有一家公司愿意为他做担保，无奈之下只好对外国商人如实相告。也许是李嘉诚的诚实感动了对方，外国商人对他说："从你的坦白之言中可以看出，你是一位诚实的人。诚信乃做人做事之道，也是经营之本，我看就不必要其他公司做担保了，现在我们签合约吧。"

没想到李嘉诚却拒绝了对方的好意，他对外商说："先生，能得到您如此的信任，我不胜荣幸；可是，因为资金有限，我们一时无法做到您要求的这么多的订货。所以，我还是感到很遗憾不能与您签约。"

李嘉诚这番实话又一次使外国商人大受震动，他立即做出决定，即使风险再大，也要与这位具有诚实品德的香港年轻人合作一次。他对李嘉诚说："你值得我破例一回，因为你是一位令人尊敬可以信赖的人。为此，我会先预付货款，以便你扩大生产量。"

这次外国商人的鼎力相助，为李嘉诚驰聘商界打下了坚实的基础，从此他成为了香港"塑胶花大王"。这次意外的生意，与其说是一次商业上的成功，不如说是一次人格魅力的成功。

通过这件事，李嘉诚悟出了一个道理："坦诚待人乃生命所系，也是生意场上必须坚持的金科玉律。"

李嘉诚在一次演讲中说："我做生意，一直抱定一个宗旨，那就是绝不投机取巧，要以诚相待。在对客户作出承诺之后，无论碰到什么样的困难，仍要履行对客户的承诺，以取得客户的信任"。

李嘉诚的成功就是以他的诚实守信的商业道德准则与高超的经商才能获得的。

一个人有了诚信，就会得到别人的信任，就会得到老板的重用，就会在事业上多了许多的机会；一家公司有了诚信，就会赢得客户这个"上帝"，赢得市场。

请记住： 欺骗是一种短视行为；诚信是你的名片。在利益面前丢掉了忠诚，必定会遭到惩罚。

职业成功法则第四课：成大事一定要有好心态

成大事一定要有好心态

狄更斯曾说："一个健全的心态，比一百种智慧更有力量！"

无数成功的经验告诉我们：好心态是成功的关键。

什么是心态？心态就是你对自己、对别人、对于事物的态度。

心态决定人的命运，它能使你成大事，也能使你沦为失败者。面对同一件事情，不同的人就会产生不同的态度和看法；面对同样一件事情，让不同心态的人去做，其结果必然会不一样。

在态度上的小小的差距，往往就决定了人与人之间的巨大差异。这就是积极的心态创造了人生，消极的心态毁灭了人生。积极的心态是成功的起点，是生命和事业的阳光和雨露；他能让你的人生之路越走越宽阔。消极的心态是失败的根源，是生命的慢性毒药，它往往使人受制于自我设置的牢笼而不能自拔，从而堵住了人生之路。

选择积极的心态就是选择了成功的希望；选择消极的心态就等于选择了失败的沼泽之路。如果你想成就大事，首先请摒弃掉消极的心态，选择积极的心态去面对一切，做自己心态的主宰。

因为心态决定你的思想与行动，思想与行动决定了结果，什么样的结果就会有什么样的人生。

成功学大师拿破仑·希尔说："人与人之间只有很小的差异，但是这种很小的差异却造成了巨大的差异。很小的差异就是所具有的心态是积极的还是消极的，巨大的差异就是成功和失败。"

态度决定成败

你有什么样的态度，你就会拥有什么样的成就与人生。

戴高乐曾经说过一句名言："困难，特别吸引坚强的人。因为，他只有在拥抱困难时，才会真正认识自己。"

学会挑战自己，以积极乐观的态度去面对人生。很多人的失败，都是因为失去了信心，以消极的态度面对人生。不相信自己能够克服眼前的困难而放弃了努力，最终失败于绝望之中。如果你想做个不平凡的人，想成就一番不平凡的事业，就必须做一个有积极心态的人！

乐观的心态和勇气是成大事者不可或缺的动力！

有两个同时毕业的大学生一起来到了广州找工作，并一同进了一家文化出版公司做编辑的工作。一个叫张岩，一个叫李志，他们两人都很能干。文字功底好，头脑也灵活，工作也非常积极卖力，都得到了老板的赏识。两年之间，他们都积攒了五万元钱。他们二人都有个共同的目标，在广州买房，可是广州的房价是高不可攀啊，他们俩谁也买不起。

有一天，李志就对张岩说，要是二人能够把钱合起来，搞图书发行，说不定能够在一两年内就能够赚回两套房子。因为当时搞图书发行是有较高的利润的，在他们经手发行的书也曾经有过一本就创造千万利润的神话。但是，图书发行也是伴随着高风险的，有可能，把 10 万元钱投进去出来的就是一堆只能买几毛钱一公斤的废纸了。

为此，张岩再三犹豫，不愿意冒险，因为自己的几万元钱是这两年没日没夜地加班加点干出来的。再加上他也还是比较满意现在的工作与薪水，比起一般的大学毕业同学还算过得去的。

无奈之下，李志开始决定自己干了。于是他回了老家向亲戚朋友又借了5万元，凑够了10万元，都投了进去。图书发行出去之后，他除了身无分文之外，还欠了5万元的债，每天只能靠吃方便面度日。

张岩在看到他这种境况时，还暗自庆幸自己没有和他一起干，否则，自己也会每天吃方便面了，还背着几万元的债。

三个月过去了，李志发行的图书一下子发行完了5万册，而且又翻印了10万册，净赚了50万元。仅仅不到半年的时间，他的积蓄便由5万变成了55万；而张岩的存折上还是5万多元。

后来，李志又用赚来的50万元开了一家自己的文化公司。三年后，他便在广州买下一套高级的公寓，并拥有了一辆小汽车。而此时的张岩还在挤着公交车上下班，还在为着不知何年才能实现的买房梦想而奔波……

张岩与李志他们二人的起点都是一样的，也同样拥有原始的资金5万元，同时发现了机会。但是，是什么让他们在短短三年里就会发生了天壤之别呢？是性格，是勇气，是胆识，是不安于现状的心态与决心决定了他们人生的道路将截然不同。

或许，李志这次投资失败了，但是，他的性格、勇气、胆识与决心也会让他很快爬起来，去挑战更大的机会。

一切成就都始于积极的心态

美国哈佛大学教授基多夫曾说："在我接触过的成功人士中，他们大多是心智非常健全的人。当遇到人生的坎坷，知道正面去迎击；当发生事业的大逆转时，也能够在短时间内以变应变，重新开始起跑。凡是这样的积极的心态都会给人生带来不可估量的力量。"

美国著名成功学家罗宾说过："在面对人生逆境或困惑时所持的信心，远远比任何事情都来得重要。"

有一个真实的故事可以告诉我们这个道理：

有一个孩子相貌很丑陋，说话还口吃，而且因为疾病导致了左脸局部麻痹，嘴角畸形，讲话时嘴巴总是弯向一边，并还有一只耳朵失聪。为了矫正自己的口吃，这个孩子模仿他听到的一位著名的演讲家的故事，在嘴里含着小石子练习讲话。

看着嘴巴和舌头被石子磨烂的儿子，母亲流着眼泪抱着他，心痛地说："不要练了，妈妈一辈子会陪着你！"懂事的他替妈妈一边擦着眼泪说："妈妈，书上说，每一只漂亮的蝴蝶，都是自己冲破束缚它们的茧之后才变成的，我要做一只美丽的蝴蝶。"

这个孩子的努力没有白费，他终于可以流利地讲话了。由于他的勤奋与善良，在中学毕业时，他不仅取得了优异的成绩，还获得了良好的人缘。

1993年10月，他参加了国家总理大选。他的竞争对手居心险恶地利用媒体夸张地指责他的脸部缺陷，然后配上这样的广告词：

"你要这样的人来当你们的总理吗?"但是，这种极不道德，还带有人格侮辱的攻击招致了全国选民的愤怒和谴责。

后来，他的成长经历被人们知道后，最终赢得了大部分选民的尊敬与支持。他特别的竞选口号就是"我要带领国家和人民成为一只美丽的蝴蝶"，这使他高票当选了国家总理，并在1997年再次获选，连任总理，人们亲切地称他是"蝴蝶总理"。

他就是加拿大第一位连任两届的总理克雷蒂安。

这就是积极的心态可以改变命运!

学会任何抛开心中的恐惧与焦虑与如何清除思想中的悲观与自卑，使我们的思想与心态充满了自信与希望。建立一种积极乐观的人生态度，那么，再大的困难与失败也阻挡不了你内心渴望成功的欲望，从而使你最终获得成功。

积极的心态可以创造人生，消极的心态则会消耗人生。消极的悲观的懦弱的思想与心态，会使你一开始就沦落为一名失败者。

任何人都应该表现自己的信心与勇气，这与他的相貌、出身并无关系。一旦你拥有了自信乐观的积极的心态与勇气，那么，你也可以像克雷蒂安那样获得成功!

积极向上的心态是让你成为成功人士的基础。我们不能让自己沉沦下去，虽然我们有很多弱点，但我们不是弱者。

我们要摆脱消极的心态，去做快乐的自己。如果你想让自己成为最重要的那个人，那么就请你立即摆脱消极的心态。不要总是指责这个世界不公平，你要坚定你成功的欲望，像成功的人那样努力向前，把你所有的精力都放在你想要的东西上。

对于有积极心态的人来说，逆境是一种磨炼，它反而会加快你成功的速度，并带给你更多的体会和领悟。你要花一点儿时间来思考如何把逆境转换成上升的动力，要知道，这不是在浪费你的时间，而是所有成功的人都必须经历的。

人人都不能低估心态的力量，如果你忽视它，那你就会被它打败。可是人生中的失望也是难以避免的，你能从失望中得到好处吗？聪明的人总是能从失败中看到新的希望。

"对今天的自己还不满意，要让自己明天做得更好"。这种积极的心态可以把你从颓废的深渊中解放出来，把你认为没有可能的事情变为现实，让你的热情重新点燃。不要认为是命运对你不公，不要总是觉得自己是世界上最委屈的人，积极的心态是取得成功的前提，世界上所有成功的人都是首先有好的心态，所以你也应该有。

很久以前，在美国一个黑人佃农家庭里，有一个小孩，名叫福勒，他过着贫困的生活。他从5岁时起就开始帮家里干活，9岁时就能自己做点小工挣钱了。当然，所有的穷人家的小孩都这样。可是福勒的母亲是一个睿智的女人，她知道她生活着的这个世界并不是人人都和她一样贫穷，也有很多人活得富有自在。

她对小福勒说："不对，我们肯定是哪里出了问题，我们不应该贫穷，《圣经》里的每一个字都在说让我们富裕起来，那我们为什么不能出人头地呢？"母亲的话深深地刻在了小福勒的心里，并从此改变了他的人生。

从那以后，福勒就常对自己说："我要成功，我要过和那些富人一样的生活。"于是他决定经商，并选择经营肥皂。他做小本生意一直做了12年，最后机会终于来了。他获知向他供应肥皂的那家公司要拍卖，售价是15万美金，可福勒只有25000美金的存款。于是福勒和那家公司协商，他先付25000美金的押金，然后再在接下来的10天之内付清全部的金额。这是一个风险极大的机会，可是如果放过的话，就不知道什么时候会有了。他从客户、朋友、信贷公司那里找到了救助，在第10天的前夜，他已经筹措了115000美金，还差1万美金。可就是这1万美金，让他急坏了，能找的朋友都找了，福勒就差祷告上帝了。就差一步了，但福勒并没有绝望，在最后一天晚上，他毅然穿上外套，走出门去。"我要再找找！"他这样告诉自己。

在走过好几条大街后，他看见了一家承包商事务所亮着灯。他凭借自己的勇气和智慧从那里筹得了最后的 1 万美元，他成功了。可是如果他被最后的 1 万美元击倒，那么一切就只能成为泡影。

积极的心态往往会帮你渡过难关，因此，要有积极的心态；如果随时保持积极的心态，你就一定会成功。

消极的心态是成功的最大敌人

消极的心态是失败、痛苦、疾病的根源；积极的心态是成功、快乐、健康的保证。消极的心态的结果，是使自己受制于自己创造的各种消极的环境中。消极的心态同样会产生巨大的能量，但这种能量是反方向的能量，它会始终牵引你往与成功相反的方向前行，遇到困难、挫折、竞争时它往往首先会帮你找到很多的拒绝、害怕、恐惧、胆怯的理由，让你不能自拔，使你沦为失败的人！

在通往成功的道路上，你也许会遇到这样一些障碍：心态消极，悲观失望，怀疑害怕；目标不明确，东飘西荡，没有方向；不会时间管理，拖延，效率低；没有持续学习，缺乏应变能力；行动力不够，想得多做得少；缺少实现人生目标的方法等等。

如果是这样，那我建议你对自己做如下几个方面的管理：每天对自己进行心态、目标、时间、学习和行动五个方面的管理。我们每个人都应该是管理者，首先要管好自己的心态。

心态是如何影响人的？心态就是内心的想法和外在的表现，心态只有两种，一种积极的，一种消极的。

积极的心态像太阳，照到哪里哪里亮！消极的心态像月亮，初一十五不一样。

消极的心态使人远离成功。美国成功学院曾经对1000名世界知名成功人士进行研究，结果表明：积极的心态决定了成功的**85%；消极心态使机会丧失；消极心态使希望泯灭；消极心态消耗**

掉90%的精力；消极心态限制潜能发挥；消极者悲观失望，随波逐流，不能充分享受人生；积极的心态能激发高昂的情绪，帮助你忍受痛苦，克服恐惧，并且凝聚坚忍不拔的力量；消极的心态却使人自我设限，怀疑退缩，最终丧失机会。

有这样一则"消极与积极"的故事：

维恩太太的两个女儿各开了一个小店，大女儿卖伞，小女儿卖遮阳帽。自小店开张后，维恩太太就没有开心过，整天神情抑郁地呆坐在门前。

一天，牧师路过她家，主动上前问："太太，您怎么了？病了吗？""我烦哪！"维恩神情沮丧地说，"晴天，我大女儿卖伞的生意不好，我烦。雨天，我小女儿买卖遮阳帽的生意不好，我也烦！"

"您应该高兴才对呀！"牧师说。"别来逗我了！"维恩太太显然生气了，"到别的地方寻开心去，我才没有你那样清闲！"

"太太，您听我说，"牧师诚恳地说，"晴天，你小女儿的帽子不是很好卖吗？而雨天，你大女儿的伞是不是卖得很快，因此，您应该高兴才对呀！"

"对呀！"维恩太太豁然开朗，"为什么我先前没有这么想呢？"

维恩太太的抑郁就是因为其消极地看待问题，牧师的指点让维恩太太恢复了往日的欢愉。只有对生活中的问题抱以积极的态度，生活才能丰富多彩。

请记住：积极的心态是思想的阳光，它铸造了生命、美丽与成长！

做心态的主人

一位著名的心理学家曾这样描述人生与心态的关系："人生是好是坏，并不是由命运来决定的；而是由你的信念与处世的心态来决定的。"

生命就好比是航行在大海中的船，如果你不主动积极地掌握自己的航向，它就会随波逐流，漫无目的地漂流，很可能会被风浪打翻或者触礁而沉；是很难成功到达彼岸的。

心平气和，轻松做人。其实，一个人只要保持一种平和的心态，你就会感到"人活着，真好"。心平，会使你比较客观地看待事物，气和，易于体会彼此立场。快乐是自己给的！笑对一切，时时调整自己的心情，保持最佳心态，让轻松快乐陪伴我们的一生！这也是一种成功的人生。

给生活一个笑脸，用积极的心态去与人交往。

假如将世界看成是一个小村庄，这个村庄从各种族、各地域以及各种不同类型的人中按百分比例来组合，那么，这个村庄就是这样子：57 位亚洲人，21 位欧洲人，14 位美洲和大洋洲人，8 位非洲人。52 名女人和 48 名男人。30 名白人和 70 名非白人；30 名基督教徒和 70 名非基督教徒；89 名异性恋者和 11 名同性恋者；6 人拥有全村财富的 89%，而这 6 人均来自美国；80 人住房条件不好；70 人为文盲；50 人营养不良；1 人正在死亡，1 人正在出生；1 人拥有电脑；1 人拥有大学文凭。

这是一个非常有趣的计算，如果我们都能以这种方式认识这

个世界的话，那么还有什么不能忍耐与理解的呢？

你的快乐心态始终应该是掌握在自己的手里，快乐是自己给的，做心态的主人，你的人生将会充满阳光和欢笑。

悲观者与乐观者

悲观的人先被自己打败，然后才被生活打败；乐观的人先战胜自己，然后才战胜生活。

思想乐观的人，对任何事总抱着积极的态度，即使遇上挫折，乐观者也会认为那是自己的成功大树开始生根、发芽的种子。

有一些悲观者，他们对未来和生活都持一种悲观的迷茫的心态。他们对自己的过去，不管成功与否，都一概加以否定，心中充满了自责与痛苦，口中有说不完的遗憾和悔恨！他们还对自己的未来没有信心，认为自己一无是处，什么事都做不好，在认知上否定自己的优势与能力，并且无限地放大自己的缺陷。

他们实际上是以一种悲观消极的想法看待客观的世界，在他们心中，现实或多或少地被他们丑化了。

乐观就像是一位天使，如果用乐观的心态看人生，你就会看到"人间处处是美景"。乐观的人看到的是群星闪耀，而悲观的人则看到的是漆黑一片。一个心态乐观的人可以在浩瀚的夜空里发现星星的美丽，找到生活的乐趣；而一个心态悲观的人只会让自己被黑暗埋葬，深陷悲观的心境不能自拔。

其实，许多事情都是这样，乐观的心态总会带来好的结果；而悲观的心态则会使一切变得灰暗。换一个角度，换一种心态，你眼前的天空就会晴朗无比。

有这样一则"悲观与乐观"的求职故事：

两个大学毕业生到一家公司求职，经理把第一位求职者叫到办公室，问道："你觉得你原来就职的公司怎么样？"

求职者面色阴郁地答道："唉，那里糟透了。同事之间尔虞我诈、勾心斗角，部门经理粗野蛮横、以势压人，整个公司暮气沉沉。生活在那里，令人感到十分压抑，所以我想换个理想的地方。"

"我们这里恐怕不是你理想的乐土。"经理说，于是这个年轻人满面愁容地走了出去。

第二个求职者也被问到这个问题，他答道："我们那儿挺好，同事们待人热情、乐于互助，经理平易近人、关心下属，整个公司气氛融洽，生活得十分愉快。如果不是想更好地发挥我的特长，我真不想离开那儿。"

"你被录用了。"经理笑吟吟地说。

有两个人同时遥望夜空，一个看到的是黑沉沉的夜空，而另一个看到的却是闪闪的星星，这就是悲观与乐观的区别。

悲观的人永远消极，感到前途无望。乐观的人却会永远与快乐相伴，与幸福相随。

保持乐观心态的六个原则

也许你在某个方面是不幸的，但在其他方面，你显然又比很多人幸运。所以要保持乐观的心态，微笑着面对生活、面对世界。

那么，如何做到始终保持一颗乐观的心态呢？

第一，多想想事物好的一面。

任何事物都会有两面性，甚至是多面性，养成从不同的角度去看事物的习惯。尽可能多地往较好的那一面去思考问题，这样，你的心态就不会那么容易被眼前的困难或者不幸完全控制。有些时候，或许你会变得焦躁不安，是因为碰到自己无法控制和预料的局面。这个时候你最好能够静下心来去承认这个现实，然后设法创造条件，使之向着有利的更好的方向转变。另外，你还可以采用"情绪转移大法"，也就是把自己的思想和情绪转移到其他的事物之上，比如：参加有意义的社交活动，或者回忆一段令人愉快的往事，与你觉得最快乐的人一起交谈，多想想事情最好的那一面等等。这样，或许你就会变得乐观开朗起来。

第二，不要太过挑剔。

通常而言，乐观的人往往都是性情开朗、心胸开阔、不会斤斤计较的人；而总是愁容满面、爱挑剔别人的人，又都是那些心胸不够宽广而狭隘的人。愁容满面的人总是看不惯社会上和身边的一切，希望人世间的所有的人和事都符合自己的理想模式，这才会感到顺心，但是，这种理想是永远都不可能实现的。所以爱挑剔的人，时常会给自己戴上是非分明的帽子。但其实这是在消

125

第三篇章 做人的法则

极地干涉他人的人格和志趣。爱怨恨、抱怨、挑剔都是一种心理软弱不够乐观自信的表现。

第三，以幽默的态度来接受现实中的"失败"。

幽默是一种智慧，是一种人生态度。有幽默感的人，通常更有能力和更懂得如何轻松地化解命运的不公，排除人生遇到的各种困难和挫折。所以，你不妨在日常生活中有意识地培养一下自己，让自己拥有更多的幽默细胞。

第四，坚持不懈，全力以赴。

在人生的历程中，你既不能被逆境困扰，也不能总是幻想出现奇迹；而是要脚踏实地、坚持不懈；人生漫道从头跃，不到黄河不死心，就是到了黄河还要不死心的奋斗精神，全力以赴去争取属于自己的成功果实。

第五，能屈能伸。

当人们遇到困难和重创时，通常会变得焦躁、悲观，但所有的焦躁、悲观都是无济于事的。这个时候，你最需要的是冷静地承认已经发生的一切，放弃生活中已成为自己负担的东西，暂时停止不能取得成功的希望，并重新设计全新的生活和未来。做到能屈能伸，只要不是大的原则问题，就不必过分地计较与固执，条条道路通罗马，成功不止一条路，只是暂时停止成功而已。

第六，意识到自己是幸运的。

当烦恼和不幸来临时，你可能会觉得自己是天底下最不幸的人，谁都比自己强。其实，事情并非如此，或许你在某个方面是不幸的，但在其他方面，你又显然比很多人幸运。多想一想自己经历过的幸运的事，或者多想想将来一定会成功的样子，多想想十年以后的自己，那个成功的自己吧。并不断告诉暗示自己在某些方面是幸运的，我比很多人幸运！我不比别人差！我会更好的！这样，你就会感到轻松了许多、自信了许多，生活又点燃了希望！

请记住：积极的心态像太阳，照到哪里哪里亮！消极的心态像月亮，初一十五不一样。

职业成功法则第五课：务实自立

脚踏实地才能实现梦想

居里夫人曾经说过："一个人没有毅力，将一事无成。"

坚强是成功的基石。不论经历了多少风雨，多少坎坷，我们都应该保持这样一个信念：不经历风雨的洗礼，怎能见到绚丽的彩虹？人有悲欢离合，月有阴晴圆缺。阳光总在风雨后，在人生的道路上，没有人不跌倒，但是有人一直不怕跌倒。

而坚强的含义，恰恰就是看谁能望见重重乌云后面那最美丽的彩虹。

有人说，世间最容易的事就是坚持，最难的事也是坚持。说它容易，是因为只要你愿意做，人人都能做到；说它难，是因为真正能够做到的，终究只有少数人，这也是世界上只有少数人成功的原因。

所以说，成功在于坚持，这是个并不神秘的秘诀。

"锲而不舍，金石可镂。"坚持就是胜利！

业精于勤荒于嬉。不要相信"天上会掉馅饼"，也不要相信"兔子还会撞死在那棵树桩上"。

要想获得成功只有"勤奋"这一条路。

有这样一则故事：

世界上最伟大的哲学家之一的柏拉图正和他的学生走在马路上。

这名学生是柏拉图的得意弟子之一。他很聪明，总是能在很短的时间之内领会老师的意思；他很有潜力，总是能提出一些具有独特视角的问题；他也很有理想，一直希望自己能够成为像老师一样伟大，甚至比老师还要博学的哲学家。所以他常常自视聪慧，便不愿在学识上多下工夫，自认为聪明能敌过他人的努力。

但是柏拉图认为他还需要生活的历练，还需要更加刻苦。柏拉图曾经语重心长地对这名学生说过一句话："人的生活必须有伟大理想的指引，但是仅有伟大的理想而不愿意脚踏实地，一步一个脚印地朝着理想奋进，那也就不能称为完美的生活。"

这名学生知道老师是在教导自己要脚踏实地，但他认为自己比别人聪明，自己总能用一些技巧轻易解决问题，自己的理想也比别人的更加伟大，所以只要自己想做的，总能轻易成功。

柏拉图也相信这名学生能够做出一番大事业，但是他却只看到大目标而不顾脚下道路的坎坷以及自身的缺点。柏拉图一直想找一个合适的机会让学生自己意识到他自己的这一缺点。

一天，柏拉图看到他们前面的不远处有一个很大的土坑，这个土坑周围还有一些杂草，平常人们只要稍加注意就可以绕过这个土坑，但柏拉图知道他的学生在赶路时经常不注意脚下。

于是，他指着远处的一个路标对学生说："这就是我们今天行走的目标，我们两个人今天进行一次行走比赛如何？"学生欣然答应，然后他们就开始出发了。

学生正值青春年少，他步履轻盈，很快就走到了老师的前面，柏拉图则在后面不紧不慢地跟着。柏拉图看到，学生已经离那个土坑近在咫尺了，他提醒学生"注意脚下的路"，而学生却笑嘻嘻地说："老师，我想您应该提高您的速度了，您难道没看到我比您更接近那个目标了吗？"

他的话音刚落，柏拉图就听到了一个声音："啊！"学生已经掉进了土坑，这个土坑虽然没有让人受重伤的危险，但是它却足以使掉下去的人无法独自上来。

学生现在只能在土坑里等着老师过来帮他了，柏拉图走过来了，他并没有急着拉学生，而是意味深长地说："你现在还能看到前面的路标吗？根据你的判断，你说现在我们谁能更快地到达目的地呢？"

聪明的学生已经完全领会了老师的意思，他满脸羞愧地说："我只顾着远处的目标，却没走好脚下的每一步路，看来我还是不如老师呀！"

欲速则不达，万丈高楼平地起。我们不脚踏实地地提升自己，进行量的积累，哪来展翅高飞的那一天。鸟儿不脚踏实地，也不能展翅飞翔一飞冲天，何况我们呢……

麦当劳的创始人——美国人克罗克，从小就喜欢胡思乱想，被人们称为"丹尼梦游人"。年轻的他四处碰壁，在太多不切实际的梦想破灭之后，才意识到脚踏实地的重要性，并且下定决心愿意为此付出毕生的努力。

意识的转变决定一个人行为的改变。他很快便热爱上了眼前的工作——从事咖啡豆和小说的推销、出纳等，并从游移的工作状态中彻底摆脱出来。在芝加哥，克罗克坚定执着地当上了丽丽牌纸杯的推销员，并且这一干就是20年。

凭着大象般的脚踏实地和积极肯干，克罗克不但为自己积累了宝贵的经验，也积累了大量的财富，为自己创业打下了坚实的基础，并最终成为世界快餐业的巨头——麦当劳！

如果克罗克没有选择脚踏实地，在近20年艰苦的推销员生涯中没坚持到底；如果克罗克没有积累到足够的商业经验和创业资本，那么也许就不会有今天的麦当劳！

请记住：成功就是一个梦想加永不放弃的行动！

自强，做一个生活的强者

当你哪一天真正拥有它时，你就真正地长大了。

它就是——自强。

自立，才能自强！

没有人会陪你走一辈子，所以你要适应孤独；没有人能够帮助你一辈子，所以你要奋斗一生。

"天行健，君子以自强不息。"可以说，古往今来，凡成就大事之人，都是自立自强的人。一个人只有不依赖别人，才能够自立自强；一个人只有自强不息，才能做到坚忍不拔；一个人只有不畏困难与挫折，才能够做到志存高远。

断臂达人刘伟获"2011 感动人物"奖。他与杨善洲、最美妈妈吴菊萍、核科学家朱光亚等十位杰出人物被评为 2011 年度中国感动人物。刘伟 10 岁时因一场事故而被截去双臂；12 岁时，他学会了游泳，2 年后在全国残疾人游泳竞标赛中获得 2 枚金牌；19 岁开始学习钢琴，一年后就达到相当于用手弹钢琴的专业 7 级水平；23 岁他登上了世界音乐圣殿维也纳金色大厅的舞台，让全世界见证了中国男孩的奇迹。

曾经有人问李嘉诚的成功秘诀。李嘉诚讲了一则故事：

日本"推销之神"原一平在 69 岁时的一次演讲会上，当有人问他推销的秘诀时，他当场脱掉鞋袜，将提问者请上讲台，说："请你摸摸我的脚板。"

提问者摸了摸，十分惊讶地说："您脚底的老茧好厚呀！"

原一平说："因为我走的路比别人多，跑得比别人勤。"

提问者略一沉思，顿然醒悟。

李嘉诚讲完故事后，微笑着说："我没有资格让你来摸我的脚板，但可以告诉你，我脚底的老茧也很厚。"

李嘉诚讲的这个故事，给我们这样的启示：人生中任何一种成功都不是唾手可得的，不自立自强、不肯吃苦，是不可能获得任何成功的。

世界上有一种可贵的品质，就是"自强不息，坚忍不拔的精神"。

它曾经让无数被失败打倒，被困难击退的人们重新站起来，重新向成功的大门勇敢地迈去。如果没有它，海伦·凯勒就不会拥有传奇的人生，就不会获得世人的广泛赞赏；如果没有它，贝多芬就创造不出那么梦幻，那么出神入化的音乐；如果没有它，居里夫人就不会发现镭；如果没有它，就不会有越王勾践的历史典故了。

低调的人离成功最近

在这样一个张扬个性的年代，各种形式的东西都想标新立异地以各自的形象出现在世界上。然而，这并不意味着我们做人做事都可以大肆张扬，而是要学会低调做人。

事实上，一个真正懂得积蓄力量的人，会让自己以低调的姿态面对大家。这种低调，是一种修养，一种品格。这种低调，是成大事的基础。

学会控制自己的情绪，学会自我节制，不要让别人以为你还没有长大。享受人生的乐趣是人类的特权和义务，但是节制也是必不可少的。我们不但要学会承受遭遇到的困难，还要让自己的生活充满快乐。

我们要善于把自我满足与自我约束有机结合起来，这才是我们现代人的生活方式。

虚心是成功道路上的路标，虚心对于任何人，在任何时候任何地点，做任何事情都是非常必要的。

当今社会的发展，日新月异，谁都不能不虚心学习不进步，"不进则退，逆水行舟，水满则溢"的道理告诉我们：一个骄傲自满故步自封的人，最终的结局将会是一败涂地。

所以我们要把自己想象成"一只空着的杯子"，以空杯的心态去汲取智慧。时常以一种"归零"的态度去学习去做事，终将会实现人生的自我超越。

选择低调和认真，不把人生当作儿戏！

人生苦短，想想吧！多干点有意义的事吧！多想想如何才能活得更有意义更有价值。

请记住：一个骄傲的人，结果总是在骄傲里毁灭了自己。

第三篇章 做人的法则

职业成功法则第六课：学会微笑

微笑就是你最好的名片

微笑，拉近了你和每一个人的距离；激情，维系着你每一天工作的热度；执着，让你的生活充满目标和梦想。

微笑，代表真诚，代表自信，也代表收获。记住，每一天都带着微笑、激情和执着出发……

请不要把聪明时刻挂在脸上，而要将微笑时刻挂在脸上。微笑是一种能够传递和善、友好信息的无声语言，是最具有吸引力和魅力的肢体语言。笑，能够让人产生愉快的心情；笑，能够改善人际关系；笑，能够让别人对你产生信赖。

在和别人交谈的过程中，无论对方是否接纳，当你露出微笑时，双方的距离就会马上缩短。如果你想打好微笑这张王牌，就必须要对微笑进行研究，然后多加练习。因为，一味地傻笑、苦笑或者无可奈何地笑，不仅无法博得别人的好感，还会起到不好的效果，让对方感觉虚伪。

因此，每个人都要将微笑当成一个重要的训练项目，特别是销售人员，在经过一定的训练之后，让笑容变得温和与美丽。

我们必须牢记，唯有最自然的笑才是最美的，让笑容成为你最好的名片。

微笑的传奇

推销员吉拉德去拜访一位有购买意向的客户，结果却灰头土脸地回来了。让他更加沮丧的是，一位客户打回访电话，本来是要订购产品的，却被吉拉德没好气的回话给弄僵了。

经理了解到这些情况后，微笑着对吉拉德说："为什么不再去拜访一次？记住，微笑能带来传奇，即使是在接听电话的时候，也要让对方感受到你的微笑……"

果然，吉拉德脸上的快乐、谦逊、真诚的微笑感染了他的客户，客户爽快地签订了协议。

"微笑能带来传奇"，吉拉德想到了这句话。他决定看看微笑会给他沉闷的婚姻带来什么。

回到家，吉拉德主动和做家务的妻子打招呼，并微笑着注视妻子，说："我回来了！你今天还好吧？"妻子惊愕地抬头看着丈夫："你是在问我吗？"然后，她连忙给丈夫端来煮好的咖啡，开始讲可爱乖巧的孩子们的趣事。"原来我的家也可以这样幸福。"吉拉德想。

微笑是人生最好的礼物，它可以化解我们心中的隔阂，让友谊之花在每个人的心中绽放。我们应该在生活中养成微笑的习惯，这样不仅可以改善我们的心情，还可以带给别人快乐。

乐观——生活再苦也要笑一笑

乐观的心态非常重要，因为它让你在遇到挫折，面临困难时学会镇定，学会勇往直前。其实，任何挫折困难都并不可怕，关键是在于你选择怎样的方式去面对。

乐观的人天天向上，悲观的人时时忧愁。

经常微笑会让你赢得好口碑；保持微笑是职业成功的重要诀窍。经常微笑的人，总能在众人中保持良好的口碑并拥有较好的人缘，自然比其他人更容易获得成功。假如你想拥有成功的人生，就要学会将微笑随身携带。

美国希尔顿饭店在成立半个多世纪以来，不管世界经济怎样波动，它的财富依然在直线上升。这与它的微笑服务是离不开的，饭店的创始人唐纳德·希尔顿就曾经说过："是微笑为希尔顿带来了繁荣。"

在希尔顿刚刚取得一些成绩时，他曾经向母亲炫耀，可是他的母亲却轻描淡写地说："依我看，你和以前没有什么根本的区别，你必须掌握比5100万美元更有价值的东西。你要想一个简单、不用花钱却又长期可行的方法来吸引顾客，这样饭店才会有前途。"对于母亲的忠告，希尔顿冥思苦想，终于想出了"微笑"这一高招。他坚信，微笑会给希尔顿饭店带来巨大的发展。

事实确实如此。1930年是美国经济最为萧条的一年，全美国有将近80%的饭店都倒闭了。希尔顿饭店也遭遇了它最艰难的时期，欠债甚至一度达到了50万美元。可是希尔顿并没有感到心灰意冷，他对旗下的每一家饭店的员工都特别交待："当前正值饭店亏损依靠借债度日的阶段，我决心要强渡难关，等过了这一经济恐慌时期，我们希尔顿饭店马上就可以迎来云开日出的好日子。所以，我请诸位记住，千万不能将心里的愁云都显现在脸上。不管饭店本身遭遇到了怎样的困难，希尔顿饭店服务员的脸上都应该永远带着微笑。"

而在那纷纷倒闭之后仅剩的20%的饭店里，唯有希尔顿饭店的服务员始终如一地保持着灿烂的微笑。经济危机一过，希尔顿饭店真正进入了新的繁荣期。

从那以后，希尔顿就把微笑服务当做饭店安身立命的宗旨。他每一次去分店视察工作时，都会问员工们一个问题："今天，你对客户微笑了吗?"

其实微笑不仅仅是商业大亨们经商的法宝,同时也是我们生活中最为宝贵的财富。

微笑是一种礼节,初次见面时点头微笑,会让对方觉得自己受到了尊重,同时,也让对方感觉到自己是受欢迎的,双方的距离就会拉近,关系就会变得融洽;微笑还可以化解矛盾,你与他人发生矛盾,而责任又在对方,当对方向你表达歉意,或者做出希望和好的暗示时,你的一个微笑就会让你们的关系一如从前。

微笑是一种无声的赞美,当他人在某次竞赛中取得名次或者在某一方面取得成功时,一个微笑就会让他感受到你的赞赏;微笑是一种神奇的力量。

在职场中流传着这样一句话:"倘若你没有好的长相,就要让自己有才华;倘若你也没有才华,就要让自己保持微笑。"对人微笑,不仅能展现你的自信,还可以向别人传达一个积极的信号,因为善于微笑的人能获得比别人更多的信任与机会。

融洽的个性为你带来人缘和财源

如果你能时刻保持积极的心态，你就能改变自己，从而形成融洽的个性，但是或许你要先准备好为此付出代价，准备好面对生理上和精神上的冲突。

在进行心理斗争时，你要保持心理上的健康，这是胜利的前提保障。

王小明是北京大学的研究生，也是广州一家外贸公司的销售经理。他热爱自己的工作，而且因为他掌握了相关的技术和知识，做起这份工作来如鱼得水。当然，工作中还是会出现一些问题让他烦恼，但也不会太长久太复杂。

他认为，如果不对自己的销售工作做一些调查研究和思考，那他就难以沉着地面对困难。因此他经常会读一些新闻报纸，看一些励志的故事和管理类的书籍，他经常通过使用名言警句来激励自己。

他每隔一段时间，就确立一个新的目标，让自己的起点更高，并且通过自己的不断学习来了解事物的发展规律。他认真研究过他们公司的手册，并在实践中体验他从书本中学到的知识。

他每天早上起来的第一件事就是鼓励自己：我觉得很健康，心情很愉快，我今天肯定会有一番作为的。

王晓明把他的一套理念带到公司，传授给了每一个员工。大家早上聚在一起时都会含笑背诵："我很健康！我的心情很好！我今天肯定很有作为！"他们互相鼓励，然后各自去干各自的活，完成自己当天给自己定下的任务。

他们每个人都有一个很高的目标，高得让销售经理们吃惊，每周他们都会交一份销售报告，使得公司高层管理人员乐得合不拢嘴。也许你要问，他们真的这么快乐吗？他们真的有信心把工作做好，直至自己满意吗？当然，因为他们对自己的工作很熟悉，他们了解自己的工作的规律和技术，因此这让他们做起每件事情来都很熟练。

这就是王晓明的融洽的个性在发挥作用。

你有这种让别人和自己都感到愉快的融洽个性吗？

我很健康！我心情很好！我今天肯定会很有作为！

学会宽容是人类生活中至高无上的美德。宽容是人类情感中最重要的一部分，这种情感能融化心头的冰霜。有人说，宽容是温暖的阳光，可融化最坚固的冰山，是化解矛盾的良药。宽容是一种博大精深的境界，是人的涵养。世界上最宽阔的是海洋，比海洋宽阔的是天空，比天空更宽阔的是胸怀。

学会认错，自己错了要及时道歉。人谁无过，知错就改是个好同志！错了就真诚地道歉！真诚地向别人道歉，是一个明智之人的明智之举。

正如美国公关专家苏珊亚曾说："学会道歉是一个很重要的社会交往技能，真诚的道歉将会使人们感受到人与人之间最美好的情感。"我们一定要明白，真诚的道歉并不是一件丢脸的事情，它更能体现你的良好的品质和修养。所以，有些事如果是我们错了哪怕只是一点点错，也要及时承认。与其等别人提出批评和指责，还不如主动认错或道歉，这样更易于获得谅解和宽恕。请记住，犯了错，从不认错道歉的人，那绝不是英雄本色，那顶多算是"流氓"。

我国历史上著名的军事家思想家孙子说过："过也，人皆见之；更之，人皆仰之。"

我们伟大的毛主席也说过："有错就改，也是个好同志！"

请记住：使这个世界灿烂的不是阳光，而是我们的微笑！

就让一切从今天开始吧！从现在开始，我也微笑着面对世界，我能活得更好！

职业成功法则第七课：做好吃苦的准备

吃苦中苦，做人上人

俗话说："吃得苦中苦，方为人上人。"我认为，现代年轻人最缺的就是"吃苦"。如果我们从小就安安稳稳，无风无浪，像朵花一样地生活在温室里，我们所见的天日只有一点点，所适应的温度也就只有那一点点，那人生还有什么意思呢？苦，不同的人有着不同的理解。吃苦，是一种资本。只有那些受得了挫折和艰辛磨难的人，才可以铸就辉煌的人生……

日本经营之神松下幸之助说："只埋怨工作辛苦，是不会出人头地的。没有辛勤，哪有成果？"

当年创业的时候，松下幸之助对自己说："要好好努力，只是埋怨辛苦是不会出头的。现在拼命努力，将来一定有出息。"因此，松下在冬季结冰的天气里做抹布清洁工作，虽然很辛苦，但他仍然很努力。

松下正是靠这种吃苦精神才闯出一番事业的，所以在他当上老板之后，他告诫他的员工要有吃苦精神。在松下幸之助看来，不怕吃苦的员工，才是企业真正需要的人才。然而，现实中有些人因怕吃苦，因而失去了成功的机会。

1901 年，美国历史上出现了第一个年薪百万美元的高级打工者——查理斯·施瓦伯。

施瓦伯出生在美国乡村，只受过短期的学校教育。15岁那年，他就到一个山村做了马夫。3年后，他来到钢铁大王卡耐基所属的一个建筑工地打工。一踏进建筑工地，施瓦伯就抱定了要做同事中最优秀的人的决心。当其他人的抱怨工作辛苦、因薪水低而怠工的时候，施瓦伯却默默地积累着工作经验，并自学建筑知识。

某年夏天的一个晚上，施瓦伯又像往常一样躲在角落里看书。正好被到工地检查工作的公司经理发现了，经理看了看施瓦伯手中的书，又翻开了他的笔记本，什么也没有说就走了。第二天，公司经理把施瓦伯叫到办公室，问："你学那些东西干什么？"施瓦伯说："我想我们公司并不缺少普通员工，缺少的是既有工作经验又有专业知识的技术人员或管理者，对吗？"经理点了点头。

在那些工人中，一些人还不时讽刺挖苦施瓦伯。对此，施瓦伯回答："我不光是在为老板打工，更不单纯为了赚钱，我是在为自己的梦想打工，为自己的远大前途打工。我们只能在业绩中提升自己。我要使自己工作所产生的价值远远超过所得的薪水，只有这样我才能得到重用，才能获得机遇！"

不久，施瓦伯就被升任为技师。后来，施瓦伯一步步升到了总工程师的职位上。25岁时，施瓦伯成为了这家建筑公司的总经理，39岁时，施瓦伯成为了美国钢铁公司的总经理，年薪100万美元。而当时，一个人如果一周能挣到50美元，就已经非常不错了。

查尔斯·施瓦伯之所以能从一个普通的打工者，成为年薪百万美元的成功者，因为他始终抱着这样的信念："我们只能在业绩中提升自己。我要使自己工作所产生的价值远远超过所得的薪水，只有这样我才能得到重用，才能获得机遇！"

在当今的社会里，轻松而报酬优厚的工作是不复存在的。能为公司创造更多价值的人，得到的报酬往往最多。

中国著名的女高音歌唱家彭丽媛在中国音乐学院上学的时候，

一堂声乐表演课，就要练习300多遍上台下台，练习如何走上舞台，如何走下舞台，什么样的作品带着什么样的情绪行走等等。另一位女高音歌唱家吴碧霞同样也是中国音乐学院培养出来的，据说，她在中国音乐学院的琴房坚持练了整整八年的气息，周末都很少出校门，几乎每天都呆在琴房里做很长时间的气息练习，这才造就了她如此高超的歌唱技巧。

这些成功的例子也是从另一个角度验证一个人要想获得某一方面的成就，不管你是从事哪方面的职业，都是必须要付出巨大的艰辛和努力才能够获取的。

不努力工作，就努力找工作

那些对公司和工作总是抱怨，一点没有紧迫感的员工，往往也是公司里绩效最差的。

让我们来看看我们周围那些总是抱怨而不努力工作，不懂得珍惜自己工作的人们的表现吧！

"我只拿这点工资，凭什么去做那么多的工作？我只要干的事情对得起这点工资就行了！"

"我们那个老板太抠门了，只给我们开了这么点工资！都不够我半个月花。"

"他妈的，我们那个经理做的事情也不比我多了多少啊！可他的工资比我高出几倍，他拿的工资多，就应该干得多嘛！我只要对得起自己这点工资就行了，其他的多一点我也不想干！"

有这样一个大学毕业生，他在一家商店负责皮鞋的销售工作。他在这家商店里已经工作快六年了，但他自认为，由于这家公司的老板"目光短浅"，他的工作能力和业绩并没有得到重视。于是他就非常郁闷，但是，他似乎又对自己很有信心，总是在抱怨："像我这样一个学历不低的大学生，又年轻有为的漂亮小伙子，还愁找不到一个体面而又有前途的工作？"

当他正在自言自语的时候，有位顾客走到他的面前，想看看袜子。这位年轻的大学毕业生店员对这位顾客的请求不理不睬，仍在继续抱怨，虽然这位顾客已经明显地感到自己受到了冷落而显出了不高兴的神情，但他还是不搭理。最后，他转过身来不耐烦地对顾客说："这儿不是袜子专柜。"

顾客又问他："袜子专柜在什么地方？"他又很不情愿地回答说："你去问服务总台好了，他们会告诉你的。"

近六年多来，这个内心忧郁、可怜的大学毕业生一直不知道自己为什么没有遇到"伯乐"，不知道没有得到升职的机会与公司的重用的原因。又过了几个月，公司人员调整，他被解雇了。当时，他还感到非常震惊与气愤……

后来，这位被解雇的大学毕业生，从此心情比较沉重，对自己的信心也受到了沉重的打击，也开始一改往日的意气风发和自负，只有重回起跑线，去参加一场又一场的面试……

而他同时毕业的许多大学同学，有的已经升为主管了，有的已提升到了部门经理或者是店长了。而他整整浪费了六年多的时间，交了六年多惨痛的学费。或许他在学校里比其他的同学更优秀，但是六年之后的今天，他已经落后了太多，也许这一生的职业生涯再也追不上他的同学了。如果再往后，十年之后，二十年之后呢？如果他还是怀着这种职业的态度，那么，不停地失业不停地找工作将伴随着他的一生。

要学会吃苦，拿得起放得下，人生最大的包袱不是拿不起来，而是放不下。拿得起放得下是一种强者的执着；是一种积极地心态；是一种超人的自信；是一种有勇有谋的智慧；是一种坚强的意志力。

有科学家做过这样的一项实验：

把一只青蛙放到盛满开水的大锅里。这只青蛙一入水，便立刻感到环境的变化，于是立即挣扎，跃出开水锅，虽受轻伤，却逃离了死亡，避开了被煮熟的命运。

第二次，科学家把另一只青蛙放到盛满温水的大锅里，然后，用小火慢慢加热，青蛙没有感到水温的渐渐升高，一直在大锅里欢快地游动。随着水温的逐渐升高，青蛙的游动开始变得缓慢；

等到水温升到很高时，青蛙已经变得非常虚弱，无力挣扎，最后慢慢地被煮死了。

两只青蛙的不同命运告诉我们一个道理：舒适的环境容易让人忘记危机、丧失斗志。逆水行舟、面对危险与困境反而能激发人的潜能和斗志。

成功的经验告诉我们，职业生涯并不是赢在起点，赢在毕业时找到好工作，而是赢在你在职业生涯中不断勤奋努力地工作；赢在你长远的职业规划和自己的职业定位，也就是你的职业梦想与目标大小。

往往会有这样一种现象，一些毕业时找到好工作的人，在毕业后五年或者十年后往往不如那些毕业时的工作不是很如意的人。那是因为，毕业时的好工作高起点往往让人失去危机感、紧迫感，顺水行舟；而低起点与逆境往往让人发奋图强，努力工作，坚持学习，逆水行舟。

所以，一个人的职业生涯的成败不是赢在起点，而是赢在努力的工作过程以及永不放弃的奋斗精神。现在的你怎么样并不重要，重要的是你将来想成为什么样的人。

请记住：只有经历过地狱般的折磨，才有征服天堂的力量；只有流过血的手指，才能弹出世间绝唱。

第四 篇章

做事的法则

你能够承担多大的责任，就能够做多大的事业！

责任是国家、社会、民族的生命线，也是个人职业和公司的生命线；责任心才是你最大的价值所在；敢于承担责任的人，才会被别人尊重和信任；责任让你拥有更多的人脉和更广阔的发展空间。

一个缺乏责任的民族是没有前途的民族；一个缺乏责任的国家是没有前途的国家；一个缺乏责任的组织是注定会失败的组织；一个缺乏责任的人是不可靠的人。

一个人只要有了责任心，才会有忠诚、有奉献、有激情，才会有成就一切事业的可能。

职业成功法则第八课：你的职业形象价值百万

你的职业形象价值百万

商业心理学的研究报告告诉我们：人与人之间的沟通所产生的影响力和信任度，主要是来自以下三个方面：

1. 语言；

2. 语调；

3. 形象。

而它们的重要性所占的比例分别是：语言占7%；语调占38%；形象占55%。由此可见，形象对于一个人是多么的重要！

形象主要是指人的体形、肤色、面容、神态、服饰、风度等几个方面。人与人之间的交往通常首先都是通过形象来对彼此作出初步的感性化的判断和评价。因为当一个人对你的内在不太了解的时候，你的言谈举止、服装外貌等一些外在的表现就成了别人对你的唯一判断标准。

人都是感性的动物。当人们无法最初用理性来对你作出正确判断时，他们宁愿选择相信自己的眼睛和耳朵，根据自己所看到的，所感受到的来对陌生人作出评价。

所以说，良好的形象能够帮助你获得"信任"！

有一位非常有名的华裔投资商曾说："我怎么也不能相信那个穿着旅游鞋、牛仔裤，头发如同干草，说话结结巴巴的小伙子会向我要500万美金的投资。他的形象和个人素养都不能让我信服他是一个懂得如何处理商务的领导人。"

良好的形象还能让人变得自信；对自我的高要求能够帮助自己获得更大的成功。良好的形象更能影响别人对你的评价，影响你的公众形象。外在形象吸引力的大小直接影响第一印象的形成和性质；良好的第一印象，对你的将来与人的交际具有非常大的影响。因此，良好的外在形象是建立良好的人际关系不容忽视的因素。特别是我们在应聘求职、洽谈、演讲、聚会等多种情景下，良好的外在形象特别会有助于你完成重要的任务。

良好的职业形象有助于人际关系的建立，人际关系就是你的人脉资源，人脉是每个人职业生涯最重要的财富。

卡耐基曾说过："成功 ＝ 15% 的技能 ＋ 85% 的人际关系。"可见，人际关系对于一个人的成功是多么的重要。广交朋友，要交好的朋友，只有好的朋友才值得交往。

"穷也要站在富人堆里"。这句话告诉我们一个道理，多和他们在一起，吸取他们致富的思想，学习他们的成功方法，才能一步一步地迈向富人和成功人士的行列。

经常维护你的人脉关系。美国前总统西奥多·罗斯福曾说："成功的第一要素是懂得如何搞好人际关系。"

所以，我建议：我们每个人的第一次投资首先应该投资你的形象。因为你的形象价值 100 万，甚至是价值 1000 万。

拥有好形象，成功会更快

职业形象也是一种资本，形象就是你的第一张名片。

人的内在形象是指人的内在修养，它主要包括道德情操、理想追求、心理状态、文化水平、审美情趣、人际关系等，而这些修养都必须借助外在形象才能表现出来。

曾经有一位法国美容专家这样说过："不要小看一个能够长久保持优美身材的女人，这通常表明，她是一个顽强和很有自制力的女人。"这就是说，女人美丽的身影能折射出她的内涵与素养。

根据人与之间交往的深浅程度，可以将人的形象分为三个层次：1. 对于那些只知其名未曾谋面的人来说，一个人的形象是模糊的，仅仅只是与他的名字相关；2. 对于初次相见或只有一面之缘的人来说，一个人的形象主要与他的相貌、行为举止相关；3. 对于那些相交很深的人来说，一个人的形象更多的是与他的品行、修养和能力有关。

良好的职业形象，除了穿戴要干净整洁外，还要体现在你的言行举止的大方得体上。一个言行举止大方得体的人，到哪里都会受人欢迎。一个受人欢迎的人，也更容易建立良好的人际关系，而良好的人际关系对于你的职业成功是非常有帮助的。正所谓，人缘就是财源；人脉就是第一生产力。

通常人们都喜欢和脸上带着笑容的人交谈，因为人的心情是可以互相感染的，好的心情能够带给别人好的精神面貌与愉悦的感受，温文尔雅、面带微笑的人也更容易获得别人的信任，从而拉近彼此的距离。

心理学家认为：一次谈话或者合作是否成功，在某种程度上也取决于对方脸上流露出的信息，对一张精神饱满、慈善、充满活力与微笑的脸说话，要比对着一张粗糙、呆板没有表情的脸说话的趣味增加至少60%。因为你身上流露出的信息会让人觉得你是一个友善诚实而有信心的人，也是一个精神状态上佳的人。而一张暗淡无表情的脸，给人的感觉肯定是糟糕透了。

因此，做一个精神饱满，注重形象的人，这会使你更容易得到别人的认同和信任，而得到他人的认同和信任则是你职业成功的第一步，也是最关键的一步。

时刻准备好自己的"三分钟"，努力给他人留下良好的第一印象

良好的第一印象是一把金钥匙，它能为你打开机遇和成功的大门。无论何时，你都要注意自己的仪表，为自己的形象加分。

第一印象就是当你刚到一个陌生的地方，与素不相识的人初次见面后给对方留下的印象，通常包括表情、动作、仪表、服装、言谈、眼神等方面。尽管它是片段的、不成体系的，却非常重要。因为，人们向来习惯于先入为主，这正是第一印象所起到的不可估量的作用。

研究表明，第一次见面的最初几分钟，是印象形成的关键期。有很多夫妇一直过着幸福的生活，他们不但互相了解，而且志同道合。如果你突然向他们提出一个问题，要他们各自形容自己的配偶，你会发现，不管他们是多么熟悉对方，第一次会面时的形象往往会最先走进他们的脑海。因为第一印象是难以改变和不可磨灭的。好的第一印象会为你日后的事业带来便利，而如果你想改变先前形成的坏印象，则需要加倍地努力和付出。

销售冠军乔·吉拉德在每次与客户见面前，都特别注意以下事项：鞋擦过了没有？衬衣的扣子扣好了没有？胡须剃了没有？头发梳好了没有？

这些听起来似乎很可笑，但事实上，细节往往决定成败，这些小细节会给人留下深刻的印象，整洁的着装总是给人一种信赖感。

很多人可能也意识到第一印象对自己的事业发展至关重要，但令人苦恼的是他们不知道如何改变自己给人的印象。

很多年轻的大学生都曾有过这样的苦恼：自己的个子不高，也不属于英俊帅气的类型，该如何给人留下良好的第一印象呢？事实上，虽然相貌的英俊或漂亮的确会使人增加好感，但是，第一印象主要取决于初次见面时的仪容、服饰、神态及交流的内容等。

总而言之，你一定要重视给别人的第一印象，因为它很可能给你带来机会或让你失去宝贵的机遇。

1957年，美国心理学家洛钦斯做了一个有名的实验：他设计了两篇不一样的短文，分别描述一个名叫布朗的人。第一篇短文的前半段把布朗描写得开朗、友好，后半段则描写得孤僻而不友好；第二篇和第一篇恰好相反，前半段描写了布朗的孤僻和不友好，后半段却说布朗开朗、友好。然后，洛钦斯让两个组的被试验者分别阅读这两篇短文，然后在一个统计表上评估布朗的为人究竟是否友好。

研究结果显示，内容的前后顺序非常重要。在这些被试验者中，看到描述布朗开朗友好在先的文章的，把布朗评估为友好的占78%；而看到描写友好在后的，把布朗评为友好的占18%。该实验其实内容相同，就因顺序改变了，便产生了这样完全不同的结果。换言之，信息呈现的顺序能改变人们的观点与看法，这就是人们常说的"首因效应"。

首因效应是指个体在社会认知中，通过第一印象最先输入的信息对客体以后的认知产生的显著影响作用，这种效应是由第一印象引起的一种心理倾向，很多人把它叫做第一感。在人际交往中，首因效应对人们交往印象的形成起着决定性的作用。

第一次见面时，对方的神情、体态、仪表、服饰、谈吐、礼节等形成了我们对对方的第一印象。第一印象一旦形成，就会左右日后我们对对方的看法。当我们再次见到这个人的时候，就会带有一定的倾向性，并且这种倾向性深植心底，难以改变。如果一个人留给别人的第一印象不好，就得花费很多的时间和很大的精力才能改变别人对他的印象。

美国艾维士租车公司的创始人沃伦·艾维士就曾直言："不论你想在哪方面取得成功，能够被别人接受都意味着达成了一半目标。假如你的仪表看上去就不能让人觉得满意的话，那么你可能永远也不会被别人所接受。"

塑造良好的第一印象不过是社交活动中获取成功的第一步，更深层次的交往还在后面的工作中。在人际交往中，你一定要充分利用首因效应为自己的形象加分。具体来说，你应注意以下两点。

第一，注重仪表。在交往的过程中，整洁的仪表会给人留下严谨、自爱、有修养的第一印象。

第二，注意言谈举止，使自己显得落落大方，如果还能够做到言辞幽默，侃侃而谈，举止优雅，那就是锦上添花了，必定会在别人心中获得很高的评价。

好形象要从"头"做起

一个人发型不好会影响到他的整体形象，所以，好形象一定要从"头"做起。

一个适合的发型，能够提升你的整体形象；一个不适合的发型，就会使你看上去不自然、别扭，使人感到不适。另外，如果你的头发总是保持整洁的状态，这会对塑造你的个人形象有着非常重要的作用。

那么，如何从"头"做起呢？

第一，要保持头发的整洁。

头发要勤于清洗、经常修剪、精心梳理、保持整洁，决不遗留大量头皮屑。尤其是油性发质的人更要经常清洗头发，如果你的头发脏兮兮、油乎乎的，会给人留下懒惰、邋遢颓废的印象。穿深色的衣服时，一定要注意随时清理掉落在衣服上的头屑，且不要当着众人的面搔头皮。

第二，适合自己的发式，头发的长度要适中。

男性应该以短发为主，这样会显得精神与自信。前面的头发不要覆盖额头，更不要用头发挡着自己的眼睛；两旁的头发不能盖住耳朵，脑后的头发最好不要碰到衣领，最好不要留大鬓角，不是万不得已不要剃光头。女性的头发长短皆可，但是，不管长发还是短发都不要把头发染成五颜六色。职业女性如果留长发，在工作场合最好盘起来，这样更显得干练和职业。

第三，发型能够反映你的精神面貌。

有一位著名的造型师曾说过："一个人的发型是事关整个精神面貌的焦点，马虎不得。"假如一位女性代表公司跟客户谈合约，她穿了一套非常干练的套裙，却弄了一个爆炸头，这不但跟这个场合极不相符，还会让客户怀疑她的办事能力，更会觉得这是对方公司对自己的不尊重，从而影响到双方的进一步合作。

人人都要懂得的见面礼仪

初次见面的时候，懂得一些见面的礼仪，会给人留下有修养的好印象。见面也是有很多礼仪的，常常会看到一些人由于不懂基本的礼仪而在公共场合出丑。所以，你必须要懂得下面六种见面的礼仪。

第一，握手礼。握手是最常用的一种见面礼仪。

握手礼的行礼方法是：爽快地伸出右手，手指稍稍用力握住对方的手掌，时间保持3秒为宜，双眼注视对方，面带微笑，上身要稍微往前倾，稍稍低头。面对长辈、上级，或你是男性对方是女性时，要等对方主动伸出手方可接握。相反，如果对方是你熟识的朋友、同辈、下级，则应主动伸出手，以示热情、谦逊。不管你是主动方还是被动方，出手都要果断，任何犹豫和迟疑都会表明你的优柔寡断，以致使对方造成误解。一般来讲，紧握对方的手表示真诚、欣喜；相反，似握非握、心不在焉，是冷淡和傲慢的表现。

学会正确的握手，留下良好的第一印象。在面试环节，握手是非常重要的肢体语言，它能够向对方传达很多重要信息。手与手的礼貌接触是建立良好印象的开始，很多面试考官把握手作为考察应聘者是否自信和礼貌的重要依据。良好的握手礼节会让对方感到你是能够胜任而且愿意做好任何一项工作。女生也要大方地和面试官握手，男生还需要注意与女士握手时，只能握女士的手指的部位，不应握得过深。

另外，握手时还需注意避免以下几点禁忌：

1. 握手时力度要适中，不要用力过猛，也不要过轻；
2. 手不要湿乎乎的；
3. 不要长时间握住不放，也不要随意捏了一下就放手；
4. 一般不要用两只手握；
5. 不要握手时将另一只手还留着裤袋里。

第二，拱手礼。拱手礼，也叫作揖礼。

拱手礼的行礼方法是双手握拳，右手抱左手。行礼时，不论尊卑，都要拱手齐眉，上下加重摇动几下。现在它主要是在佳节团拜活动、元旦春节等节日相互祝贺时采用。在一些企业开订货会、产品鉴定会等业务会议的时候也会用到，企业领导通常会拱手致意。

第三，鞠躬礼。鞠躬，也就是弯身行礼，是对他人表示敬佩的一种礼仪。

鞠躬前，两眼要礼貌地注视对方，以示敬佩或者尊重的诚意。鞠躬时必须立正，戴了帽子的话一定要先脱下，之后上身前倾弯腰。女士的双手可以垂放在腹前，男士的双手应该贴放在身体两侧的裤缝处。鞠躬时表情要严肃，不能一边鞠躬一边说与行礼没有关系的话，更不能一边吃东西一边行礼。在我国，鞠躬一般是下级对上级、学生对老师、晚辈面对长辈时采用，在服务人员向宾客致意、演员向观众致谢的时候也常常会用到。

第四，拥抱礼。拥抱礼是在欧美一些国家比较流行的一种见面礼，一般与亲吻礼同时进行。

拥抱礼的行礼方法是：双方相对站立，右臂向上，左臂向下；右手放在对方的左后肩，左手放在对方的右后腰。两人的头部与上身都先向左相互拥抱，之后向右拥抱，最后再一次向左拥抱，此礼方才结束。

第五，亲吻礼。亲吻礼包括吻手礼和接吻礼。

吻手礼是一些西方国家比较流行的见面礼，男士与地位较尊贵的女士见面后，若女士先伸出手作下垂式，男士就可以将其指尖轻轻提起吻之；可是假如对方没有伸出手来，就不能吻。如果对方地位比较高，男士则要屈一膝做半跪式，再提手吻之。接吻礼是欧美一些国家亲人及关系密切的朋友之间表示亲昵、慰问、爱抚的一种礼节。不同关系的人之间接吻的方式也不一样：父母同子女之间是亲额头；兄弟姐妹、平辈亲友之间是贴面颊；其他亲人、熟人之间是拥抱、亲脸、贴面颊；而在公共场合，关系密切的妇女之间是亲脸，男女之间是贴面颊，长辈对晚辈通常是亲额头。

第六，合十礼。合十礼也叫合掌礼，通常被南亚、东南亚一些国家采用。

合十礼的行礼方式是：两个手掌在胸前对合，掌尖与鼻尖基本相对，手掌往外倾斜，头微低，面带笑容。

合理的服饰打扮

在这个性张扬的时代，衣着的个性化可以彰显你的独特，虽然个性不一定需要衣着，但是，合理的服饰搭配会彰显你的个性。人们通常都会以貌取人，你的个性也应该用合适的衣着来树立自己的外表形象，而不要去忽略它。

在职场上，合适得体的衣装，更加能够体现你的职业素质与实力。

有这样一个真实的故事：

德尔是一家国际投资公司的总裁。早在十几年前，他刚走出校门的时候，面临着两个选择：一是涉足商界；二是留在学校教书。

后来发生了一件让他终身难忘的事。当时德尔遇到了一个大好的发展机会，有人愿意为他的科研项目投资 50 万英镑。他在获悉之后兴奋不已，没有顾得上衣着的讲究，便匆忙地赶去找投资人见面。结果，那位投资人满脸失望地对他说："小伙子，你的衣着表明了你缺乏商业才能，我从你的身上得不到在经济方面的可靠承诺。"

当时的德尔目瞪口呆，本以为靠自己优秀的策划方案和出众的口才完全能够说服投资人。实际上，他当时根本就没有任何表达的机会就被拒绝了。

这其中根本的原因就在于他的衣着，让别人第一眼就已经否定了他。

许多年之后，德尔每当回想起当时的寒酸表现就很懊恼。从那以后，德尔就开始讲究自己的衣着了，并最终取得了了不起的商业成就。

当然，只有合适的着装服饰才是最好的，并不是要求你盲目地追求名牌与时尚个性化，更不是教你爱慕虚荣。

注重仪表和礼貌

仪表和礼貌是一个人留给别人的第一印象，也是懂得尊重的表现，这往往是你的面试应聘是否成功的关键，也往往决定了你第一次与人交往是否成功以及是否还有可能继续交往的机会。

请相信：仪表整洁，举止文雅的人总是受欢迎的。

礼貌，是世界上最受欢迎的"通行证"。仪表、着装是基本的礼貌，整洁的仪表与礼貌有利于个人自身的发展。在很多的大企业里，都对着装和仪表有着严格的要求，因为每个员工的仪表形象往往代表着企业的形象。

爱默生有一句名言："美好的行为比美好的外表更有力量。美好的行为，比形象和外貌更能带给人快乐。这是一种精美的人生艺术。"

温文尔雅、大方得体、以礼待人、不卑不亢的行为举止是一个人综合实力的表现。这样的人更易于成功。所有，我们要注重自己的言行举止，让整洁的仪表和礼貌帮助自己建立良好的人际关系，为敲开成功的大门创造有利的条件。你的形象价值百万，这也是最值得你一生投资的地方。

请记住：在职场需要内在美，也需要外在美。

职业成功法则第九课：学会自我营销

自我营销，从求职开始

自我营销，从求职开始，求职从认识自我开始。

作为职场的新人，你没有任何骄人的业绩，更没有丰富的工作经验，只有从自己的学习经历与成长经历出发，寻找自己的核心能力与竞争力，突出自己的学习能力、积极的态度、对工作的热情和你的软实力，也就是综合素质。

许许多多的大学生，缺乏最基本的求职方法和技巧，因此而错失了许多工作的机会。以下可以罗列出几种最常见的求职禁忌：

1. 毫无顾忌地在面试现场大声说话或打电话；

2. 将早餐也带进了面试现场；

3. 迟到或者失约；

4. 显得无礼和傲慢；

5. 显得过度自信和狂妄；

6. 显得极度不自信；

7. 提供虚假信息；

8. 出言不逊；

9. 过于随意休闲；

10. 言辞空洞；

11. 因为过度紧张而发挥失常。

无数的人都是因为缺乏最基本的求职方法和技巧而与工作失

之交臂，并不是自己的知识、能力达不到要求，使自己多走不少的弯路，失去不少的机会，这些都是非常之可惜的事情。

以下是成功求职获得理想工作的几个步骤——"成功求职三部曲"：

首先全方位了解行业与职位。

除了考公务员、进政府机关事业单位你还了解了多少？各行各业的公司企业有多少你知道吗？他们需要怎样的人才你知道多少？

请永远都要相信：机会是留给有准备的人。

第二步：认清自己。

列出自己的能力清单，优势与劣势；自己的特长与兴趣是什么？追求是什么？真正在乎的又是什么？

在充分认识了自我之后，我们既要是理想主义，又要是现实主义，这两者要有机地结合。我们要遵循以下这三点法则：1. 我所擅长的；2. 我所喜欢的；3. 社会所需求的。

这三点法则首先告诉了我们所希望从事的职业必须符合社会的需求。任何一种职业，一种工作，都是需要为他人提供服务、为社会创造价值；如果你所选定的职业在能够为他人提供服务、为社会创造价值的同时，又能够实现自我，实现自己的人生价值，那么，这将是一件令人感到非常幸福和幸运的事。

用自己所擅长的能力去竞争，才是最明智的人；做自己擅长的事情，才能使你发挥出自己的优势，规避自己的劣势，施展自己的才能，充分发挥和利用已经具备的能量与资源。这样，你的职业生涯就会在最短的时间里获得良好的业绩和回报，也会使自己走在别人的前面。

如果一个人总是用自己的最弱的那一面去跟别人所擅长的那一面去竞争，那是永远都不会有好结果的，失败永远是属于你的，这个世界上最可怜的人就是这种类型的人。

另外，兴趣是最好的老师，兴趣才是一个人内心最强大的驱

动力。为了让自己能够快乐而长久地坚持一份职业和工作，也为了能够使自己的内心产生源源不断的工作激情和动力，请你最好选择能够让自己感兴趣的职业和工作，这是对自己、他人和社会负责任的一种表现。

第三步：定位。

设定自己求职的意向，明确目标；就是自己希望从事的职业。只有明确了自己的求职意向，然后，用心地去准备，才能最终找到合适自己的工作。走好这一步是至关重要的，因为这一步在很大程度上决定了你将来的职业发展的方向。

很多的大学生在求职的时候，根本没有设定自己的求职意向，而是被动地接受用人单位的选择，虽然找到了工作，但很快就发现自己并不是很喜欢或者很适应这份工作。然后，又重新开始寻找工作，又回到了原地，这样其实是在严重地浪费自己的时间与机会，同时也浪费了别人的时间与机会，在一定意义上也是在浪费社会资源。

在遵循以上这三点法则的基础上对你所了解的社会各种行业进行筛选，排除掉那些不符合此三条法则的行业与工作职位。

毕业找工作，最忌讳的就是没有目的，没有方向，不能认清自我，好高骛远，自以为是，不切实际，人云亦云；结果病急乱投医，到处碰壁，从天上不停地掉到地上的感觉会让你慢慢地失去信心与激情。

同学们！请认认真真思考，我是未来的职业精英吗？

答案只有两个："是"或者"不是"。

请记住：机会面前人人平等，但机会并不平均分配，上帝只青睐有准备的人。

做好你的简历——为自己做一份有价值的简历

简历某种程度上是你个人学习成长、实践工作、综合表现、能力成绩的精要总结；在一定程度上也是你个人整体形象的缩影，是你的第一张名片。简历也是用人单位了解你的第一扇门，成功求职往往就是从你的简历开始。如果你的简历做得太随意、太差，那么，很可能许多合适的用人单位就会错失机会，因为越是优越知名的公司单位，越是有成千上万的求职者投递简历，往往他们一天就会收到几十甚至几百份求职简历，负责招聘的人筛选简历的工作就会非常繁重，根本没有时间仔细去阅览每一份简历，因此，首先淘汰的就是那些不符合标准，过于随意看上去较差的简历。

请换位思考一下，如果一个人连推销自己的简历都不好好写或者写不好，将来进入公司单位又如何能够积极地去表现自己，服务客户，与同事共同努力协作呢？

下面我们列出一份合格的简历应该包括哪些基本的主要内容：个人基本信息、求职意向、教育培训背景、工作实践经历、个人擅长与技能、奖励荣誉、人生或职业愿景等等。

适当地包装自己的简历，也是很有必要的；最好请懂平面设计的人根据以上的内容设计一份能够展现自己价值的简历，并能够恰到好处地优化、美化自己的简历。但是，在包装美化的时候，切忌说谎、无中生有、文字冗长而有错误。

设计好自己的简历后，最好是准备一份电子档的，多份纸质的。简历投递的方式及途径有以下几种：第三方平台投递简历；电子邮件方式投递简历；邮寄简历和现场投递简历。

第三方平台投递主要是指通过专业的求职中介网进行简历投递。比如：目前较多企业单位使用的智联招聘网、中华英才网等；随着互联网的发展，使用电子邮件接收和投递简历已经成为大多数企事业单位和求职者的选择。

获得面试机会后要做什么准备

经过努力，你终于得到了面试的机会。你该做哪些准备工作呢？

首先先登录招聘网站查看应聘记录。明确自己应聘的职位是什么，用人单位的招聘要求是什么，并以此来推测面试时可能会问到的问题。

第二步，了解用人单位的基本信息和品牌口碑。可以到招聘单位的网站上查看用人单位的业务范围、公司文化、规模等信息，并尽可能通过网络互动平台了解用人单位的更多其他的信息。

第三步，仔细阅读自己投递的简历。面试时的第一个环节往往就是介绍自己的经历，如果你的介绍跟简历不相符，那么招聘人员就基本不会再给你机会了。

第四步，认真查看交通信息。如果你不熟悉应聘单位的地址，请提前了解交通情况以确保能够准时到达。

要尽可能地表现出自己的学习能力与对工作的渴望

从容应对自己的"没有工作经验"的不足。在面试时，你可以强调自己的学习能力、突出自己的进取心以及对这个行业与职位的兴趣和热情，有时你是完全可以通过自己的整洁的仪表、积极的精神面貌、自如而清晰的表达以及对这个行业和应聘单位的向往，来赢得就业机会。另外，适当地放低姿态，表达自己愿意从最基层做起，从小事做起。同时，你还可以表达自己很愿意服从公司的特殊安排，如周末和晚上加班、经常出差、外派等。这样在一定程度上可以提高赢得面试成功的几率。

以下几点方法教你如何帮助自己成功跨越经验门槛：

1. 主动出击，积极争取；
2. 放低姿态，蹲得低才能跳得更高；
3. 选择经验门槛低的目标；
4. 突出自己的学习能力、学习经历、社会实践及其成果；
5. 突出自己的学生会、社团等工作经历；
6. 表现出自己对工作的渴望和热情；
7. 认真准备自己的求职推荐信。

面试时如何自我介绍——请不要小瞧"自我介绍"

自我介绍是所有大学毕业生在面试中非常关键的一步。通常很多面试的第一个问题就是"能否请你做一下自我介绍"。因为，在自我介绍时，面试考官可以借机了解你的基本信息，考察你的语言表达能力、应变能力以及对工作岗位的胜任能力。同时，也是你能否成功地向面试考官推荐自己、展示自己的能力机会。

自我介绍时间通常为1—3分钟。自我介绍就如同商品的广告，要针对客户的需求，将自己最核心的一面在最短的时间里展现出来。在面试之前设计好1—3分钟的"自我介绍"，并进行多次的重复练习。

恰到好处的自我介绍通常包括了以下几个方面：

1. 我是谁。生动、形象、个性化地介绍自己的姓名、籍贯、毕业学校或来自哪里等基本信息，可以使面试的氛围变得轻松，也能够得到对方的关注。但是，需要注意，不要主动介绍自己的兴趣爱好，这样会使人觉得你不成熟。

2. 我做过什么。简练地说出你的实践经历，曾经在什么时间担任过什么职务、工作的内容等；切忌要使对方觉得真实可信且不可冗长。

3. 我获得过什么业绩。获得过的业绩，这代表你的过去的成绩和你的能力水平。介绍自己的业绩，包括你在校内取得的活动成果和校外实践的成果，最好能够与应聘的职位有相关连的地方，把自己在不同阶段做成的有代表性的事情介绍清楚，最好能够有量化的数据证明。不要用太笼统的"很好"、"很多"、"不错"、"大概"、"基本"等虚数，也不要报流水账，要有所侧重，尽量能体现自己能力的那一面。

4. 我想做什么。这代表你的职业规划与梦想。这一方面，你可以介绍自己对应聘的职位、行业的看法和理想，也包括你对自己职业的规划，对未来工作的兴趣与热情，对未来工作的蓝图以及对行业发展趋势的看法等。

恰到好处的自我介绍，切忌不能过多地使用"我"的字眼，容易给人以标榜自己的印象；可以多用"我们"、"我们公司"、"我们团队"等容易拉近距离的自然亲切的词语。语言要自然流畅而自信，使用礼貌语，避免口头禅。另外还需要忌讳夸大其词，说谎不诚实，过于简单而缺少内容等。

面试时，还需要注意一些无声胜有声的肢体语言。

美国加利福尼亚大学的一项研究结果表明：第一印象的建立，45%取决于语言交流，55%取决于非语言交流，即肢体语言。这说明了肢体语言在人际交往中的重要性。肢体语言通常包括了你的仪表、姿态、神情、动作等。有时因为你的一个眼神或手势等肢体动作影响了你的面试成功与否。

保持正确的坐姿，因为坐姿显精神。眼睛是心灵的窗户，礼貌地正视对方，目光平和而有神，专注而不呆板。注视对方的部位最好是两眼和额头中间的部位；如果有多位面试官在场，说话时要用目光扫视一下其他的人，表示对他们的关注与尊重。

如何恰到好处地运用自己的眼神，需要注意以下几点：

1. 初次见面时，可凝视对方稍久一些，这既表示自信，也表示对对方的尊重。

2. 在双方交谈时，应注视对方的额眼之间，这表示你重视对方并对其的说话感兴趣。

3. 交谈时，当双方都缄默不语时，就不要盯着对方，以免加剧不安、冷漠的尴尬场面。

4. 交谈时，当对方说错了话或显得拘谨时，要马上转移视线，以免对方把自己的眼光误认为是对他的嘲笑和不尊重。

另外，微笑是自信的表现。微笑可以消除你过度紧张的情绪，微笑是沟通的润滑剂，是拉近你和对方的距离的最好方法，可以使对方感觉到你的亲切、谦虚、大方、自信，为你的面试成功加分。

说话时配有恰当的手势也是一种良好的肢体语言，它可以加大对表达内容的形容与力度，表现你的热情与积极的性格，加深对方对你的印象。但是，过多的手势也会分散对方的注意力，使对方觉得你不够稳重；由于紧张不知道手该放在哪里，在侃侃而谈时手舞足蹈这都是不可取的，因此手势的使用要恰到好处。

如何恰到好处地应付面试官的提问

围绕行业、公司及职位特点设计面试提问的问题，根据简历预测面试的问题，建立面试问题库，多准备一些应答的技巧和经验。也可以做好一些意想不到的提问而你有回答不出的问题的心理准备以及回答这类问题的技巧和经验。

以下是我们总结和收集了一些常见面试问题"自杀式"回答：

1. 过度谦虚，缺乏自信；

2. 抢答问题，急于表现；

3. 长篇大论，喋喋不休；

4. 不言不语，沉默寡言；

5. 唯唯诺诺，没有主见；

6. 慷慨陈词，却举不出例子；

7. 说谎邀功，说话不诚实；

8. 话不对题，问东答西；

9. 强词夺理，与面试考官争论；

10. 与面试考官套近乎；

11. 自报有熟人；

12. 急问待遇；

13. 数落别人，推卸责任；

14. 过多使用口头禅、语气词；

15. 滥用时髦话、行话或者夹带英文、方言；

大学生毕业如何缓解找工作面试时的紧张情绪

过度的紧张情绪，会使自己缺乏自信，会严重影响求职的成功。那么，如何克服面试时过度的紧张情绪呢？

首先，对自己进行正确的心理调适；以轻松的心态和良好的心理素质面对面试。所谓自我心理调适，就是通过调整自己的心态来缓解过度紧张的情绪。

自我心理调适的具体方法有以下几点：

1. 淡化成败意识；
2. 做好充分的就业面试准备；
3. 找到自己的优势；
4. 进行多次的心理预演；
5. 进行积极的自我心理暗示；

如果你能做好以上五种自我心理调适的方法，那么，过度紧张的情绪就会自然消失，你就会变得自信乐观起来。积极的自我暗示法是指你在面试之前用积极的想法、语言或肢体动作来激励自己，克服恐惧、紧张害怕的情绪，使自己在瞬间变得精神振奋。

为了激励自己，克服过度紧张的情绪，你可以经常对自己说以下积极的话语：

自我激励	我是最棒的，我一定行！
自我期望	我是一位优秀的企业家。
自我要求	我一定要努力，加油！
自我表扬	我真是好样的！
自我欣赏	我真行！
自我关心	我要注意身体，该运动啦！
自我奖励	祝贺你，送你一份礼物吧！
自我批评	我不能这样！
自我惩罚	这件事是我不对，马上改正，补偿一下。
自我开导	想开点，何必计较这些小事！
自我安慰	没有失败，只是暂时还没有成功！
自我提醒	成功的人是不会轻言放弃的！
自我总结	做得对，继续干下去！
自我命令	行动！行动！立即行动！

可以直言不讳谈薪酬

你的薪酬是由你的能力，你所选择的行业、公司组织、职位以及地域等方面因素决定的。对于刚刚走出校门的大学生来说，如何正确评估自己的价值，以及如何正确估算自己的薪酬是很重要的事情。

可以从以下几个方面进行评估，并取中间值：

1. 参考不同城市的最低工资标准；

2. 根据不同地域的经济发展水平；

3. 不同的行业与职位，利用网络资源，收集相关行业的平均薪酬数据参考；

4. 了解选择企业单位的薪资范围。

另外，谈及薪酬问题，不要过于急迫和斤斤计较；要善于发问，善用概数；做到双赢的心态，见好就收。如果你真的能够做到"先付出，再获取"，明白这里面的哲理，那就最好不过了。

请记住：条条道路通职场，360 行，行行有状元，不要吊死在一棵树上。站得高望得远；蹲得低跳得更高；要理想更要现实。

职业成功法则第十课：学会沟通

赫洛克定律——赞美是人际关系的润滑剂

真诚的赞美是人际关系的润滑剂，它能够帮助你走向成功。

心理学家赫洛克曾经做过这样一项实验：

他将参加实验的人分为四组，在四种不同诱因的情况下完成任务。第一组是表扬组，每次工作之后就给予表扬与鼓励；第二组是受训组，每次工作之后就严加训斥；第三组是被忽视组，不进行评价，只让他们静听别的两组受表扬与挨批评；第四组是控制组，让他们和前三组隔离，不给予评价。

实验结果显示：前三组的工作成绩都比控制组优秀，表扬组与训斥组显然比忽视组优秀，表扬组的成绩不断上升。

这个实验说明：对于工作结果和状态及时给予评价，能够强化人的工作动机，对工作起到促进作用。适当表扬的效果显然比批评要好，而批评的效果要优于不给予任何评价。

在现实生活中，每个人生来都渴望得到别人的赞赏。同样，每个人也都不愿被别人指责与批评。成功学大师拿破仑·希尔曾说："人类内心最渴望的就是被他人欣赏，所以我们要多夸奖他人。"

在这个世界上，无论是富人、穷人、男人、女人、大人还是小孩，只要他们听见他人赞美自己的某个优点，他就肯定会尽全力去维护自己的这份美誉，还生怕辜负了他人对自己的期望。

在日常生活中，面对讨厌的人与事，责备与批评只会增加对方的怨恨与不满。要想改善这种状况，你不妨尝试赞美他人，也许会产生奇妙的效果。

马克·吐温曾说过："听到一句称赞，能使人陶醉两个月。"每个人都渴望得到他人的赞美，因为每个人内心都希望自己的努力被别人看到，自己取得的成绩被别人认可。

真诚的赞美是人际关系的润滑剂，是一种非常有效的激励手段。赞美不但能够让人感到振奋，而且使人感觉被"肯定"。

赞美是你赢得良好的人际关系，获得事业成功的法宝，在赞美声中隐藏着许多难以察觉的成功机会。只有你做到了，这些成功机会就会时常跟随着你。

换位思考，为他人着想就是为自己着想

换位思考实际上就是要站在对方的角度来看待和思考事情，以别人的心境来考虑问题，像感受自己那样去感受别人。

戴尔·卡耐基几乎每季度都要租用纽约某家旅馆的大礼堂20个晚上，用来为学员讲授成功学社交训练等课程。

有一次，他准备授课时，忽然接到通知，房主要他付出比原来多3倍的租金。而这个消息传来以前，入场券已经印好，而且早已发出去了，其他准备开课的事宜都已办妥。他只好去交涉，但是怎样才能交涉成功呢？

两天以后，他去找经理说："我接到你们的通知时，有点震惊。不过，这不怪你，假如我处在你的位置，或许也会写出同样的通知。你是这家旅馆的经理，你的责任是让旅馆尽可能地多盈利。你不这么做的话，你的经理职位难以保住。假如你坚持要增加租金，那么让我来计算一下，这样对你有利还是不利。"

"先讲有利的一面。大礼堂不出租给讲课的而是出租给举办舞会、晚会的，那你可以大赚一笔。因为举行这一类活动的时间不长，他们能一次支付很高的租金，比我这租金当然要多得多。租给我，显然你吃大亏了。"

"现在，来考虑一下不利的一面。首先，你增加我的租金，却降低了收入。因为实际上等于你把我撵跑了。由于我付不起你所要的租金，我势必再找别的地方举办训练班。""还有一件对你不利的事情。这个训练班将吸引成千上万的有文化、受过高等教育的中上层管理人员到你的旅馆来听课，对你来说，这难道不是起了不花钱的活广告作用吗？事实上，假如你花5000元钱在报纸上登广告，你也不可能邀请这么多人亲自到你的旅馆来参观，可我的训练班给你邀请来了，这难道不划算吗？"

讲完后，卡耐基告辞了，并说："请仔细考虑后再答复我。"

当然，最后经理让步了。

在谈判的过程中，卡耐基没有说一句责备埋怨生气的话语，而是站在对方的角度想问题的。如果他气势汹汹地跑进经理办公室，提高嗓门叫道："这是什么意思！你知道我把入场券印好了，而且都已发出，开课的准备也已全部就绪了，你却要增加3倍的租金，这不是存心整人吗！我才不接受呢！"然后抖抖衣襟，很解气地扬长而去。

想想看，如果卡耐基这样做，那又该是怎样的局面呢？

大争大吵一定砸锅，其结果必然是：即使他有充足的理由能够争赢过对方，但是，旅馆经理的自尊心也很难使他认错而收回原意。

卡耐基成功说服旅馆经理的过程，就是站在对方的角度为他分析利弊得失的过程，然后将自己的观点和盘托出，让对方心平气和地接受。

要想真正做到换位思考，你就必须要学会站在对方的角度来看事情，以别人的心境来考虑问题，像感受自己那样去感受别人。可惜的是，很多人不会换位思考或很难做到，他们要么是站在自身的立场上首先考虑自身的感受，要么就是想当然地情绪化地设想别人感受。这样往往会在不知不觉中得罪了别人，办了坏事，失去了机会。

请记住：只有真正做到换位思考，别人才会愿意与你交往，你也才会受到别人的欢迎。

多与上司沟通，良好的沟通是信任的源泉

与上司说话，要拿捏好分寸，应该小心谨慎、把握好分寸、顾全大体。

在工作中，你可能会在上司面前说错话，虽不至于失去工作，但后果却会很糟糕。

如何跟自己的上司沟通，也是人际关系中一门重要的学问，如果你能很好地把握与上司说话的分寸和火候，也许你的事业就会一帆风顺。

上司毕竟不像一般同事，更何况与一般同事说话也应该注意分寸，不能太无所顾忌。

不小心说错了话该如何补救呢？在上司面前说错了话，一旦反应过来，你要立即就此打住，并马上道歉。千万不要因害怕而回避，你应该面对事实，尊重对方，必要时还可以进行说明，而不必要的辩解只会将事情越抹越黑。

尊重上司，多与同事沟通。管理往往就是沟通，有效的沟通，对于整个团队的工作效率的提升至关重要。人与人之间的合作与信任，有效的沟通是关键。

懂得换位思考，做到不卑不亢，善于倾听，简明扼要，言之有物，对事不对人，不抱怨，就是与上司沟通的秘诀。

多站在上司的角度思考问题。上司如果批评你，你可以换个角度，站在他的立场来思考问题，对于他的批评就很容易接受，也就很好地理解他的做法。

在单位中，最能决定你的前途的人就是你的上司。如果你能站在上司的角度考虑问题，就能正确对待上司的批评指正，最大限度地减少工作中的失误，从而得到上司的认可与好感，得到上司委以重任的机会，进而那些加薪与晋升的机会也将随之来临。

作为上司，他对待问题的思考方法和一般的员工有很大的差别，他的出发点是以公司的利益为重，以整体大局出发，而一般的员工则有可能从自身的立场出发，维护个人的利益在前。作为上司，他的每一个决定可能都是经过深思熟虑作出的，都有自己的想法和理由。有些决定在你看来可能不明智，可是，在上司看来，希望获得一样东西，与放弃一个项目一样有意义。这正是由于双方所处的位置不一样、在看问题的角度不同，作出的决定自然也就不同。

所以，对待你的上司所作出的决定，不能想当然地持否定态度，而是彻底了解他的想法与他之所以这样决定的缘由，这样做不但能更好地接受上司的决定，并能逐步培养自己实现决策、统筹安排的能力。

如果你这么做了，晋升的机会或许就会属于你。

与同事真诚合作，为成就事业做铺垫

不要轻视与同事真诚合作共处的技巧，它是你日后事业成功的关键。

心理学家认为，每个人的思想深处都有封闭的一面，同时，又有开放的一面，希望获得他人的理解和信任。然而，开放是定向的，即向自己信得过的人开放。以一个开放的心灵换取一个用全部身心帮助自己的朋友，这就是用真诚换来真诚。

如果我们在发展人际关系中，能用诚信取代防备、猜疑，就能获得出乎意料的好结局。很多人交友是为求心灵的沟通。

无论是情感，还是职场遭遇，有时憋在心里久了，便会感觉如鲠在喉，不吐不快。与同事相处，首先应该真诚。当同事在工作上遇到困难时，你应该尽心尽力予以帮助，而不是冷眼旁观，甚至落井下石；当同事征求你的意见时，你不要对他进行毫无意义的称赞；当同事在无意中冒犯了你，又没有跟你说声对不起时，你要以无所谓的心态来原谅他，如果今后他还有求于你时，你依然要毫不犹豫地帮助他。

那么，有人会问："为什么我要对他这么好？"

答案是：因为你是他的同事，你们每天白天一大半的时间都在一起，你能否从工作中获得快乐与满足，能否实现自己的人生价值，这些都和与你经常相处的同事有着莫大关系。

一般来说同事之间有一点竞争、摩擦是很正常的现象。但是你要懂得如何把这种摩擦降到最低限度，应该学会怎样把这种竞争导向对自己有利的方向。

很多人都有过这样的经历：刚刚来到新的工作岗位，感到战战兢兢、如履薄冰，可是一些资深的老员工，却对你不理不睬，并且在很多事情上故意同你作对，你觉得无可奈何。可是你应当知道他们是你的同事，你必须跟他们很好地合作。

要想做一个真诚的人，就一定要认真思考自己无法与同事合作的原因：问题究竟出在谁的身上？自己是不是也应该负一点责任，努力营造愉快的气氛？这些都是破解难题所必须知道的问题。

如果你能把老资格员工变成自己的老朋友，特别是职场新人应更加尊重老资格员工，这样可以让那些有实力的老资格员工给你指点，甚至成为你职业发展道路上的贵人。

小李来到新公司已经有三个多月了，他发现，公司里有一个年过五十的老前辈——孙师傅，他对工作的态度可谓一丝不苟。

有一次，孙师傅慢条斯理地说："小李啊，你看看你这材料是怎么写的，标点符号用错了多少？这样的东西如果拿给经理看，他对你会是什么印象？"孙师傅不时地给小李指出哪儿哪儿写得不对。小李虚心接受了孙师傅的意见，以后做事更加小心谨慎。不管是一份简单的材料还是一个普通的电话，都是小心翼翼地对待，力求完美。

小李的认真态度换来了孙师傅的赞赏，他经常给小李开小灶，在工作中和生活上都额外照顾。通过孙师傅的言传身教，小李受益匪浅，逐渐懂得了许多工作上以及与同事打交道的技巧，并获得了同事们的一片好评，很快就赢得了提升部门经理的机会。

爱默生说过一句话："在我生命中，我认识的每一个人，或多或少都是我的老师，因为我从他们身上学到了东西。"

三人行必有我师！每个人身上都有值得学习的地方，特别是公司里的老前辈，就是我们职场新人学习的对象。所以职场新人应加倍尊重他们，并向他们学习。

　　请记住：没有完美的个人，只有完美的团队。你不是一个人在战斗，要有团队合作精神，与团队成员紧密合作是你成功的关键。

职业成功法则第十一课：
良好的职业素质是成功的基石

双赢法则——忠诚自有忠诚的回报，忠诚最大的收益者就是你自己

一项对世界许多著名的企业家的调查中，当问到对员工最应该具备的品质是什么时，他们无一例外地都选择了"忠诚"。任何一个有眼光的领导在衡量一个员工是否可以胜任和提拔的时候，首先想到的都会是忠诚度，都会把忠诚放在所有素质与能力的第一位。

因为，只有忠诚的员工才能增强公司团队的凝聚力和竞争力，才能使公司在激烈的社会市场竞争中立于不败之地。

忠诚是一个人最基本的职业道德；也是一个人能否成功的关键。

有这样一个故事：

周勇是广州一家大公司的技术部经理，年轻富有激情，很有能力与才华，是公司重点培养的对象。

一天，有一位香港来的商人请他到一家五星级酒店喝酒。几杯酒下肚，两人相谈甚欢，香港商人很真诚地对周勇说："周勇老弟，我想请你帮个忙！"

周勇回答说："帮什么忙？只要我能帮到的我会义不容辞。"

香港商人说："最近我们公司和贵公司正在洽谈一个合作项目，如果你能把相关的技术资料提供一份给我们，这将会使我们

的合作谈判变得很顺利。"

"哦！这事你是让我泄露公司的机密啊！"周勇皱起了眉头。

香港商人压低了声音对周勇说："老弟，你帮了我的忙，我是不会亏待你的，如果事成了，我会给你50万港币的报酬。另外，这事只有你我知道，对你不会有影响的……"

说着，香港商人就拿出了一张50万港币的支票。这时，周勇心动了……

后来，周勇的公司在谈判中处于非常被动的地位，造成了几百万的经济损失。事后，公司在查明了事件的真相后，立即辞退了周勇，并通过律师向法院起诉了他。

出卖公司与出卖朋友就等于出卖了自己，其结果是一样的。本来是可以大展宏图的施展才华，具有美好的前途和未来，可是周勇不但因此丢掉了工作，就连那50万港币也被公司追回以赔偿损失。

周勇后悔莫及，但为时已晚。因为这件事情，让行业里许多的公司和同行都知道了，更让周勇后悔一生的是谁也不愿再录用他、信任他甚至与他合作了。

商业机密与技术秘密是一个现代公司最重要的无形资产与生存命脉，它要求我们每一位员工都要为公司保守秘密，决不能为一己之利而出卖公司的机密，出卖公司的机密就等于丧失了最基本的职业道德，也是一个人立足的基本。那么，这样的人最终将失去一切！

还有一则这样的商业故事：

A公司与B公司正在进行商业谈判，双方的交锋异常激烈。双方公司的谈判人员都要想按照自己事先定好的谈判计划来进行，A公司的谈判代表也非常想按照自己公司事先制定好的计划，但害怕会出现不可预测的问题，因为这次谈判交易的商业利润非常可观，对于A公司的发展也极其重要，所以A公司这次是必须成功不许失败的。可是B公司也有自己的交易底线，但他们肯定是不会轻易地亮出自己的底牌的，因此双方的谈判一直处在僵持中。

经过几天的周旋，A公司还没有摸清B公司的底牌，这时，A公司有位谈判助理说出了一个办法："这样下去，还不如去收买他们的谈判人员，事成之后，给他满意的回扣。这对于我们来说是值得的，我听说已经有另外两家公司也加入了竞争，我担心如果不采取行动可能会因此失去交易的计划。"

A公司的谈判主席对此表示不同意，认为这样做有违背公平竞争的原则。最后，A公司的谈判副主席也就是公司副总裁表示可以试一下，他说道："我们可以以此来证明一个问题。"

A公司的谈判助理马上开始制定周密的计划，便开始了行动；然而事情却出乎了他的预料，原本他以为，重赏之下必出勇夫，没想到却遭到了对方人员的坚决拒绝。A公司的谈判助理只好悻悻而归，把这个消息汇报给了两位谈判主席，两位谈判主席听后却会心地笑了笑，点了点头，什么也没有说。

在第二天的谈判中，刚开始，在谈到价格问题上时，双方出现了较大的分歧，在大家都沉默了一会儿的那一刻，A公司的谈判主席说话了："我们同意贵公司提出的成交价格，就按照刚才贵公司提出的价格方案成交。"这出乎了两家公司的谈判成员意料。

接着，A公司谈判主席继续说道："我的助理昨天做的一件事情我是知道的，我当时没有反对，就是想证明一件事情，最终证实了我的猜想：贵公司的谈判代表不仅具有高超的谈判技巧，也具有极强的职业素质，更重要的是贵公司的员工都具有很高的职业道德，对自己的公司表现出非常高的忠诚度，这很令我们敬佩。员工的忠诚和责任对于一个企业来说，就是命脉。所以，我们很乐意与贵公司这样优秀的团队合作，与贵公司合作一定会让我们很放心。单从价格上看，或许是我们吃了一点亏，但是，从我们合作的长远来看，相信我们会实现双赢，会让我们获得更大的利益。"

还没等他的话说完，全场响起了热烈的掌声……

在职场上，在商业里，忠诚都是最基本的职业道德与商业精神。作为公司忠诚的员工，既使是竞争对手也会敬佩你们的忠诚。做一个有职业道德的人，会让你走得更远，忠诚就是你成功的通行证。

忠诚不仅是一种品德，更是一种能力，而且是其他所有能力的统帅与核心。缺乏忠诚，其他的能力就失去了意义，也失去了用武之地。

忠诚是一种职业道德

忠诚是一种责任、义务、操守、品德，更是一种能力，一种财富。忠诚是对一个人最高的评价。国家需要忠诚，社会需要忠诚，企业需要忠诚，家庭需要忠诚，朋友需要忠诚！

对于我们每个人来说，首先要忠诚自己的国家与民族，还有忠诚于自己的公司与团队。没有任何公司的老板会用一个对公司不忠诚的人，任何公司的发展最需要的是忠诚的员工。

在这个社会里，并不缺乏有能力的人，那种既有能力又忠诚的人才是每个公司最渴求的理想人才。通常，一个公司宁愿信任一个能力一般却忠诚度高、敬业精神强的员工，也不会重用一个缺少忠诚度与职业操守的员工，哪怕他的能力非凡。

只有你能忠诚地对待你的公司与团队，你的公司和团队才会真诚地对待你；你的敬业精神增加一分，别人对你的尊敬和信任就会增加两分。因为你是公司值得信赖和培养的，公司就会乐意在你的身上投资，给你培训的机会、提升技能与职位，让你能够承担更大的责任，同时，你也获得了更大的发展舞台与收获更多的回报。

请记住：职业化首先要忠诚自己的公司和团队。

忠诚胜于能力

忠诚能带来荣誉，忠诚胜于能力。忠于职守的人，才能把工作完成得尽善尽美。忠诚是一个人最值钱的品德。

美国微软公司曾经有一名员工，盗用了公司的软件。他在微软公司内部购买一套软件可能只要 10 美元，但改了号码，到别的工厂做一个新的包装，再销售出去就可以卖几千美元。就这样这个员工赚了两百多万美元。

最终，这件事被公司发现了，于是公司把这名员工告上了法庭，在出庭之前这名员工自杀了。

这个故事中的员工因为忠诚的缺失一时的贪婪出卖了公司的机密，盗取了公司的技术和版权，不但毁了自己的个人信誉和前途，更是把自己送上了绝路。令人痛惜！

请记住：在利益面前丢掉了忠诚，必定会遭到惩罚。

责任感比能力更重要

责任是一种使命；责任感就是一种使命感。

有一位伟大的人物曾说过："人生的履历都必须排在勇于负责的精神之后。"

能够尽职尽责地对待自己的工作，无论我们从事的是什么工作，最重要的就是负起责任，对工作认真负责。

事实上，责任将伴随着我们每一个人的一生。只有那些能够勇于承担责任的人，才能被赋予更多更大的使命，才有资格获得最大的成功和荣誉。

有一位刚毕业不久的大学生，名字叫张海丽，学历也不算高，大专毕业，长得也不漂亮，她的工作是在一家房地产公司总经理办公室做打字文员。张海丽的打字室与老板的办公室只有一堵玻璃墙之隔，老板的举止和言行，她只要愿意就可以看得清清楚楚，但是她很少往那边多看一眼。

她每天都有打不完的材料，忙不完的工作；她知道，只有认真工作才是她唯一可以与别人竞争的资本。她处处为公司节省，处处为公司打算，打印纸从不舍得浪费一张，如果不是特别重要的资料，她都会一张纸两面用，并把可以用的废纸分发给同事用作草稿纸。

两年后，公司遇到市场不景气，资金开始运营困难，员工的工资开始拖欠，好多员工纷纷跳槽。最后，总经理办公室的员工只剩下她一个人。

有一天，张海丽走进老板的办公室，直截了当地问老板："您是否认为公司已经垮了吗？"

老板很惊讶说："没有啊！"

"既然没有，我觉得您就没有必要这样消沉。公司还没有到那一步，现在的情况确实不好，可是很多公司也面临着同样的问题；并非只有我们一家公司这样。而且，虽然我们的那3000万元砸在了工程上，成了一笔死账，可公司还没有全垮呀！您看，公司不是还有一个公寓项目吗？只要好好做，这个项目就可以成为公司扭转乾坤的开始。"说完，她便拿出了那个项目的策划文案书交给老板。

过了几天，老板把张海丽派到那个公寓项目去负责项目的开发。

三个月之后，那个位置不是太好的公寓全部先期预售出去，张海丽为公司拿回了1.2亿元的现金流。公司终于渡过了难关，并有了很大的起色。

在以后的4年里，张海丽作为公司的副总经理，帮助老板又做了好几个大的项目，又忙里偷闲，利用公司的余钱搞了半年的股票投资，又为公司赚回了好几百万。

又过了四年，公司改成股份制准备上市，老板当上了董事长，张海丽成为了一家上市公司的第一任总经理，年薪超过了200万；并且还配有公司相当可观的股票，成了一家上市公司名副其实的股东。

有人问张海丽是如何成功的，她回答说只有简单的两个字："责任。"的确如此，如果只是单纯地打份工，完成一项工作，不为公司着想，在公司困难的时候不能勇敢地承担责任，不能为公司的将来打算；那么，张海丽怎么会有今天的成就呢！

责任是一个人对自己所负使命的忠诚与诚信；是对自己工作的出色完成。在职场中，每一个员工对自己的公司负有责任，无论你的职位高低。一个勇于承担责任的人更值得别人的信赖和尊重。

责任，让我们在困难时能够坚守；在成功时能够保持冷静；在绝望时能够保持永不放弃。

请记住：在职场中，没有做不好的工作，只有不负责任的人。

工作就是责任

让承担责任成为你的职业习惯；责任是工作出色的前提，是职业素质的核心。

一个缺乏责任的民族是没有前途的民族；一个缺乏责任的国家是没有前途的国家；一个缺乏责任的组织是注定会失败的组织；一个缺乏责任的人是不可靠的人。一个人有了责任心，才会有忠诚、有奉献、有激情，才会有成就一切事业的可能。

什么是责任？责任的核心内涵就是做好自己应该做的事，并对结果负责。

什么是责任心和责任感？其核心的内涵就是一种态度，一种积极主动地承担责任的心态。

"工作就是责任。"这一句看似简单的话，在当今的中国社会做起来却是非常困难的事情，这个职业素质核心的价值观也是国家发展社会进步所最需要的。而如今各行各业都极度的缺少这个核心价值观，这种浮躁的社会，人浮于事的社会现状，已经严重地阻碍了中国的发展。

但是，国家的发展、社会的进步，必须要让"承担责任成为一种职业习惯"成为国家和社会中所有人们的一种共同的价值观。

一个拥有良好的职业习惯的人，其最重要的品质就是要有强烈的责任感与责任心。"责任"是最基本的职业精神与商业精神，拥有了它，就可以使你从一个普通的人成长为优秀的人或者优秀的领导者。

只要我们能够拥有承担责任的价值观，并且努力地去做到，那么，你就会赢得别人的信任和赞赏。一个人只有拥有了责任，才能使自己准确无误地完成工作，甚至比要求的做得更好，在完成自己的工作和使命的过程中做到不但没有怨言，而且还充满了自豪与荣耀。

当今的社会最需要的就是有责任感的人，因为能够承担责任，人们才有了存在的价值；因为能够承担责任，我们的国家、民族、个人才有了竞争力。当你能够承担起自己的那份责任，就会感到自己的强大；当你将承担责任作为一种职业习惯时，你就会强烈地感到"责任"主宰了自我和自己的一切行为，这就是高度的自律、自重和自尊。

我们每个当代的大学生，更应该将这种责任变成自己的一种职业习惯，具备这样一种人生价值观，使它成为我们每一个人自然而然且无处不在的职业素质和品德。

学会承担责任是你入职的第一课

对于刚刚毕业的大学生来说，学会负责和承担工作责任，是你们走向职场的第一步。作为职场新人，一定要认真学习业务知识，努力提高业务技能，熟悉自己的工作流程，充分发挥自己的能力，展现出一个全新的负责任的你，为自己的职业生涯养成良好的习惯，打下良好的基础。

拥抱责任，机会就在你身边

在企业中，每个员工都会有自己的职责，做好自己的本职工作是每个员工都必须做到的，否则，便是一名不尽责、不合格的员工。这样的人无论走到哪里都不会得到太大的发展，缺乏责任心的人是不会成功的。

责任感是每一个伟大的人的灵魂，没有了责任，那一切就只是空谈。

　　有这样一个故事：

　　一位马耳他王子路过一间公寓时看到他的一个年轻仆人正紧紧地抱着主人的一双拖鞋睡觉，他上去试图把那双拖鞋取出来，却把仆人给惊醒了。这件事给这位王子留下了很深的印象，他立即得出了一个结论：对小事都如此小心的人一定很忠诚，可以委以重任，因此，王子便把这个仆人升为自己的贴身卫士，结果证明王子的判断是正确的。

　　这个年轻仆人很快升到了事务处，又一步一步当上了马耳他军队的司令，最后他的英名传遍了整个西印度群岛。

　　一个尽职尽责的人才会得到他的上司领导的信任与重用。

　　在公司里，为公司的目标服务就是你的责任；在国家机关单位里，为社会为民众服务就是你的责任。

　　一个不愿承担责任的人是不可能得到上司的赏识，更不可能在这个社会中立足。企业单位里不需要逃避责任的员工，同样，社会也不会善待逃避责任的人。

　　请记住：一个人要赢得尊重，就必须承担起自己的责任！

　　责任是国家、社会、民族的生命线，也是个人职业和公司的生命线；尽职尽责才能缔造完美的工作与完美的事业；责任心才是你最大的价值所在；敢于承担责任的人，才会被别人尊重和信任；责任让你拥有更多的人脉和更广阔的发展空间。

　　美国20世纪90年代初，当时，IBM面临着前所未有的困境——公司机构臃肿、人浮于事、产品滞销、亏损严重等等问题，董事会决定外聘一位能人来改变这一现状。

　　经过美国著名的猎头公司的推荐，董事会看重了企业管理咨询顾问出身，曾经在两家大型公司担任过 CEO，现已赋闲在家的郭士纳。猎头公司的高级官员、IBM 董事分别找到郭士纳，希望他能够出任 IBM 的 CEO，郭士纳在此之前没有管理过任何与计算机有关的企业，而且通过与朋友的交流，了解到 IBM 目前的处境非常艰难。一位朋友劝他说："IBM 已经是一头即将倒下的大象，您千万别毁了自己一世的英名。"郭士纳经过再三思考，觉得自己也没有管理过计算机类的公司，于是拒绝了 IBM 的邀请。

后来，IBM 的创始人之一的小沃尔森也亲自与郭士纳进行了面对面的交流，表露了邀请他出山的愿望，但郭士纳还是觉得把握不大而婉言谢绝了！

当郭士纳自己以为这件事就这么过去了，一天，他被邀请参加美国总统克林顿的私人宴会，在宴会中，克林顿总统来到郭士纳的身边，问起了 IBM 的事情，当他表示自己已经拒绝了的时候，克林顿总统对他说了一句意味深长的话："IBM 是美国的 IBM，它代表着美国！希望您能够重新考虑！IBM 需要您！"

郭士纳被这句话激起了内心深处的雄心，于是毅然将个人得失抛在了脑后，一种振兴美国科技巨头的责任感让他毅然接受了 IBM 董事会送来的聘任书……

后来，郭士纳果然扭转了乾坤，使 IBM 走上了正轨。

请记住：你能够承担多大的责任，就能够做多大的事业！

只有勇于负责任，才有负更大责任的机会，才会有实现自我价值的机会！

有了责任心，才会有工作的激情，才会有忠诚、有奉献，才会有成就一切事业的基础。

在 2006 年第 10 期《特别关注》杂志上看到的一篇《抓住良机》的文章：

杨先生在一家保健品公司担任推销员。一次，他乘飞机出差，遇到了劫机。度过了惊心动魄的10个小时之后,在各界的积极努力下,问题终于得到了解决。就在要走出机舱的一瞬间,杨先生突然想到在影视作品中经常看到的情景:当被劫持的人从机舱中走出来的时候,总会有不少记者前来采访。为什么不利用这个机会,宣传自己公司的形象呢?

想到这儿,他立即做了一个在那种情况下谁都难预料到的举动:从箱子里找出一张大纸,在上面写了一行大字:"我是某公司的推销员,我和公司的某某牌保健品安然无恙!非常感谢营救我们的人!"

他打着这样的牌子一出机舱,立即被电视台的镜头捕捉到了,他成为这次劫机事件的明星!多家新闻媒体对他进行了采访报道。

待他回到公司的时候,董事长和总经理带着所有的中层主管在公司门口夹道欢迎他。原来,他在机场别出心裁的举动,使得公司和产品的名字在一瞬间家喻户晓。公司的电话都快被打爆了,客户的订单更是一个接一个。

董事长动情地说:"没想到,你在那样的情况下,首先想到的竟然是公司和产品。毫无疑问,你是最优秀的推销主管!"董事长当场宣读了对他的任命书:主管营销和公关的副总经理。之后,公司还奖励了他一笔丰厚的奖金。

这是一个很有说服力的例子,一个员工身处危机之后,还没来得及安神定心,首先想着的却是公司。一点也没错,时刻想着公司的利益,自己的利益也能得到最大的满足。

不负责任的员工，是社会和企业最大的噩梦

世界前首富微软总裁比尔·盖茨有一句名言："人可以不伟大，但不可以没有责任心。"

有这样一个真实的公司倒闭的事故：

有一家鲜奶供应商公司，每天要为几十万户人家提供鲜奶。公司一直拥有稳定的客户群，公司保持着稳健的发展趋势，在当地已算是一家知名企业。但是，一件小事却使这家经营了10年之久的公司在一天之中倒闭了。

原因是公司一名负责装奶的员工在工作过程中不小心碰破了奶瓶，当时由于他的粗心大意，没有仔细检查，最终瓶中残留了一小块玻璃，更让人震惊的是这瓶奶让一个4岁的小孩喝了。

当地的报纸和电视相继报道了这件事情，甚至还上了报纸的头条新闻。

结果可想而知，抢救孩子赔偿家属的损失是小，一天之内，相继有30多万户的客户提出要求退奶，公司一下子陷入了严重的经营危机和财务困境。两周后，这家经营了十年之久的公司，顶不住舆论和经营的压力，宣布破产。

但万幸的是经过医生的努力，孩子的生命被救回来了。否则，一块小小的玻璃就是一条人命啊！而且经营者还要承担法律的惩罚。

优秀的员工是公司的财富，不负责任的员工就是公司的祸害，

有时甚至是公司和团队最大的噩梦。

有这样一则故事：

曾经有一个贵族，他要出门到远方去。临行前，他把三个仆人召集起来，按着各人的才干给他们银子去创造财富。

后来，这个贵族回来了，他把仆人叫到身边，了解他们的经商的情况。

第一个仆人说："主人，你交给我5000两银子，我已用它赚了5000两。"

主人听了很高兴，赞赏地说："善良的仆人，你既然在赚钱的事上对我很忠诚，又这样有才能，我要把许多事派给你管理。"

第二个仆人说："主人，你交给我的2000两银子，我已用它赚了2000两。"

主人也很高兴，赞赏这个仆人说："我可以把一些事交给你管理。"

第三个仆人来到主人面前，打开包得整整齐齐的手绢说："尊敬的主人，看哪，您的1000两银子还在这里。我把它埋在地里，听说你回来，我就把它掘出来。"

主人的脸色沉了下来。"你这个又恶又懒的仆人，你浪费了我的钱！"

于是夺回他这1000两银子，交给那个有10000两银子的仆人，并说："凡是有的还要加给他；没有的，连他所有的也要夺过来。"

第三位仆人认为自己会得到主人的赞赏，因为他没有丢失主人给他的1000两银子。在他看来，虽然没有使金钱增值，但也没有丢失，就算完成主人交代的任务了。然而他的主人却并不这么认为。他不想让自己的仆人顺其自然，而是希望他们表现得更杰出。他想让他们超越平庸，其中两个做到了，他们把赋予自己的东西增值了，只有那个愚蠢的仆人得过且过。

这就是著名的"马太效应"，这个故事再明确不过地告诉我们一个道理：使财富增值是每个员工的天职。如果老板出于信任拨一笔资金让你经营一个项目，你首先不能使公司亏本，而且必须要让自己创造出高于启动资金几十倍甚至更多的财富来，如此你才算是尽到了自己的天职。相反，如果你没有使投资增值，亏了或者保持了原样，就会跟最后那个仆人一样，被当作一个又懒又恶没有尽职的员工。

美国前总统麦金莱曾经说过："你必须尽职尽责地把一件事情做得尽可能完美，与其他有能力做这件事的人相比，如果你能做得更好，那么，你就永远不会失业。"

养成守时习惯

做一个守时的人。现代社会的快节奏呼唤着人们的时间意识。守时，理应是现代人所必备的重要素质之一；守时是一个人职业化的标志。

时间就是生命！时间就是财富！时间就是人生最大的资源！

守时就是遵守承诺，按时到达约定的地方，没有借口，没有例外，任何时候都要做到。即使偶尔是因为特殊原因不得不失约，也要提前打电话通知对方，并向对方表达你的歉意。这不是一件小事，它代表了你的素质与做人的态度；迟到不守时就是对别人的不尊重；如果你对别人不尊重，你也不能指望别人会尊重你。所以守时的人通常都会得到同事、客户、领导的好感与尊重。

有一则守时的真实故事：

1779 年，德国著名的哲学家康德计划到一个名叫柏芬的小镇去拜访一位朋友彼得斯。他曾经写信给彼得斯，说自己会在 3 月 2 日上午 11 点钟前赶到他家。康德是 3 月 1 日到达柏芬镇的，第二天早上便租了一辆马车前往离镇上 12 英里的彼得斯家，小镇和彼得斯家之间有一条河，当马车来到河边时，车夫说："先生，不能再往前走了，桥坏了。"

康德看了看桥，发现桥中间已断裂。河虽然不是很宽，但是很深。于是他焦虑的问车夫："附近还有桥吗？"

车夫回答说："有，在上游大约 6 英里远的地方。"

康德看了看表，已经是 10 点钟了，问道："如果走那座桥，我们什么时候可以到达?"

"我想最快要到 12 点吧。"

"可如果我们从这座桥走呢，最快能在几点赶到?"

"不到 40 分钟便可赶到。"

"好!"康德便跑到河边的一座农舍，向主人打听道:"请问您的那间小屋需要多少钱才肯出售给我?"

农夫回道:"200 法郎吧!"

康德付了钱，然后说:"如果您能马上从小屋上拆下几根长木板，在 20 分钟内把桥修好，我将把这小屋赠送给您。"

于是农夫便很快把两个儿子叫了过来，很快便把小桥修好了。马车顺利地通过了小桥，在 10 点 50 分钟赶到了彼得斯的农场。在门口迎接的彼得斯高兴地说:"亲爱的朋友，您真准时啊!"

守时，诚信;这就是著名的哲学家康德!

请记住:守时是一种礼貌，一种尊重，一种信誉。

敬业精神永不过时

敬业精神是成功的人的一个重要因素，它是每一个职场员工的天职与使命，失去了它就等于失去了成功。

搜狐公司的总裁张朝阳曾说过："我们公司聘人的第一标准就是敬业精神，当然，辞退的原因也是与敬业有关。工作是一个人生存的基本权利，能否在这个世界上生存，要看他能否认真地对待工作。一个人能力不一定是最主要的，能力差一点，只要他有敬业的精神，能力会慢慢地提高的。如果能够认真地做好自己的本职工作，往往还会有更好的更大的工作等着你去做。这就是一个人职业的良性发展。"

麦当劳全球连锁总裁查理·贝尔年仅43岁，他是麦当劳历史上的首位澳大利亚籍总裁。

当年年仅15岁的贝尔无奈之中走进了一家麦当劳，只想打工挣点零花钱，也没有想到以后在这方面有什么前途。他被录用了，可是工作只是打扫厕所。虽然扫厕所的活儿又脏又累，但是贝尔却非常敬业。他常常是扫完厕所，就擦地板；擦完地板，又去帮助翻正在烘烤中的汉堡包。不管他做什么事情都非常认真敬业。

就这样，贝尔的老板彼得·里奇心中暗暗喜欢这个年轻人。没过多久，里奇说服贝尔签了员工培训协议，把贝尔引向正规的职业培训。培训结束后，里奇又不断把贝尔放在店内各个岗位上锻炼。虽然只是做钟点工的工作，但是做事认真敬业的贝尔却不负老板的一片苦心。经过了几年的锻炼，他全面掌握了麦当劳的生产、服务、经营管理等一系列的工作要领。

贝尔在 19 岁那年，被提升为澳大利亚最年轻的麦当劳店面经理；27 岁时升到麦当劳澳大利亚公司副总裁；29 岁，成为麦当劳澳大利亚董事会成员；43 岁时被提升为全球首席执行官，成为麦当劳全球最年轻的 CEO。

在麦当劳，清洁是四大经营方针之一，也是最重要的工作之一。

查理·贝尔有一句名言是："我能做到，你们也能做到！"

可见，一个人的能力与基础并不是最重要，而一个人对工作尽职尽责的态度、认真敬业的精神才是最重要的，是一个人最终获得成功的关键。

那么，刚刚毕业的大学生们或者刚刚步入职场的人在工作中怎样才能做到敬业的工作精神呢？我认为要做到如下几点：

一、一丝不苟

在现代社会中，由于世界经济的高速发展，工作的种类以及工作的机会相应增多了，到处都有人才招聘市场。但是，你千万不要盲目自信与乐观，不要以为到处都是机会，而对目前的工作漫不经心、无所谓，进而慢慢地养成了一种混日子的不良职业习惯，等到混不下去了，大不了又换一个工作，换一个地方。如此下去，失败的职业人生一定会在路的尽头向你招手等着你。

因此，对待工作，无论是什么工作，我们都要有一丝不苟的工作态度，努力培养自己做事严谨认真、一丝不苟的精神，全力以赴，追求卓越，你将会像贝尔那样获得最大的成功。

二、有始有终

做事与做人是一样的，全心全意，善始善终地对待你的工作，那么，你的事业也会对你全心全意，善始善终。对待工作不能全心全意，有始有终的人，是得不到别人的信任与尊重的；也是不可能做出优秀的业绩和获得丰厚的回报。一个得不到别人信任与尊重的人是不可能获得好的机会与职位的，那么，事业的成功就根本无从谈起，成功就永远与你无缘。

三、业精于勤，全力以赴

无论你做什么，都请竭尽全力，因为这会决定你的未来。勤勤恳恳是你走向成功的保证，是你能量的源泉，是你攀登人生高峰的云梯，是你把握机遇的那把钥匙。

那些能够对工作全力以赴，勤勤恳恳的人是所有老板最赏识的员工，也是任何一家公司里最重要的一分子，收入一定也是最可观的。

四、对工作充满热情

热爱工作是一种信念！当你拥有了它，你就拥有了生活的快乐。你就会真正点燃自己的工作激情，保持一颗上进的心，每天都在进步，勇于面对困难，学会永不会放弃。

五、把敬业当成习惯

当你真正把敬业精神养成了一种职业习惯，那么，成功与梦想离你就越来越近了。因为，机会是留给有准备的人，你就是那种准备好了的人。

团队精神让你立于不败

　　曾经由某大学高等教育研究机构所主持的"大学生就业状况调查"显示：近20％的用人单位认为大学生最缺的是团队精神。但令人遗憾的是，只有2％的大学生意识到了这一点。社会需求以及用人单位对团队精神的重视与当代大学生自身对团队意识的严重缺乏已经形成了鲜明的反差。

　　在就业形势日益严峻的今天，我们的大学生们却不能深刻认识到自身综合素质与社会需求之间的巨大差距，我们的就业意识还远远没有跟上社会发展及市场经济、全球化人才竞争的大环境。

　　现在许许多多大学生只埋头忙于自己的事，对集体活动不感兴趣，基本做到"两耳不闻窗外事，一心只读圣贤书"。因为，首先我们现行的人才选拔制度就是以考试为中心，只注重个体的名次竞争，根本不注重团队的协作。我们大学的教育，也是只重视个人的发展、轻视集体；重视自我发展、轻视团队合作。以自我为中心的心态是当前中国广大大学生们的普遍心态。

　　但是，21世纪是团队合作的世纪，全球化竞争的加剧，世界日新月异，如此快速发展的时代已经越来越倚重团队合作的力量，而不能只靠个人的英雄主义。讲究团队精神，拥有团队合作意识，善于团队合作的人才会更多地受到社会的青睐和重视。

　　世界500强企业的普遍人才观念是"具有团队精神、创新能力、忠诚度和沟通表达能力"。在这多数世界500强企业对人才的四大基本条件中，又以"团队精神"最为受重视。

团队精神早已经成为现代企业精神中最重要的组成部分，它是促进企业团队凝聚力、竞争力不断得到加强的内在精神动力。

　　美国总统肯尼迪曾经说过这样一句话："前进的最佳方式是与别人一道前进。"

　　成功的人总是能够力求通过合作来消除分歧互助互利达成共识。而那些只想突出个人，不屑与人合作或者不善与人合作的人，最终很难成大事。那些善于与人沟通交流合作的人，往往更容易在团队中充分发挥自己的才能而实现自己的人生价值，获得更大的成就。

点燃你工作的激情

不论你从事何种职业，只要让自己真正的热情投入其中，就可以点燃一个人心中潜藏的力量，最终获得成功。

美国著名的社会活动家霍拉斯·格里利说："只有那些具有极高心智并对自己的工作有真正热情的工作者，才有可能创造出人类最优秀的成果。"

任何一个人在工作中，激情是激发他不断鞭策自己、鼓励自己、保持乐观心态的内在动力，它可以不断加强你自身竞争优势的建立，使你无论是在面对困难还是逆境，都能够无所畏惧地往前走，解决工作中的一切障碍，成为职场中的最终赢家。

激情可以激活你身上许多的潜在资源与能力，把我们身上的每一个细胞的活力都调动起来，去出色地完成一件件事情。

一旦你丧失了激情，就像沸腾的热水变成了冰凉的冷水，在你身上的所有潜在的资源与能量都将大大下降，你对工作的积极性与解决问题的能量都将发生退化，不久的将来失败的命运就会降临。

请记住：要想获得成功，就让承担责任成为你的职业习惯。

职业成功法则第十二课：从小事做起

从小事做起

伟大的成就来自于细节的积累，所有的成功者都是从小事做起的。工作无小事，我们每个人所做的工作，都是由一件件的小事构成的。成功的人并非是因为他们每天都在做多么伟大的事，而是在于他们不因为自己所做的是小事而有所倦怠。

海尔集团总裁张瑞敏有一句名言："什么是不简单？把每一件简单的事做好就是不简单。什么是不平凡？把每一件平凡的事做好就是不平凡。"

老子说："合抱之木，生于毫末；九层之台，起于垒土；千里之行，始于足下。"荀况《劝学篇》中说："故不积跬步，无以至千里；不积小流，无以成江海。"所有远大志向都必须从脚踏实地开始。

有一个年轻的犹太人，在一家石油公司谋到了一份工作，任务是检查石油罐盖是否焊接好。这是石油公司里最简单最乏味最枯燥的工作，凡是"有出息有本事"的人都不愿意干这件工作。

这位年轻人自己也觉得，天天看一个个铁通盖太没有意思了。于是，他找到主管，要求调换工作。可是主管说："不行，别的工作你干不好。"

年轻人只好又回到焊接机旁，继续检查那些油罐盖上的焊接圈。既然好工作轮不到自己，那就先把这份枯燥乏味的工作做好吧！

从此，年轻人便静下心来。仔细观察焊接的全过程。他发现，焊接好一个石油罐盖，共需要用 39 滴焊接剂。

为什么一定要用 39 滴呢？少一滴不行吗？

在这个年轻人以前，已经有许多人干过这份工作了，却从来没有人想过这个问题。这个年轻人不但想了，而且还认真测试实验。结果发现，焊接好一个石油罐盖，只需要 38 滴焊接剂就足够了。年轻人在最没有机会施展才华的工作岗位上，找到了用武之地。他非常兴奋，立刻为节省一滴焊接剂而开始努力工作。

原有的自动焊接机，是为每罐消耗 39 滴焊接剂专门设计的，用旧的焊接机，无法实现每罐减少一滴焊接剂的目标。怎么办？

年轻人决定另起炉灶，研制新的焊接机。经过了无数次的尝试，他终于研制成功了"38 滴型"焊接机。使用这种新的焊接机，每焊接一个罐盖就可以节省一滴焊接剂。积少成多，一年下来，这个年轻人竟然为公司节省了 5 万美元。

一个每年能够额外为公司创造 5 万美元价值的人，谁还会小瞧他呢？

由此，这个年轻人迈开了成功的第一步……

许多年后，他成为了世界石油大王——洛克菲勒。

可以说，工作中无小事，我们每个人所做的工作，无论是哪个行业，什么职位，都是由一件件小事所构成的。成功的人之所以能够成功，并非因为他们所做的工作有多么伟大，而是在于他们不会因为自己所做的是小事而有所松懈。

想干的人永远在找方法，不想干的人永远在找理由；世界上没有走不通的路，只有想不通的人。

阿基勃特曾经是美国标准石油公司的一位小职员。当时每桶石油的售价是 4 美元，公司的宣传口号就是："每桶 4 美元的标准石油。"

他在出差住旅馆时，总在自己的签名的下方写上"每桶四美元的标准石油"字样，在书信及收据上也不例外，签了名，就一定写上那几个字。他因此被同事们叫做"每桶四美元"，而他的真名反倒没人叫了。

4年后的一天，石油大王洛克菲知道这件事后说："竟有职员如此努力宣扬公司的品牌，我要见见他。"他邀请阿基勃特共进晚餐。席间，洛克菲勒问阿基勃特为什么这么做，阿基勃特说："这不是公司的宣传口号吗？每多写一次就可能多一个人知道。"

后来，阿基勃特在洛克菲勒卸任之后，成了第二任董事长。

成功其实很简单：成功的人就是坚持做好每一件小事，用心做事，从不抱怨。成功就是做好每一件小事，成功就是每天进步一点点，成功就是每天实现一个小目标，成功就是实现一生最大的愿望。

有这样一个刚刚步入职场的大学毕业生：

一天，领导让小王去买书，小王先到了第一家书店，书店老板说："刚卖完。"小王之后又去了第二家书店，营业人员说已经去进货了，要隔几天才有；小王又去了第三家书店，这家书店根本没有这本书。快到中午了，小王只好回公司，见到领导后，小王说："跑了三家书店，快累死了，都没有，过几天我再去看看！"领导看着满头大汗的小王，欲言又止……

什么是任务？什么是结果？买书是任务，买到书才是结果。小王有了苦劳，却没有功劳，因为他没有为公司带来结果和回报。

要知道公司是靠结果生存的，如果我们每个人都满足于"苦劳"，满足于"我尽力了，结果做不到我也没办法"，那么公司靠什么生存？客户会因为公司员工很辛苦，但没有提供优质产品就付钱给你？如果我们只重任务，那么我们多半得到的是借口，因为完不成的借口有成千上万，欲找借口，何患无辞？

如果我们要的是结果，那么我们多半得到的是方法，只要我们能够用心去做，注重细节，没有可能做不到。做不到是因为你没有执着地用心地做事！

比如买书，去买是任务，买到书才是结果。小王的确跑了三家书店都没有书，这就意味着小王已经付出了劳动，但付出的是白费劳动，却没有获得结果和回报。

只要小王执着地要结果，以结果为导向，用心去做，注重细节，就有很多办法。如方法一：打电话问其他书店是否有这本书，这样可以大大节省跑书店的时间。方法二：向书店打听，或者上网查这本书是哪家出版社出的，直接向出版社邮购。方法三：到图书馆查是否有这本书，如果有，就征求领导意见要不要花钱复印。

但小王这么做了吗？没有！为什么他不这么做？是因为他脑子中有一个思想，你安排我做这件事情，我就去做了这件事，我只是当做任务，为了完成任务，而不对结果负责。但公司真正想要的是结果与回报，以结果为导向。

我们可以把员工分为九段。考考你自己会是属于哪一段？

总经理要求办公室员工安排次日上午9点开一个会议，通知所有参会的人员；同时自己也要参加会议。下面就是一至九段员工不同的做法：

一段员工的做法：发通知，用电子邮件或在黑板上发个会议通知，然后准备相关会议用品，并参加会议。

二段员工的做法：抓落实；发通知之后，再打一通电话与参会的人确认，确保每个人被及时通知到。

三段员工的做法：重检查；发通知，落实到人后，第二天在会前30分钟提醒与会者参会，确认有没有变动，对临时有急事不能参加会议的人，立即汇报给总经理，保证总经理在会前了解缺席情况，也给总经理确定缺席的人是否必须参加会议留下时间。

四段员工的做法：勤准备；发通知，落实到人，会前通知后，去测试可能用到的投影、电脑等工具是否工作正常，并在会议室门上贴上小条：此会议室明天几点到几点有会议。

五段员工的做法：细准备；发通知，落实到人，会前通知，也测试了设备，还先了解这个会议的性质是什么，总裁的议题是什么，然后给与会者发过去与这个议题相关的资料，供他们参考（领导通常都是很健忘的）。

六段员工的做法：做记录；发通知，落实到人，会前通知，测试了设备，也提供了相关会议资料，还在会议过程中详细做好会议记录，并在得到允许的情况下，做一个录音备份。

七段员工的做法：发记录；会后整理好会议记录给总经理，然后请示总经理是否发给与会人员或其他人员。

八段员工的做法：定责任；将会议上确定的各项任务，一对一地落实到相关责任人，然后经当事人确认后，形成书面备忘录，交给总经理与当事人一人一份，并定期跟踪各项任务的完成情况，并及时汇报总经理。

九段员工的做法：做流程；把上述过程做成标准化的"会议流程"，让任何一个员工都可以根据这个流程，把会议服务的结果做到九段，形成不依赖于任何人的会议服务体系！

从以上九个不同段位员工的工作方法可以看出，由于对工作结果的追求程度不同，员工的工作内容也发生了很大变化。任何公司或团队里可能都存在以上的几段员工，只是不同段的员工所处的位置和所承担的责任不同。

当然，他们所获得的回报和收入肯定是大不相同的。不知你现在或者将来会处于九段中的哪一段呢？

有这样一个故事：

一位老和尚，他身边有着一帮虔诚的弟子。

这一天，他嘱咐弟子每人去南山打一担柴回来。弟子们匆匆行至离山不远的河边，人人目瞪口呆。只见洪水从山上奔泻而下，无论如何也休想渡河打柴了。无功而返，弟子们都有些垂头丧气，唯独有一个小和尚与师傅坦然相对。

师傅问其故，小和尚从怀中掏出一个苹果，递给师傅说，过不了河，打不了柴，见河边有棵苹果树，我就顺手把树上唯一的一个苹果摘来了。

后来，这位小和尚成了师傅的衣钵传人。

这个故事非常有价值，我觉得它揭示了一个基本道理：执行就是要结果，一个差的结果也比没有结果强！

比尔·盖茨曾是世界上第一大富翁，但是比尔·盖茨不是最年轻的富翁，世界上最年轻的富翁曾经是戴尔。以下是戴尔致富的故事：

戴尔的经历非常有趣，他在中学的时候就喜欢利用假日打工赚钱。

他第一次做生意是给报社卖报纸，他发现一个窍门：找新搬家的人或新婚夫妇订报刊最容易成交。于是，他就到相关管理部门收集这方面的情报，然后就把报刊直接寄到这种人手里，于是订报单像雪片般飞来。

几年的打工经历，戴尔一共赚了 18 万美元。

有一次，戴尔的中学老师让学生们统计一下他们每年的"小金库"有多少钱。当老师看到戴尔的统计时，惊讶地问道："小戴尔，你是不是忘记点小数点了？"戴尔说："没有忘记，确实是那么多。"此时，老师一下子脸就白了。因为在当时，美国中学老师的年薪大概是 4 万美元，而戴尔却有 18 万，你说老师听了这话后，脸能不白吗？

可见，戴尔从小就是一个挣钱的天才。

戴尔在 1984 年上大学之后，他发现新买的计算机很容易就过时，但是过时之后，买一台新机器很贵。但是机器并非所有的原件都过时，过时的往往是几个核心部件，把它们换成新的不就行了？

于是，戴尔就把零件买过来，然后挨家挨户发传单：如果打电话给我们，我们就上门升级你的计算机！结果订单又像雪片一样飞来。

赚到很多钱之后，戴尔受到了"直销"赚钱的鼓舞，他装电脑的热情远远超过了上学。在大学一年级时，他就登记注册了"戴尔电脑公司"，全身心投入到自产（装）自销电脑上。

生意这样忙，戴尔自然就顾不上功课了，他的成绩急转直下。父母有所耳闻，立即赶到学校，只见戴尔的房间里全是电脑和零件。眼看儿子几乎被电脑"毁"了，父母大发脾气。戴尔劝解道："别生气，你们的儿子正在和 IBM 竞争，不拼着干不行啊！"虽然父母不住地摇头，但戴尔还是继续做自己的，到后来他干脆就退学了。

在一年之内，他搬了三次家，不是因为活不下去了，而是因为生意发展太快，刚刚把新房子租下来，人就坐不下了，不得不赶紧搬家。

戴尔公司创造了公司历史上的一个奇迹：连续 15 年每年增长 9%。到现在，戴尔的营业额已经达到了 376 亿美元。376 亿美元是什么概念呢？联想全年销售额全部加起来大致只有戴尔的 1/8。而戴尔的个人资产总额已经达到 160 亿美元。

戴尔的生财之道是什么？什么是他的致富经？

那就是，他的重点只有一个：赚钱，成功！为此，戴尔、比尔·盖茨、乔布斯这些人为了开公司赚钱，都是中途辍学。

那也许你会问：上完学再创业不好吗？戴尔、比尔·盖茨、乔布斯的成功经验告诉我们：上完大学之后，多半就没有戴尔公司、微软公司与苹果公司了。

这就是梦想与目标比什么都重要。为了实现心中的梦想，在必要的时候，为了最重要的这件事，其他的事都可以暂且放弃，包括名牌大学的文凭，无论放弃的东西在外人看来多么有价值，都是值得的。

对比一下戴尔、比尔·盖茨、乔布斯，表面上看，我们与他们的差距是财富，但比财富差距更大的，是我们的勇气与执着，是我们对梦想和目标的认知与渴望。

学会做计划，按部就班，实现目标

做事情如果没有计划就好比无头苍蝇到处乱窜；周密的计划就好比是黑夜的路灯，它可以指引你到达目的地。

请记住：学会做计划就是学会做事的开始；有计划地做事，你将会充实且有效率地实现目标。

用 80 美元周游世界，你能做到吗？

这是一个真实的故事：

有一位叫罗伯特·克里斯托弗的美国人，想用 80 美元来周游世界，他坚信自己能如愿以偿。

于是，他找出一张纸，写下他为用 80 美元周游世界所做的准备：

1. 设法领取到一份可以上船当海员的文件；

2. 去警署申领无犯罪记录证明；

3. 取得 YMCA（美国青年会）的会籍；

4. 考取一个国际驾驶执照，找来一套世界地图；

5. 与一家大公司签订合同，为之提供所经国家和地区的土壤样品；

6. 同一家航空公司签订协议，可免费搭机，但要拍摄照片为公司做宣传。

于是，当罗伯特完成上述的准备后，年仅 26 岁的他就在口袋里装好 80 美元，兴致勃勃地开始自己的旅行。

以下是他旅行的一些经历：1. 在加拿大巴芬岛的一个小镇用早餐，条件是为厨师拍照；2. 在爱尔兰花4.80美元买4箱香烟，从巴黎到维也纳，费用是送船长1箱香烟；3. 从维也纳到瑞士，列车穿山越岭，只需4包香烟；4. 给伊拉克运输公司的经理和职员摄影，免费到达德黑兰；5. 提供给泰国酒店老板某一地区的资料，受到酒店贵宾式的待遇……

最终，通过为达到目标而设置的一系列巧妙的计划，罗伯特实现了他用80美元周游世界的梦想。

罗伯特·克里斯托弗实现了一个似乎不可能实现的目标，很重要的一点，就是他不是把结果仅仅定义于自己的能力上，而是把结果定义于与他人的合作上。

对于大部分目标来说，靠自己的力量，大多是不可能完成的，但超越自己，计划周密，善于合作与把握机会，我们就可以创造奇迹！

细节决定成败，用心才能看得到

成功学大师卡耐基曾说过："一个不注意小事情的人，永远不会成就大事业。"

"千里之堤毁于蚁穴"。这些都告诉我们，细节往往决定了成败。那么在工作和生活中，我们如何去注意细节呢？

用心做事，从细节中创造出财富，看台湾首富如何掘到第一桶金。

台湾经营之神、首富王永庆就是从细节中找到成功的机会的人。1932年16岁的王永庆因家境贫寒读不起书，只好拿仅有的200元资金开了家又小又偏的米店。

在开了一段时间后，王永庆从提高米的质量和服务上找到了突破口和切入口，他和弟弟每天晚上熬夜把进回来的米中的沙子、石子、糠之类的杂物一颗一颗地捡出来，远远超出当时的米市常规。为了方便老人，他们最先开始主动送货上门，这在当时的年代里是一项创举。另外，兄弟俩每次送货到家后，细心地记录这户人家的大人小孩的人数、饭量等，并依此来估算该户人家下次买米的大概时间，到时候还没等顾客上门来买米，兄弟二人就主动将相应数量的米送到了客户家里，还帮助顾客将米倒进米缸里。并且细心地将米缸里的旧米先倒出来，放在新米的上面，保证顾客家的陈米不会放得太久而变质。

他的这一服务令当地顾客们深受感动，并且赢得了很多忠实的顾客。

后来，为了更加方便顾客，兄弟二人又采取了"按时送米，不及时收钱"的方法，而是约定到顾客发工资的日子再上门收钱。他的这一细心、务实的服务方式，使台湾嘉义人人皆知。在有了一定的积蓄和知名度之后，他把店搬到了离闹市近一点的地方，扩大了规模，在店的后面办起了一间碾米厂。就这样，他用心做事，从细节里创造了财富，获得了人生的第一桶金，也从此造就了台湾的经营之神、台湾的首富……

　　用心做事，每天检讨一下自己，找出自己的不足与缺点，并及时进行调整与弥补。这会让你终生获益，因为你每天都在进步，检讨也是成功之母。做到了这些，你就会发现许多别人无法看到的机会，成功就在不远的前方等着你。

　　有一个小和尚担任撞钟一职，半年下来，觉得无聊至极，自己只是在"做一天和尚撞一天钟"而已。

　　有一天，住持宣布调他到后院劈柴挑水，原因是他不能胜任撞钟一职。

　　小和尚很不服气地问："我撞的钟难道不准时、不响亮？"

　　老住持耐心地告诉他："你虽然撞得很准时，也很响亮，但钟声空泛、疲软，没有感召力。钟声是要唤醒沉迷的众生，因此撞出的钟声不仅要洪亮，而且要圆润、浑厚、深沉、悠远。"

　　为什么小和尚不能胜任撞钟一职？因为小和尚在这里就是在完成任务"撞钟"，他以为这就是住持与众生想要的结果。

　　但住持与众生真正想要的结果是什么？不是钟响，而是唤醒沉迷的众生！撞钟是细小的工作，唤醒沉迷的众生是要到达的效果！而要唤醒众生，首先是要你真正用心去工作去撞钟！我们有多少人是成天在做一天和尚撞一天钟？只管钟响，但从来不思考，也不管钟声是不是达到了真正的效果：唤醒沉迷的众生。

　　石头的故事：

　　国王决定从他的王子中选一位做继承人。他私下吩咐一位大臣在一条两旁临水的大道上放置一块"巨石"，任何人想要通过这条路，都得面临这块"巨石"，要么把它推开，要么爬过去，要么绕过去。然后，国王吩咐王子们通过那条大路，分别把一封密信尽快送到一位大臣手里。

　　王子们很快完成了任务。国王开始询问王子们："你们是怎么把信送到的？"其中一个王子说："我是爬过那块巨石的。"另一个王子说："我是划船过去的。"只有小王子说："我是从大路上跑过去的。""难道巨石没有拦你的路？"国王问。"我用手使劲一推，它就滚到河里去了。""这么大的石头，你怎么会想到用手去推呢？""我不过试了试，"小王子说，"谁知我一推，它就动了。"

　　原来，那块"巨石"是国王和大臣用很轻的材料仿造的。最后，这位善于尝试的小王子继承了王位。

222　　在生活中，每个人的命运是不同的，我们不能把自己的命运交给别人，自己一点儿都不动脑筋。只相信别人和不相信别人一样都危险，我们要学会尝试，善于从细节中发现问题。

　　小泽征尔是世界著名的交响乐指挥家。在一次世界优秀指挥家大赛的决赛中，他按照评委给的乐谱指挥演奏，敏锐地发现了不和谐的声音。起初，他以为是乐队演奏出了错误，就停下来重新演奏，但还是不对。他觉得乐谱有问题。这时，在场的作曲家和评委会的权威人士坚持说乐谱绝对没有问题，是他错了。面对一大批音乐大师和权威人士，他思考再三，最后斩钉截铁地大声说："不！一定是乐谱错了！"话音刚落，评委席上的评委们立即站起来，报以热烈的掌声，祝贺他大赛夺魁。

　　原来，这是评委们精心设计的"圈套"，以此来检验指挥家在发现乐谱错误并遭到权威人士"否定"的情况下，能否坚持自己的正确主张。前两位参加决赛的指挥家虽然也发现了错误，但最终因为随声附和权威们的意见被淘汰，小泽征尔却因充满自信而摘取了世界指挥家大赛的桂冠。

对于一个关注细节，能够把小事情都做到认真细致的人来说，对待小事尚且如此，那么面对大事，更能处理得当。对待小事和细节的处理方式往往也反映了一个人的工作态度。积极地面对，脚踏实地做好每一件小事，还是整日空想干大事，却不愿意从小事情做起，这两种截然不同的工作态度，就是成功者与失败者的区别。

请记住：简单的事重复做，你就是专家；重复的事用心做，你就是赢家。

职业成功法则第十三课：找到成功的方法

有人说：成功其实是件很容易的事情，只要你找到成功的规律，成功就离你不远了！

成功就是做好每一件小事，成功就是每天进步一点点，成功就是每天实现一个小目标，成功就是实现一生最大的愿望。

成功就是当你坚持不住的时候，再坚持一下。

成功就是一个梦想加永不放弃的行动！

方向比努力更重要

要有眼光，眼光比努力更重要！

眼睛看到的地方叫视力，眼睛看不到的地方叫眼光，视力只能说明眼前，眼光却能看到未来！

没有目标方向的人就好比漂在大海里的一只小船，随时都有可能触礁翻船。找准方向，找对池塘才能钓大鱼。

日本经营之神松下幸之助曾说："人生成功的诀窍在于经营自己的长处，经营长处能使自己的人生增值，否则，必将使自己的人生贬值。"

李开复，是一位世界知名的信息产业执行官和计算机领域的科学家。1998 年，李开复加盟微软公司，并随后创立了微软中国研究院。2005 年加盟谷歌公司，并担任谷歌全球副总裁兼中国区总裁。2009 年 9 月 4 日，宣布辞职并在中国上海创办创新梦工场，任董事长兼首席执行官。

但李开复的成功之路也是经过一波三折的。他在进入哥伦比亚大学后，主要学的是"政治科学"，是属于一种"法学"的专业，开始他还计划攻读法学博士；但是，在选修了几门法学功课之后他发现自己竟然对这种专业的课程毫无兴趣，每天都提不起精神，感到十分的苦恼！

后来，他向家人提起学习法学的苦闷时，他们都鼓励他转学其他专业。又经过了几次的摸索和尝试，他最终选择了计算机专业。其实，在他高中的时候就对计算机产生浓厚的兴趣。大学一年级时，他很惊讶这么好玩的东西也可以作为一门"专业"。于是他选修了一门计算机课程，竟然获得了他进大学以来第一个"A+"。

除了赢得老师和同学的赞扬，还让他感觉到一种震撼：未来这种技术会改变世界吗？会改变人类的思维吗？在李开复看来，能够解决这样的问题才是人生最大的意义所在。

在当时，哥伦比亚大学法学系在全美大学排名第三位，而计算机系只是新设立的一个专业，选择法学专业应该是大多数人的第一选择，而如果他选择计算机这个基础还很薄弱的专业，看起来前途会一片渺茫。而如果他继续选择法学专业，他的前途可言预测：优秀的法官、律师、参议员等等。

但李开复并没有被眼前的现实问题所影响，而在大学第二年毅然选择转到计算机系，从而开启了人生的另一成功之门，成就了人生的辉煌。

奥托·瓦拉赫是诺贝尔化学奖获得者，他的成长过程极富传奇色彩。

瓦拉赫在开始读中学时，父母为他选择的是一条文学之路，不料一学期下来，老师为他写下了这样的评语："瓦拉赫很用功，但过分拘泥，这样的孩子即使有着完美的品德，也绝不可能在文学上发挥出来。"

此时，他的父母只好尊重儿子的意见，让他改学油画。可是，瓦拉赫既不善于构图，又不会润色，对艺术的理解力也不强，成绩在班里是倒数第一，学校老师对他的评语更加令人难以接受："瓦拉赫是绘画艺术方面的不可造之才。"

面对如此"笨拙"的孩子，绝大多数老师认为他已成长无望，只有化学老师认为他做事一丝不苟，非常认真仔细，具备了做化学实验应有的品格，于是便建议他学化学试试。

父母接受了化学老师的建议。就这样，瓦拉赫智慧的火花终于被点燃了。他在很短的时间内便从文学艺术的不可造之才变成了公认的化学方面的"前程远大的高材生"，并在化学领域取得了遥遥领先的成绩，最终获得了巨大的成功！

瓦拉赫的成功故事，说明了一个道理：天生我材必有用！我们每个人都有自己短处，但同时，我们每个人都会有自己的长处。任何人都没有贵贱之分，你就是你，每个人都是世界上独一无二的，只要你能够找到合适自己的事业和成功的方法。

合适的才是最好的！无论是选择职业，还是选择伴侣，都没有最好的只有最合适的。

做事讲究策略，成功要讲方法

找到成功的方法，成功离你就不远了。在现实生活中，许多人工作很勤奋，但就是不能取得突破。

原因是什么？

我们一定要懂得一个道理：任何问题都不止一种解决办法。办法总比困难多。适时审视改进你的工作方法，就可以让你事半功倍。

以下是几种使你能够获得成功的方法和做事的策略：

第一，高调做事

低调做人高调做事是一种智慧；只有低调做人，才会有人与你同行；只有高调做事的人，才能把握命运，才能把自己的想法变为现实，无论遇到什么困难都会勇往直前。

在高调做事的人的眼里，失败是一种动力，鞭策他们更加奋力拼搏。一个人只要胸怀远大理想和奋斗目标，敢于高调做事，就会有无穷的力量。

第二，学会变通，此路不通彼路通

光滑的墙壁上，壁虎总是爬到一半就掉下来了，为什么？他告诉了我们一个道理：做事时要学会变通，放弃毫无意义的固执，这样才能更好地做成事情。

善于变通的人，能够使难成之事心想事成，从而让自己的人生旅途处处顺心。善于变通，能够在紧要关头化险为夷，从而让自己在社交中事事如意。

做人会不会变通，将决定你的一生成败。会变通的人做什么都轻而易举，易如反掌，难事可变易事；不会变通的人做什么都会四处碰壁，孤立无援，易事也成难事。

梁启超说："变则通，通则久。"对于善于变通的人而言，这个世界上不存在困难，只存在暂时还没有想到的方法。但是，方法总是会想出来的，所以，善于变通的人只有一个归宿，那就是不断地成功。

第三，懂得分寸，做事要懂得过犹不及

我们通常说："办事说话要注意分寸"，这是一句至理名言。

事实上，做任何事都是一个"分寸"的把握，拿捏的度"恰到好处"，你就是高手；有些事情，做过头了好事也会变坏事，对的也变成不对的，有理也会变成没理了。中医讲究"阴阳平衡"，儒学讲究"中庸之道"，讲的就是"太过和不及都是病态"与"做事要有分寸"这个道理。

做事刚柔相济，在举手投足间才能左右逢源。这里面的学问是深不可测，需要我们每个人不断地在人生的路上慢慢体会。能够参透其中的玄机的人，一定能够在社会上纵横行走，一定能成就人生的辉煌。

所以说："把握好了人生的分寸，就等于掌握了自己的命运。"

第四，选择冒险，跨一步往往就是成功

冒险是表现在人身上的一种勇气和魅力。经验告诉我们，冒

险与收获常常是结伴而行的。哥伦布不航海冒险，能发现新大陆吗？达尔文不亲身探险，能完成巨著《进化论》吗？

干枯水塘里勇敢的小鳄鱼的故事就告诉了我们这一个道理：

在烈日下，一群饥渴的鳄鱼陷身于水源快要断绝的池塘中。面对这种情形，只有一只小鳄鱼起身离开了池塘，它尝试着去寻找新的生存的绿洲。

塘中的水愈来愈少，最强壮的鳄鱼开始不断地吞噬身边的同类，苟且幸存的鳄鱼看来是难逃被吞食的命运，然而却不见有鳄鱼离开。

池塘似乎完全干涸了，唯一的大鳄鱼也耐不住饥渴而死去了。然而，那只勇敢的小鳄鱼经过多天的跋涉，幸运的它竟然没有死在半途中，而是在干旱的大地上，找到了一处水草丰美的绿洲。小鳄鱼迈出了第一步，勇敢地选择了曾经没有经历过的生活，结果它活下来了。而那些强大的鳄鱼安守现状，结果却面临死亡。

其实，有时候，迈出去的那一步就是生命，迈出去的第一步就意味着成功。

日本大都不动产公司的创始人渡边正雄的故事同样也告诉了我们这样一个道理：

日本大都不动产公司的创始人渡边正雄曾是一个小商人，他发现不动产业是个有前途的行业，想去经营，但一没资金，二没经险，他决定去大藏不动产公司工作，以便学习经验，为自己创业打下基础。可是，大藏公司不愿接受他，无奈之下，他要求在大藏公司免薪工作一年。这一年，渡边拼命工作，掌握了大量的信息和经验。可在大藏公司高薪聘用他时，他却离开了。

后来，他千方百计筹得了一些资金，开始从事经营房地产生意。渡边免薪工作之举，看起来好像不算什么，但对于十分贫穷的渡边来说，却是冒着极大的风险的。

创业之初，有人向渡边推荐土地，那是一块有着几百万平方米、价格便宜的土地。当时人迹罕至，没有道路，没有公共设施，但这块土地与天皇御用地邻近，能让人感觉好像是与帝王生活在同一环境里，能提高个人的身份，满足自尊心。

但这块地曾向很多的地产公司推销过，却没人愿意买。渡边，倾力筹借资金，先付部分押金果断地把地买了下来。同行们都嘲笑他是傻瓜，亲戚朋友也为他的冒险担心。渡边毫不介意，而是紧紧地抓住这个机会不放。

战后的日本，经济开始迅速发展。人们的收入增加，大家逐步对城市的噪音和污染感到厌恶，对大自然开始美慕。渡边买下的这块山地充满了泥土的气息和宁静的景色，逐步有人感兴趣了。渡边乘势在报刊上大肆宣传那里的优美环境，吸引一些富裕阶层前往订购别墅和果园。一些经营耕作的庄稼人，看到那里有民房出租和有耕地租用，也前来定居和从事种植蔬菜果树。

仅用了一年左右的时间，渡边就把这块几百万平方米的山地卖掉了八成，一下子赚到 50 亿日元。他用赚来的钱投资修建道路、整地，并将剩下的二成土地盖成一栋栋别墅。经过 3 年时间，那块山地变成了一个漂亮的别墅区，渡边所赚的钱也达到了数百亿日元之多。

渡边在总结自己的成功经验时说："我之所以能成功，就是因为我敢于冒险。我在选择一个投资项目时，如果别人都说可行，这就不是机会，别人都能看见的机会不是机会。我每次选择的都是别人说不行的项目，只有别人还没有发现而你却发现的机会才是黄金机会。尽管这样做很冒险，但不冒险就没有机会成功，只要有 50% 的希望，就值得冒险。"

有人说，人生本身就是一场冒险。不冒点风险，哪来出人头地的机会呢？世界的改变、生意的成功，常常属于那些敢于抓住时机，敢于冒险的人。

生命运动从本质上说就是一次探险，如果不是主动地迎接风险的挑战，便是被动地等待风险的降临，而冒险总比墨守成规让你更有机会出头。

没有风险，就没有收获。敢于冒险是挑战成功的第一步，只有敢于冒险，才能抓住成功的机遇，你才有成功的可能，才能实现自己人生最大的价值。

第五，每天提高1%。

"每天提高1%，每天进步一点点"是你成功的法宝。

1950年，美国企业管理学家戴明博士被二战时曾经占领过日本的美军司令麦克阿瑟将军推荐给了日本企业界，向全日本企业家传授企业管理的"福音"。

这个戴明博士原本在美国不是太受重视的管理学家，在到了日本之后，却受到了全日本企业界的热烈欢迎。被日本松下、索尼以及丰田等众多企业和企业家奉为管理中的"神明"。

在他的影响下，日本这个经过了二战战败，原本是一无所有，既无资源、二无市场、三无创新技术的小国在二战后短短十几年的时间奇迹般地崛起了，成为举世瞩目的经济强国。

后来日本为了表彰美国戴明博士为日本经济腾飞所做出的杰出贡献，日本天皇授予了他"神圣财富"勋章。

日本在战后经济的迅速发展大有超越美国之势，使美国感到了前所未有的压力；为了解开这个答案，美国人找到了戴明博士，向他请教："你究竟教给了日本人什么'秘诀'，使日本的工业这么快崛起了……"

戴明博士说："也没什么，我只是告诉日本人，每天进步1%。"

但就是这简单的1%的答案，造就了日本经济的神话。

1%是多么的微不足道，可是把这1%做好了，却能够彻底的改变一个人、一个企业的命运，甚至是一个民族、一个国家的命运！这不能不让人惊叹不已！

前美国洛杉矶湖人队的主教练派特雷利在湖人队最低潮的时候，告诉球队每一个队员说："今年只要我们每一个人都比去年进步1％就好了，有没有问题？"球员们一听，才1％，太容易了，于是毫不犹豫地全部答应了！

于是，球队在投篮命中率上进步1％的数据，在罚球上进步1％的数据，在抢篮板上进步1％的数据，在助攻上进步1％的数据，在抢断防守上进步1％的数据。如此一来，可想而知，结果那一年湖人队竟然奇迹般地夺得了赛季总冠军。而且是最轻松获取胜利的一年。

后来，有人问派特雷利主教练：为什么这么容易就取得了总冠军？他说："每个人在五个方面个进步了1％，则每个人进步了5％，12个人一共进步了多少？答案是60％。一年能够进步60％的球队，难道还不应该获得冠军吗？"

我国古代大思想家荀子曾说过："不积跬步，无以至千里；不积小流，无以成江海。"他与美国戴明博士说出了同一个道理。

又如海尔集团总裁张瑞敏的一个形象的比喻：把一块钱存到银行里，如果它的利润是1％，按照复利计算，到了第70天的时候，连本带利就变成了两块钱。如果每天工作都能比昨天提高1％，70天以后工作效率就会提高一倍。所以，每天提高1％，365天之后，你的工作效率就能提高37倍。如果是这样，企业就会产生巨大的威力。

请记住：成功就是每天进步一点点！

第六，千万别找借口，工作无借口

"不找借口"应该成为职场中每一个人的行为准则。在社会各种企事业单位中，每个人都有其特定的职责范围，每个人的职责都是别人不能替代的，如果你总是为自己的失责寻找借口推脱，那么你的职责范围必定会有人来取代，而一旦你的职责被人取代，就离失去工作不远了。

优秀的员工从不在工作中寻找借口，而是积极寻找方法。因为寻找借口是一种恶习，一旦养成，失败也就会接踵而来。借口也许会为你带来一时的安逸与心灵的安慰，但是在不久的将来却会让你付出昂贵的代价。

美国军人罗文上尉的事迹通过《致加西亚的信》这本小册子传遍了全世界，并成为人们敬业、服从、勤奋的象征。

安德鲁·罗文，弗吉尼亚人，1881 年毕业于美国西点军校。作为一名军人，他与陆军情报局一起完成了一项重要的军事任务——把信送给加西亚，被授予美国杰出军人勋章。

当美西战争爆发后，美国必须立即跟西班牙的反抗军首领加西亚取得联系。加西亚在古巴的丛林里，且没有人知道他确切的地点，无法带信给他。

美国总统必须尽快获得与他的合作。怎么办呢？有人对总统说："有一名叫罗文的军人，有办法找到加西亚，也只有他才能找得到他。"

总统把罗文找来，交给他一封写给加西亚的信。罗文上尉拿了信，把它装进一个油布制的袋里，缝好，挂在了胸口，划着一艘小船出发了，四天之后的一个夜里在古巴上岸，消失在古巴的丛林中，接着三个星期后，从古巴岛的另一边走出来，徒步走过了一个危机四伏的国家，最终把那封信交给了加西亚。

这个故事的细节并不是重点，更重要的是，麦金利总统把一封信写给加西亚的信交给了罗文，而罗文接过信之后，并没有问："他在什么地方？我怎么才能找到他？"也没有抱怨这个几乎无法完成的任务，而是毫不犹豫地接受了命令并且尽一切努力去完成它。

请记住：借口为你带来的不是成功，而是一种消极的心态！绝不找借口！绝不抱怨！借口与抱怨是职场中最大的杀手！

第七，拖延的结果是平庸

"效率就是生命"。我们都知道，在与他人竞争中，拖延，只能让他人领先。任何憧憬、理想、再好的计划，都会在拖延中落空。

把今天的工作拖到明天以后再去做，所耗去的时间和精力远比今天完成的要多。拖延，只会让你感到艰辛而痛苦，由此陷入平庸；立即且有效地执行，养成"今日事今日毕的好习惯"，便会感到简单而快乐。

既然效率如此重要，那么，我们应该如何提高效率呢？

第一，要明确方向，不走冤枉路。多与别人一起讨论后，再决定整个方向及流程，再仔细想想做这项工作的重点难点是什么，希望能得到什么样的结果。

第二，要做好各项事务的计划与具体安排。计划最后要落实到每天、每周、每月、每年，并且要落实到责任人；并列出每个时段的重点事项，此外，每天要确认是否按照计划在执行。

最后，还要运用系统思考，分门别类地进行工作。养成把握重点，循序渐进，集中力量的习惯，并决定次序，从最重要的事项着手，要分个轻重缓急。

把事做到点子，有些人整天忙忙碌碌，却不见得有什么成绩，而有些人并不怎么忙碌，却轻轻松松，生活得有滋有味。同样是

234

一天 24 小时，却有着不同的效率与质量。

这是因为，做事能否抓住重点，是决定差异的一个重要因素。

有这样一个故事：有一位农夫上山去砍树，到了山上后，忽然想到脚上的草鞋很陈旧了，于是匆匆忙忙地搓草打鞋，忙完草鞋又开始检查斧锯，发现斧子太钝，锯子已锈，于是又回来重新订购斧子和锯子，又嫌弃新斧子的材质不好……等到他万事俱备准备再次出发时，大雪已经封山了。于是农夫就抱怨："我的运气真是不好啊！"

其实，问题不在于运气的好坏，而在于能不能把事情做正确。总之，做出错误的选择，总是不能抓住重点，目标往往只能落空。

积极主动，只有傻子才会守株待兔

现在的竞争就是人的竞争。大浪淘沙，自己不努力，就只有被抛弃。任何企业任何老板都希望用积极主动的员工，都需要那些能主动工作、主动完成任务、主动创造财富的员工。

所谓主动，就是指随时准备把握机会，展现超乎要求和期望的工作表现，以及拥有"为了完成任务，必要时不惜打破成规"的智慧和判断力。那些工作时主动性差的员工，墨守成规、凡事只求避免犯错误，老板没让做的事，绝不会插手；而工作时主动性强的员工，则勇于负责，有独立思考的能力，必要时会发挥创意，以更好地完成任务。

当然，两种不同做事方式也会有截然不同的命运和结果，那就是后者都会得到升迁和重用的机会，前者就会慢慢地被自己所淘汰了。

要想在工作中获得成功，就必须学会努力培养自己的主动意识，在工作中要勇于承担责任，主动为自己设定工作目标，并不断改进方式和方法。

事实告诉我们，主动去做老板没有交代的事情，并把这些事情做好，你就能提升自己在老板和团队心目中的位置，就会被提升到更高的职位，获得更大的成功。

美国钢铁大王安德鲁·卡耐基的故事：

美国钢铁大王安德鲁·卡耐基小的时候迫于生计，很小就出去打零工了。第一次打工的工钱少得可怜。尽管如此，他也从没有过放弃的念头，他相信，凭借自己的能力，一定可以找到不错的工作。后来，他终于找到了一份在匹兹堡送电报的工作。

卡耐基十分珍惜这份工作，下决心一定要好好干才能有机会得到发展。但是，这份工作要求工作人员对周围的环境非常熟悉，而卡耐基对这里却很陌生，怎么办？他不想放弃这个难得的工作机会，于是每天下班之后就去熟悉各个街道和地名。

就这样，他风雨无阻地奔波在匹兹堡的大街小巷，终于熟悉了每一处地方。

为了充实自己，他白天送电报，晚上自学电信知识，到了清晨就跑去电信局练习。卡耐基利用自己全部的业余时间来为自己充电，近乎不知疲倦地工作和学习。

送电报的工作很辛苦，但卡耐基没有因此感到厌倦，相反，他对发报产生了浓厚的兴趣。当多数人抱怨工作枯燥无味、毫无意义的时候，卡耐基却对工作充满了激情。除了做好自己的本职工作外，他还总是主动去做一些份外的事，帮助其他同事或老板处理一些力所能及的事。

有一天清晨，他早早地来到电信局上班，查看电报时发现有一封来自费城的紧急电报。电报紧急，但是值班的技师还没有来，怎么办？卡耐基知道这不是他份内的事，但是，他不能袖手旁观，于是，他就代收了电报，准确地把它发了出去。后来，老板知道了这件事，就把他提拔为电报士，薪水升了2倍。

卡耐基总是很主动地工作，他知道除了靠积极主动的工作态度之外，他没有更好的办法出人头地。

后来，宾夕法尼亚铁路公司独立，他又被提升为电信科主任的私人秘书……

就这样，卡耐基一步一步地成长为美国著名的钢铁大王。

可以说，职场中最重要的就是机会。没有机会，再有能力的千里马也难免被淹没在普普通通的马群之中。没有一种成功会自动送上门来，任何机会都需要主动争取。爱情如此，幸福如此，财富如此，健康如此，友谊如此，学习如此，机会如此，时间如此，工作也如此。

在工作中，你如果不付出努力，积极主动地做事，就无法得到任何发展的机会。那么，机会来自何处呢？机会来自主动，主动才能赢得一切。当你积极主动地做事，并且做到最好的时候，机会自然就会降临。

积极主动才能适应职场竞争与市场的变化。消极被动只会让你沉溺在困境之中。做一个坚强乐观的人，才能有积极乐观的心态。许多时候，我们不能改变世界，但是我们可以改变自己的心态，以一种积极乐观的态度来面对一切，你将会发现世界因你而改变！

请记住：态度决定你的一切！不要等待机会，而要创造机会。

行动起来，你也会有100万

心态决定行动，行动决定结果！如果说敢想是成功了一半，那么另一半就是去做。

一天，有一位在读大学的青年，向校长提出了若干改进大学制度弊端的建议。但是最终，他的意见没有被校长接受。

于是，他做了一个重要决定——自己办一所大学，他要自己来当校长，以消除这些弊端。

在当时，办学校至少需要100万美元。

这可是笔不小的数目，上哪儿找这么多的钱呢？等到毕业以后再挣？那太遥远了。

他将自己封闭起来，每天都待在寝室里苦思冥想能赚100万美元的各种方法，坚信自己可以筹到这笔钱。面对他的妄想，同学们都认为他有神经病，劝说他天上不会白白掉钱下来。

终于有一天，他意识到，这样下去是永远也不会有答案的，决定不再思考，而是付出行动。于是，他采用一个在前些日子里想出的计划，决定给报社打电话，说他准备举行一个演讲，题目是《如果我有100万美元》。

他给无数家报社打了电话，说明他的想法，但是没有一家报社理他，更有一些报社取笑他"无知"、"天真"。最后，终于有一个报社的社长被他的诚意和精神打动，告诉他后天有一台慈善晚会，他被允许在晚会上发言，但时间只能是15分钟。

那是场盛大的慈善晚会，吸引了许多商界人士。

面对台下诸多成功人士，他鼓起勇气，走上讲台，发自内心、充满激情地说出了自己的构想。

最后，待他演讲完毕，一个叫菲利普·亚默的商人站了起来："小伙子，你讲得非常好。我决定投资 100 万，就照你说的办。"就这样，年轻人用这笔钱办了一所自己梦寐以求的大学，起名为亚默理工学院，也就是现在著名的伊利诺伊理工学院的前身。

他实现了自己的梦想。而这个青年，就是后来备受人们爱戴的哲学家、教育家冈索勒斯。

冈索勒斯不是"想要"，而是"一定要"。于是他坚信办大学的梦想一定会实现，这是成功的第一步。但是如果他每天苦想如何筹备资金而不去行动，那么苦想出多少的好方法都无济于事，因为不行动，再多的思考也不能获得想要的结果。但当他鼓足勇气，当他站出来，将自己的想法付诸行动，他获得了认可，于是他成功了。

有时，成功就是如此简单，大胆行动，付出行动，过多的犹豫反而会成为你的阻碍，只有行动了你才能看到事情的结果。

行动不一定有结果，但不行动一定不会有结果。无论你如何思考，无论你思考得多么好，都不可能只通过思考获得想要的结果，结果永远只能从行动中获得。

就是这么简单：想要结果，首先要行动。如果没有行动，上帝也帮不了你。

行动！行动！永远都在行动！决不放弃！

行动是成功的保证。立即行动，而不是寻找任何借口而逃避、拖延。这样的人才能最终赢得胜利女神的垂青。

美国石油大王洛克菲勒曾说："不要等待奇迹的发生才开始实

践你的梦想。今天就开始行动!"

　　只有行动才能创造一切! 现在就开始行动吧! 立即行动朝着你的目标大步前进! 今天就是行动最好的那一天!

　　行动,是一切成功的保证!

　　前英国首相丘吉尔最著名的一次演讲:

　　一次人们期待已久的丘吉尔首相关于成功的演讲开始了。丘吉尔走上讲台,用手势止住了大家雷动的掌声,在沉默了片刻后说:"我成功的秘诀有三个:第一是,决不放弃;第二是,决不、决不放弃;第三是,决不、决不、决不放弃! 我的演讲结束了……"

　　说完,他走下了讲台。

　　会场上沉静了一分钟后,突然爆发出雷鸣般的掌声,经久不息……

　　请记住:人生没有太多的机会等待你作出决定,请马上行动!

职业成功法则第十四课：强烈的成功欲望

把失败当成一种财富

失败不一定是坏事！或许它应该是件好事！

我们绝对不应该因为失败而感到羞愧！有很多理由可以让我们把失败当成一种巨大的财富。

成功与失败并不是对立的。就算你不能从失败中找到成功，也一定不要将成功和失败看成是两个对立面，应该视它们为整个创造性思维过程中的两个关键因素。我们应该学会拥抱失误、错误、事故，甚至是失败，因为它们可能会是通往成功的跳板。

失败了一次就是离成功更近了一步

亚伯拉罕·林肯经历了一辈子的失败，而且每一次失败都似乎是下一次更大失败的起点，这样直到他成了美国总统。

以下便是林肯的失败纪录的明细清单：

他在1832年丢了工作，同年还在州立法会选举中败北。

1833年他的生意失败。1834年他终于被选进了立法会，但却在1835年失去了他的太太，次年他还曾精神崩溃过。1838年他在州立法会发起人的选举中失败。1843年没有获得国会的提名资格。1846年他终于被选进了国会，但在1848年又失去了提名资格。他继续扩展着他的失败趋势，包括在1849年很不光彩地落选土地官员，1854 年参议院竞选失败，1856 年副总统提名落选，1858 年参议院竞选再次失败。

你会认为有这么多可怕的竞选纪录的人早该终止自己的失败，做另外的事情去了。

不过，1860 年老亚伯拉罕又怎样了呢？又是谁被历史学家们推崇为美国历史上最伟大的总统呢？

爱迪生在发明白炽灯泡的过程中失败了一千多次。曾有人问他对失败一千次的感觉如何。

"我从未失败过，我只不过是发现了一千种灯泡不亮的方法而已，而每一次尝试都让我离成功更近了一步。"爱迪生如是说。

站起来的次数能够比跌倒的次数多一次，你就是强者。有许多事情，不是因为难以做到才让人们失去信心，而是人们失去了信心，事情才变得难以做到。

失败是一所最好的"大学"，屡败屡战，才是真英雄！

失败是一所最能够磨砺人的"大学"。从失败中学到的东西更为可贵！如果我们能够从每一次的失败与挫折中吸取营养，珍惜每一次的经验与教训，就能不断完善自己和超越自我，成为攀登人生高峰的最终胜利者。

正视失败，善待失败，一个人不可能永远都是一帆风顺的，遭遇挫折与失败，也是在所难免的。挫折与失败并不可怕，最可怕的是挫折与失败让你永远地倒下了，从此一蹶不振。只要我们能够从失败中总结教训，吸取经验，把失败当做最宝贵的财富；那么，失败就并不可怕，反而还会为你增加成功的基石。

要想获得成功，就首先要拥抱失败！

有一个名叫挡板的实验：

心理学家将一只饥饿的鳄鱼和一些小鱼放在水族箱的两端，中间用透明的玻璃板挡开。

刚开始，鳄鱼毫不犹豫地向小鱼发动攻击，它失败了，但它毫不气馁；接着，它又向小鱼发动更猛烈的攻击，它又失败了，并且受了重伤；它还继续攻击，第十三次，第十四次……多次攻击无望后，它不再攻击了。这时候，心理学家将挡板拿开，鳄鱼不再攻击小鱼，它已经不再抱有希望了。

眼看着那些小鱼在眼皮底下悠闲地游来游去，鳄鱼却放弃了努力……

很多人在多次的挫折、打击和失败之后，就逐渐失去了战斗力。激情死了，梦想死了，剩下的只有黯淡的眼神和悲伤的叹息，如果再坚持一下，或许我们就可以冲破挡板，取得成功。

有这样一则蜘蛛的故事：

一阵狂风暴雨过后，结了一半的蜘蛛网被吹打得支离破碎，蜘蛛也被颠簸到地上。现在，它正艰难地向墙上已经面目全非的"家"爬去。

像平时一样，它沿着熟悉的墙壁慢慢地往上爬，可是由于墙壁潮湿，它爬到一定的高度就会掉下来，但它不屈不挠，一次次地掉下来，又一次次地向上爬……

一个过路的行人看到了这种情形，叹了一口气，伤感地自言自语："我的一生难道不正像这只蜘蛛吗？忙忙碌碌，然而一无所得。"于是他垂头丧气地走开了，从此日渐消沉。

第二个过路人看到了这种情形，不以为然地叫道："这只蜘蛛真愚蠢，为什么不从旁边干燥的地方绕一下爬上去？生活中像这样的笨蛋也不少啊，我可要引以为戒。"于是得意洋洋地走开了，从此这个人为人处世变得圆滑起来。

第三个过路的行人看到了这种情形，蹲下来审视着这只蜘蛛，感动地赞叹道："屡战屡败而屡败屡战，小蜘蛛，你终会成功的！"

在人生的道路上，我们会遇到很多的挫折，我们需要这种百折不挠的精神，变得坚强起来，只要相信自己，就有可能取得最后的成功。

请记住：命运不相信眼泪！困境只能困住无志之人，学会善待失败，在绝境中寻找机会，失败是一所最好的"大学"，屡败屡战，才是真英雄！

第四篇章　做事的法则

再坚持一下，成功就在下一个路口等着你

1950 年，弗洛伦丝·查德威克因成为第一个成功横渡英吉利海峡的女性而闻名于世。两年后，她从卡得林那岛出发，游向加利福尼亚海滩，想再创一项前无古人的纪录。

那天，海面浓雾弥漫，海水冰冷刺骨。在游了漫长的 16 小时之后，她的嘴唇已冻得发紫，筋疲力尽，而且一阵阵战栗。她抬头眺望远方，只见眼前雾霭茫茫，仿佛陆地离她还很遥远。"现在还看不到海岸，看来这次无法游完全程了。"她这样想着，身体立刻就瘫软下来，甚至连再划一下水的力气都没有了。

"把我拖上去吧！"她对小艇上陪伴着她的人说。

"咬咬牙，再坚持一下。只剩一英里了。"艇上的人鼓励她。

"别骗我。如果只剩一英里，我就应该能看到海岸。把我拖上去，快，把我拖上去！"

于是，浑身瑟瑟发抖的查德威克被拖上小艇。

小艇开足马力向前驶去。就在她裹紧毛毯喝了一杯热汤的工夫，褐色的海岸线从浓雾中显现出来，她甚至都能隐隐约约看到海滩上等待她的人群。到此时她才知道，艇上的人并没有骗她，她距成功确确实实只有一英里！她仰天长叹，懊悔自己没能咬牙再坚持一下。

一个拳手曾经说："在受到对手猛烈重击的情况下，倒下是一种解脱，或者是一种诱惑。每当这时候，我就在心里对自己叫喊：

挺住，再坚持一下，再坚持一下！因为只有我不倒下，才有取胜的可能。"在生活中，我们每个人的成功都需要"坚持一下"。

在一次奥运会的马拉松比赛中，在众多选手已经顺利完成了比赛之后，人们发现，坦桑尼亚选手艾克瓦里仍坚持着，吃力地跑进了奥运体育场。

他是最后一名抵达终点的选手，而这场比赛的优胜者早就已经领了奖杯。此时的艾克瓦里的双腿已经是沾满血污，但他没有放弃，还是忍着伤痛，努力跑到了终点。

于是，有人好奇道："比赛不是早就结束了吗，你为什么还要跑到终点啊？"

这位来自坦桑尼亚的年轻人轻声地回答说："我的国家送我来这里，不是只叫我起跑的，而是派我来完成这场比赛的。"

我想，听了这个回答后，所有人都为这个年轻人而喝彩，为他骄傲！

艾克瓦里心中装的不是成败，而是结果，结果就是必须坚持完成比赛！

因为只有坚持，只要不放弃，你就会充满希望。而如果他觉得自己没有希望了，就此放弃，也许回国他就再也不会从事这项运动了，更不会让世人记住他的名字。

史泰龙与桑德斯的 1855 与 1009 次失败

　　美国好莱坞著名影星史泰龙从贫困潦倒的街头小子到变成国际巨星的成功，是在经历了 1855 次严酷的拒绝和冷嘲热讽后最终获得的。而肯德基创始人桑德斯老上校在失败了 1009 次推销自己的炸鸡秘方后终于成功了。

　　举世闻名的国际巨星史泰龙，在尚未成名之前，其实是一个穷困潦倒的人。即使把他身上全部的钱加起来都不够买一件像样的西服，但是史泰龙没有放弃，他下定决心，一定要成为好莱坞的明星，因此他坚定地坚持着自己心中的梦想。

　　于是史泰龙就去拜访好莱坞的电影公司，把自己的电影剧本给他们看，并告诉他们自己要演戏中的男主角。

　　那时，好莱坞总共有大约 500 家大大小小的电影公司，他根据自己划定的路线与排列好的名单顺序，带着自己写好的、为自己量身定做的剧本前去一一拜访。

　　但第一遍下来，所有的 500 家电影公司没有一家愿意聘用他。面对百分之百的拒绝，他并没有丧失信心。他告诉自己："在哪里跌倒，就从哪里站起来。"

　　从最后一家被拒绝的电影公司出来之后，他又再次从第一家开始，继续他的第二轮拜访与自我推荐。

　　在第二轮拜访中，他仍然遭到了 500 次拒绝。第三轮的拜访结果仍与第二轮相同。

　　年轻的史泰龙咬牙开始他的第四次行动。当他拜访完第 349 家后，第 350 家电影公司的老板破天荒地答应让他留下剧本先看一看。

几天后，年轻人获得了通知，请他前去详细商谈。

就在这次商谈中，这家公司决定投资开拍这部电影，并请他担任自己剧本的男主角。这部电影名叫《洛奇》。

他总共经历了 1855 次严酷的拒绝和冷嘲热讽。

从此以后，史泰龙一炮打响，他演的每一部片子都十分卖座，奠定了他国际巨星的地位。

在追求自己的梦想面前，史泰龙不是"想要"，而是"一定要"，他经历了 1855 次失败，终于成功地实现了自己的梦想。

我们有多少人由于没有成功的决心，不要说上千次，就是一两次挫败，就灰心丧气了。看看史泰龙的成长历程，相信没有人会再认为成功的人都是上帝的宠儿。其实，成功的并不是比普通人更有运气，而是有比普通人更能承受失败的勇气。

勇敢地正视失败，傲然面对挫折，全力以赴地将自己投入到对目标的追寻之中，纵然你已失败了 1000 次，还会有获得第 1001 次的成功的机会！

这就是普通人与成功者的区别，普通人在结果面前只是"想要"，想想而已，得不到，也就放弃了；而执着的人则是"一定要"，不仅仅是在脑子里画一幅蓝图就算了，而且还要有将其实现的决心和百折不挠的毅力。

"想要"与"一定要"之间，有着多大的鸿沟？

肯德基的创始人桑德斯上校，退休时已经 65 岁了，虽然他身无分文，却下定决心要做出一番事业。

老上校不顾自己已经年迈，到处推销他的炸鸡秘方，希望有一家餐馆能接受他的方法。但是听完桑德斯上校的介绍，十家有九家的餐厅老板都对他的秘方嗤之以鼻。

然而，老上校对于自己的梦想，不是"想要"，而是抱定了"一定要"的决心。在两年时间里，他被人拒绝了 1009 次，却仍然继续努力着，没有放弃。第 1010 次他成功了，终于有一家餐厅同意用他的炸鸡秘方。

很多人只看到史泰龙和肯德基成功以后的光环，却不知道他们在成功前，曾经经历过无数次的失败。有多少人能承受这么多次的失败，又有多少人能在失败了 1000 多次后，还是下定了决心继续努力坚持下去？

在美国西点军校流行这样一句话："畏惧失败就是毁灭。"

没有经历过失败又怎能感受到成功的喜悦呢？真正的失败是什么？

真正的失败就是放弃。是犯了错误但不能从中吸取教训，面对失败而选择逃避和放弃。所以说，面对失败并不可怕，最可怕的是因此而被失败所吓倒。

请记住：永远没有失败，只是暂时停止成功。

真正的失败是放弃

有关于爱迪生的这样一个故事：

1914 年 12 月的一场大火，几乎摧毁了爱迪生的实验室，虽然大火造成了逾 200 万美元的损失，但因为那座建筑物是混凝土结构，原本以为可以防火，所以只投保了 23.8 万美元的火险。爱迪生一生大半的研究都在这场火灾中付之一炬。而此时，爱迪生已经是一个 67 岁的老人，不再是年轻的小伙子了。

当火势正大的时候，爱迪生 24 岁的儿子查尔斯，在浓烟中疯狂地寻找父亲。当他找到时，爱迪生正平静地看着火景，火光反射在他的脸上，看不出丝毫的抱怨与悲痛之情。他看到儿子后，扯开喉咙叫道："查尔斯，你的母亲在哪里？"当儿子回答说不知道后，他又叫道："把她找来，她有生之年怕是再也看不到这种景象了。"

第二天早上，爱迪生看着满是灰烬的废墟说："灾难中自有大价值，我们所有的错误都烧之殆尽。感谢上帝！我们又可以从新开始了。"

而就在大火之后的 3 个月，爱迪生发明了他的第一部留声机……

正是因为世界上许许多多的成功者的执着和永不服输、永不放弃的精神，才造就了人类的文明与进步，才造就了如此精彩的世界。

第四篇章 做事的法则

关于美国林肯总统坚持奋斗的故事：

1832 年，在美国有一个年轻人和许多人一起失业了。他在伤心难过之后，下定决心改行从政，并决心成为有影响力的公众人物，并且和朋友们讨论他的计划。他告诉好友格瑞尼说："我和伟人交谈过，我并不认为他们与其他人有什么区别。"为了坚持演讲练习，他经常要走七八里路，去参加辩论俱乐部的活动，他把这种练习叫做"实践辩论术"。

他找到校长蒙特·格雷厄姆，请他提出学习建议。格雷厄姆校长说："如果你想要站在公众面前的话，你应当要学习语法。"但是，到哪里学习语法呢？校长说，附近只有一个地方可以学习，但在六英里之外。

这个年轻人立即往六英里之外的那个地方跑去，并借回了在当时为数不多的科克汉姆语法书。在夜幕降临的时候，他就沉浸在这几本书里。从那时开始一连几个星期，他都把所有的休息时间都用在了学习与掌握这几本书的内容上。他经常叫他的朋友格瑞尼帮他拿着书本，自己背诵书中的内容。碰到疑难问题时，他就向格雷厄姆校长请教。

这个年轻人的学习热情如此浓厚，渐渐引起了所有邻居们的关注。朋友们借书给他看，校长尽一切可能帮助他，连村里的制桶木匠也允许他到店里来拿一些刨花木屑，晚上看书时用来点火照明。不久，他便熟练地掌握了英语语法。

于是，他便开始参加州议员的竞选，结果竞选失败了。他又开始着手开办自己的企业，可是，不到一年企业倒闭了。此后几年里，他不得不为偿还债务而到处奔波。

1846 年，他再次参加竞选州议员，这次他终于当选了。他内心开始升起一丝希望，从此认定自己的生活有了转机。后来他与一位美丽的姑娘订了婚。没有料到，离结婚的日子还有几个月的时候，未婚妻不幸去世，他心灰意冷，卧床数月不起。

第二年，他决定竞选美国国会议员，结果仍然名落孙山。但他没有因此放弃，而是问自己："失败了，接下去该怎么做才能获得成功？"

1848年，他再度竞选国会议员，他认为自己争取作为国会议员的表现是出色的，相信选民会选举他，然而这次还是落选了。

为了赚回竞选中花销的一大笔钱，1849年他向州政府申请了担保做本州的土地官员。州政府退回了他的申请报告，上面的批文是："本州的土地官员要求具有卓越的才能、超常的智慧。"

接二连三的失败并没有使他气馁。又过了两年，他再次参加竞选国会议员，仍然遭到失败。在他一生经历的几十次重大的事件中，只成功了两三次，其他都是以失败而告终，可他始终没有停止追求。

在1860年，他终于当选为美国总统。他就是至今仍让美国人民深深怀念的亚伯拉罕·林肯总统。

林肯总统曾说："我想学习所有那些被人们称为科学的新东西。"在这个过程中他还发现了另外一件重要的事情：那就是通过不断学习与坚持不懈的努力，他能征服所有的目标。

虽然林肯一生经历了无数次的失败，但凭借他的不懈努力和追求，无数次的失败后，都能从头再来，一生只成功了两三次，最终当选了美国总统，至今被世人所怀念和赞颂。

他或许并没有骄人的才华与天才的智慧，但也许就是那股不畏失败、坚持梦想、永不放弃的精神让他走得比别人更远，最终获得非凡的成就。

把"不可能"变成"可能",一切皆有可能

卡耐基曾说:"给自己树立一个信念,去帮助你的理想,那么,成功的路再难走,你也会走下去,完成它。"

一个人一旦有了自信,就没有什么不可能的。

这个世界没有什么是绝对的,也没有什么是不可能的。一切皆有可能!

有这样一个真实的故事:

在美国西雅图的一所著名教堂里,有一位德高望重的牧师——戴尔·泰勒。

有一天,他向教会学校一个班级的学生讲述了下面这个故事:

有一个冬天,猎人带着猎狗去打猎。猎人一枪击中了一只兔子的后腿,受伤的兔子拼命地逃生,猎狗在其身后穷追不舍。可是追了一阵子,兔子跑得越来越远。猎狗知道实在追不上了,只好悻悻地回到猎人的身边。猎人气急败坏地说:"你真没有用,连一只受伤的兔子都追不到!"

猎狗听了很不服气地辩解到:"我已经尽力而为了呀!"

兔子带着枪伤成功逃生回后,兄弟们都围来惊讶地问它:"那只猎狗很凶呀,你又带了伤,是怎么甩掉它的呢?"

兔子说:"它是尽力而为,我是竭尽全力呀!他没有追上我,最多挨一顿骂,而我若是不竭尽全力地跑,可就没有命了呀!"

泰勒牧师讲完故事之后,又向全班郑重其事地承诺:谁要是背出《马太福音》中第五章到第七章的全部内容,我就邀请谁去

西雅图的"太空针"高塔餐厅参加免费聚餐会。

《圣经·马太福音》中第五章到第七章的全部内容有几万字，而且不押韵，要背诵其全文无疑有相当大的难度。尽管参加免费聚餐会是许多学生梦寐以求的事情，但是几乎所有的人都浅尝辄止，望而却步。

几天后，班上一个 11 岁的男孩，胸有成竹地站在泰勒牧师的面前，从头到尾按要求背了下来，竟然一字不落，没出一点的差错，到了最后，简直成了声情并茂的朗诵。

泰勒牧师比别人更清楚，就是成年的信徒，能背诵这些也是罕见的，何况是一个孩子。泰勒牧师在赞叹那男孩惊人记忆力的同时，不禁好奇地问："你为什么能背下这么长的文字呢？"

男孩不假思索地说："我竭尽全力。"

16 年后，那个男孩成了世界著名软件公司的老板。后来，那个男孩成为了世界首富。他就是比尔·盖茨。

比尔·盖茨从小受外祖母的影响和教诲，酷爱阅读，他在 9 岁的时候，就已经阅读完了大英百科全书。所以，比尔·盖茨的成功不是偶然的，而是必然的。

想获得成功的人的眼里通常只有目标，而没有"失败"与"不可能"之类的借口。被困难所吓倒，连自己都认为没有希望的人，是不可能获得成功的。

信心不能给你需要的东西，却能告诉你如何得到。

美国汽车大王亨利·福特的故事：

亨利·福特被誉为"把美国带到轮子上的人"。一次，福特想制造一种 V8 型的发动机，当他把这个想法告诉工程师们时，所有的工程师们都认为只能在图纸上设计，但绝不可能在现实中制造出来。尽管如此，福特仍然坚持说："要想办法制造出来。"

工程师们很不情愿地开始了尝试，几个月后，工程师们给福特的回答是："我们无能为力。"

但是福特还是坚持说："继续尝试！"

一年多过去了，还是没有结果。所以的工程师都觉得无论如何都该放弃了。但福特仍然坚持"必须制造出来"。就在这时，有一位工程师突发灵感竟然找到了解决方法。

福特终于制造出了"绝不可能"的世界第一台 V8 型发动机，使世界汽车业实现了一次重大的跨越。现在世界上几乎所有的高级汽车都使用了 V8 型发动机。

为何工程师们认为"绝不可能"的问题，在福特的坚持之下解决了呢？问题的关键是，福特眼里没有"不可能"，只有目标，只有解决问题的决心。

在面对困难和挑战的时候，我们往往不是输给了困难本身，而是输给了自己对困难的畏惧。

凯瑟琳·格雷厄姆是华尔街大亨之女，是华盛顿最有权势的经纪人。自 1933 年他的父亲买下《华盛顿邮报》起，她几乎可以说是在 20 世纪政治上最有影响力的家庭长大的。

1963 年，凯瑟琳挑起报业的重任，尽管当时面临着重重困难，但她依然坚持出版《五角大楼文献》，并且使得美国著名的水门事件曝光，最终导致尼克松总统的下台。

凯瑟琳后来又成为了一位美国畅销书作家，并且曾经当上了美国国会的主人，她的一生可谓绚烂多姿，风光无限。

在凯瑟琳的自传《个人历史》中，她曾经告诫年轻人应该如何坚持不懈努力，直至到达成功的彼岸：爬山会使人精疲力竭，但有意思的是，你可以体会到凭借"呼吸恢复"到最初的状态，而且能够不断继续地走很远。

每个人都可以从"呼吸恢复"的原理中获得重要的启示，这不仅仅适用于体力劳动，也同样适用于脑力劳动。许多人在即将度过一生的时候，还没有发现拼搏的真正意义，不知道什么叫做"呼吸恢复"的原理。不管从事体力劳动还是脑力劳动，大多数人在第一次感到筋疲力尽的时候就会放弃就会停止。这样，他们就永远体会不到不折不扣的拼搏所带来的豪情与振奋。

如果，我们总是在最困难的时候选择放弃，我们就永远不可能知道，原来精疲力竭之后，我们还会恢复呼吸，获得另外一片天地。

这就是"呼吸恢复"原理。

没有永远的失败，只有暂时的停止成功。

在任何时候，我们都应该相信：一切皆有可能！这样的信念将会激励你战胜畏惧，激励你继续前进，激励你在最困难的时候选择"永不放弃！"，激励着你冲破阴霾迎接成功的那一刻。

请记住：面对失败、挫折、困境时，告诉自己，再坚持一下，成功可能就在下一秒，成功就在下一个路口等着你。

终身学习法则

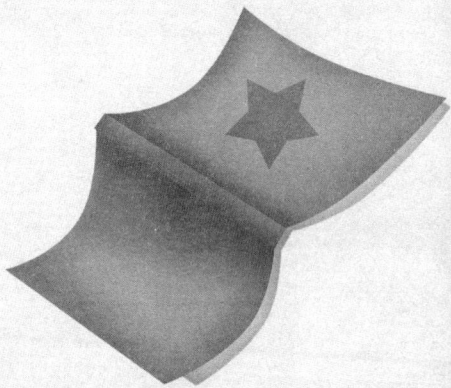

知识改变命运、造就财富，学习决定未来。

好学者能成就大事业，怠学者一生平庸！只有不断学习，才能持续成功！学习是时代发展的要求，是人类获得新的幸福的永恒动力！

每天比别人多努力一小时，一年比别人多赚 365 小时

比别人多一点努力，你就会多一份成绩；比别人多一点志气，你就会多一份出息；比别人多一点坚持，你就会夺取胜利；比别人多一点执着，你就会创造奇迹。

职业成功法则第十五课：终身学习

千万要记住，什么时候开始学习都不晚

知识改变命运；知识造就财富；学习决定未来！

当代大学生们，要想做一个有出息的人就要永不停止地学习，树立终身学习的观念。

善于学习，坚持阅读、每天进步一点点，现学现用、向优秀的人靠拢并学习他直至超过他——这就是世界上许许多多成功人士的秘密。

所有的成功者都是阅读者，一个人能够比我们更成功，那一定是他的知识比我们丰富，所有，我们不要去埋怨别人，我们一定要不断地丰富自己的知识。

曾国藩曾经讲过一句名言："人之气质，由于天生，本难改变，惟读书可以改变人。"

陈安之成功的故事：陈安之，亚洲顶尖演说家，陈安之国际教育训练机构总裁，亿万富翁。他在刚步入职场的几年里，也就是17～21岁这段时间，总共换了18份工作，也可以说是失败了18次。然而，他从25岁开始每年规定自己阅读300～500本书，每天站着打100通电话，上过无数的成功学课程，因为他想超越他的老师——美国著名成功学大师安东尼·罗宾。终于，在27岁那年，他成为了亿万富豪。经过几年的努力，他总共拜访了100位世界冠

军。那是因为他也想成为世界冠军。

最后他理所当然地成为了世界销售冠军，演讲冠军，成功学大师，亿万富翁。

早上7点半的时候，站在街上看着来来往往的行人行色匆匆，各自奔着生活而去。我相信每个人都有过好日子的念头："有份体面的工作，有个温馨的家庭，最好还能受到别人的尊敬。"然而，随着日子一天一天毫无希望地过去，一旦过了三十而立的年龄，信心也就逐渐泯灭了。如果你们的生活真的如我所说，那么现在，请抬起你们沮丧的脸，听我讲这个故事吧……

在冬日里，美国东部某个小镇上的街头，一个衣衫褴褛的流浪汉揣着口袋里仅剩的24美元，盯着橱窗里的一把二手手枪。那把枪的标价是20美元，他可以用剩下的4美元买点东西填饱肚子，再用那把枪了结自己的生命。他也曾有过幸福的生活：读完书，娶了妻子，有了孩子，但这一切在他28岁的时候都改变了。由于没有足够的克制力，坏习惯一再得到纵容，他犯了许多不能原谅的错误，致使工作、房子、妻子、孩子都纷纷离他而去，最终落得一无所有地到处去流浪。流浪汉盯着枪看了一会儿，但他还是转身往图书馆蹒跚地走了过去，那里有足够的暖气温暖他那双冻僵了的脚。幸亏他没买下那把枪，否则今天我们的讲台上就少了一位演讲家，文坛上就少了一位了不起的作家，而商界也将会少了一位强有力的竞争者。他就是20世纪最伟大的人物之一奥格·曼狄诺。他是《世界上最伟大的推销员》的作者，他的书曾给无数迷茫的人指明了前进的方向。

人有无限的潜能，如果能开发并利用它，就能创造出惊人的奇迹。在图书馆里，曼狄诺暖和了身子，并受到一位牧师的启示，找来了一些书去读。渐渐地，弥漫在他心头的那片大雾散去了，通往希望的小径清晰起来。"就让一切从今天开始吧！"曼狄诺合上书时，心潮澎湃，"从现在开始，我要微笑着面对世界……我能够活得更好！"此时，曼狄诺就像带着指南针，满怀信心地扎进生活的丛林中，直至寻找到梦想中的宫殿。

后来，曼狄诺卖过牙刷，当过推销员、部门经理，还做过其他各种各样的工作。奋斗的过程总是饱含着汗水和喜悦的。遭到别人的误解，努力了很久仍没有丝毫收获……这些都不能打败他，因为，他坚信书本传授给他的人生准则是正确的。一直努力，生活就会双倍地回报你！曼狄诺抓住从他身边经过的每一个机遇，善意地对待每个人、每一天，不断叩响成功的大门。终于，他在35岁生日那天创办了《成功无止境》杂志社。这个属于曼狄诺自己的企业让他的梦想变成了现实，从此他也过上了健康幸福的生活。

现在，那些觉得自己已经过了奋斗的年龄，生活毫无希望，但心中还有一丝梦想在挣扎着的人们，请跟着奥格·曼狄诺一块儿看看那些给了他伟大启迪的书吧，正是它们为他带来了智慧和无法估量的力量。

古希腊人总是把神秘的咒语和魔法写在羊皮卷上，让它们代代流传，为生活创造奇迹，今天摆在我们面前的，就是冥冥中的机缘赠予的，能把一个曾在失败中绝望的人改变过来的10张羊皮卷。如果念懂这上面的咒语，立即动手按羊皮卷上的提示去做，奇迹就会像天堂上洒下来的金边百合，开满在你的身边……

中国文学史上大名鼎鼎的苏东坡，是大家广为熟悉的中国古代大文豪。但是大家并不一定知道苏东坡的父亲苏洵，也是北宋时期的大文学家。苏家是唐宋时期赫赫有名的书香门第，父子三人都名列"唐宋八大家"。

其实，苏洵早年自视天资聪明，就觉得自己一定会有成就，所以并不十分努力。等到他27岁时，发现自己一事无成，但他的父亲鼓励他，只要努力，任何时候都不晚！于是他才开始发奋学习。27岁，对现代人来说还算不老，但是古人寿命短，讲究三十而立。因此，27岁对苏洵来说，已经是"老大不小的年纪"。

想想吧，从 27 岁才开始学四书五经，比起那些从四五岁就开始熟读唐诗宋词的人，苏洵的努力的确是很晚了。但苏洵不仅努力学习，而且把目标定在科举考试上。虽然连续几年都落榜，不过他毫不气馁。后来，苏洵终于成为博览群书、通晓六经百家的大家。下笔顷刻就能写出数千言的好文辞，连皇帝读了他的文章都赞叹不已，引得当时许多学者争相模仿他的文章，苏洵也终成一代大文豪。

苏洵的故事说明，人生的价值，是一个结果的累积，只要从现在做起，任何时候都不晚。表面上看，27 岁才开始认真学习，已经落后了别人很多年，而且参加科举考试又连续好多年落榜，普通人一定会受不了打击，心灰意冷直至放弃。

坚持学习，活到老学到老。要想成就大事，就必须树立终身学习的观念，学习才是你一生的财富。成功没有止境，学习也没有止境。

归零的心态，一切从零开始

在从高中进入大学校园时，曾经的三好学生、第一名、学生干部、运动尖子等等光环在进入一流的大学学府之后，便已是过去式，我们又都回到了起跑线上，每个人都必须一切从零开始。开始你新的人生篇章。

那么，大学毕业呢？在进入社会企事业单位里，曾经的优等生、三好学生、第一名、学生干部、运动尖子等等光环更是过去式，每个人又回到了起跑线上。对此，每个大学生都要有清醒的认识：一切都要从零开始！如果明白了这一人生哲理，你的未来将不是梦！

同样的人生哲理，当你在跨入社会后取得了一些成就，还能否想起呢？

是否拥有一颗归零的心态，这将是你能否获得人生更大成就的关键。

关上身后的门：

有一天，乔治和朋友在院子里散步，他们每经过一扇门，乔治总是随手把门关上。"你有必要把这些门都关上吗？"朋友很是纳闷。

"哦，当然有这个必要。"乔治微笑着对朋友说："我们这一生都在关身后的门。你知道，这是必须做的事。当你关门时，也将过去的一切留在后面，不管是美好的成就，还是让人懊恼的失误。然后，你才可以重新开始……"

记得随手关上身后的门，学会将过去的错误、失误统统忘记，不要沉湎于懊恼、后悔之中。一直往前看，这时你会发现，我们在每一天里都可以获得新生，每一天都是我们新生命的开始。

IT业曾有这样的传言：中国人做不了大软件！

事实上，美国硅谷软件研发的人才中中国人占很大部分，但全世界的大软件公司却都不是中国人做的。为什么中国人做不了大软件？因为中国的程序员都过于聪明。做个形象的比喻，他们中没有一个人愿意去逐一地"数数"——"1、2、3、4、5、6、7、8、9、10"。当他们看见"1、2"时，往往就已经看见了"10"。于是，他们觉得不需要去数中间的"3、4、5、6、7、8、9"，直接就去做"10"应该做的事情。这样做可以吗？当然可以，但在这种基础上却造就了只能做小软件，不能做大软件。

因为所有的大软件都是由"1、2、3、4、5、6、7、8、9、10"中的每个元素构成的。如果我们要想做出伟大的软件，那么我们就需要这样做事：老老实实、认认真真，按照流程与程序，一步一步去实现。

请记住：当你感到悲哀痛苦时，最好是去学些什么东西，学习会使你永远立于不败之地。

勤于学习，善于学习

有这样一句话："富脑袋等于富口袋。"

当今社会竞争日益激烈，要想富口袋就要先富脑袋。因为只有学到有用的知识，那才是你取之不尽用之不竭的财富；今天装在你口袋里的钱，很可能到了明天就装在别人的口袋里了，只有装在你脑袋里的知识，别人是取不走的，而且永远都不会贬值，只会越装越多，越多越值钱，它就是你存在银行里的存款。

一个人只有坚持终身学习，把终身学习当成一种生活与职业习惯，才能使自己适应日益激烈的社会竞争，立于不败之地，从而获得更大的成功。

学习能力是一种竞争力，也是一种财富。知识的储备与阅历的丰富，必须靠不断的提升自己的学习能力，拓宽自己的学习视野，明确自己的目标，找准自己的方向，多学习职业成功的课程知识，学习别人成功的经验，不断阅读，在职更要学习，这才是真正学会了学习，才能快速地提升学习的效率，使自己变得更加优秀。

读书破万卷，下笔如有神。养成写日记和笔录的习惯，把想到的思考到的随手写下来，日积月累，日子久了，便成了你终身的财富，或许会成为你意想不到的收获。

比尔·盖茨曾说："一个人如果善于学习，他的前途就会一片光明，而一个良好的企业团队，要求每一个组织成员都是那种迫切要求进步、努力学习新知识的人。"

千万不要自以为是，"自以为是"是我们每一个人最容易犯的错。古往今来，自以为是不知道害了多少本来可以成就大事的人才。自以为是会让你在通往成功的道路上总是停滞不前。在工作中，在学习中，在生活中都是如此，自以为是是你能否获得认可与升迁的屏障，是你增长才能与智慧的障碍，更会成为你一生能否获得成功的暗礁。

所以，当代大学生们，我们要想获得成功，必须要走出自以为是的误区，学会自我总结，谦虚好学，不断提升自己的思想和职业素质，勇于突破自我，创新思维。勤于学习，善于学习。

只有这样，你才能最终战胜自己，成为自己命运的主宰。

犹太人信奉的人生哲理

犹太人的教育经典：在每个犹太人家里，当小孩稍稍懂事的时候，父母就会翻开《圣经》，滴一滴蜂蜜在上面，然后叫孩子去吻《圣经》书上的那滴蜂蜜。犹太人的孩子几乎都要回答母亲问的同一个问题：假如有一天，你的房子突然起火了，你会带什么东西逃跑？如果孩子回答是钱或者是钻石，那么母亲就会进一步问："有一种无形、无色的宝贝，你知道是什么吗？"要是孩子回答不出来，母亲就会告诉孩子：孩子，你应该带着的不是别的，而是这个宝贝。这个宝贝就是智慧。智慧是任何人都抢不走的，只要你活着，智慧就永远跟随着你……

犹太人有句名言：要想变得富有，你就向富有的人学习。哪怕是在富人堆里站上一会儿，也会闻到富人的气息。

有个犹太人的故事，说的就是财富和头脑的关系：

有一个百万富翁和一个犹太穷小子在一起，那个年轻的犹太人见富人生活是那么的舒适和丰富，于是他对富人说："我愿意在您的家里给您干活三年，我不要一分钱，只要您让我吃饱饭，并且让我有地方睡觉。"富人听了觉得这真是少有的好事，于是立即答应了这个犹太小子的请求。三年后，服务期满，这个犹太人离开了富人家，不知去向何方。

又过了十年，昔日的那个贫穷的犹太人已经变成了当地非常有名的富人了，而相比之下，以前的那个富人就显得寒酸了。于是富人向昔日的犹太人请求：愿意用 10 万块金币买他的这么富有的经验。犹太人听了哈哈大笑说:"过去我是用从您那儿学到的经验赚取了金钱,而您今天又用金币来买我的经验呀!"

这个故事告诉我们,要想变得富有,就学习犹太人的头脑和致富精神。

靠大脑与智慧赚钱,而不是只靠体力或其他。

有一个叫特奥的犹太人的母亲不幸辞世,母亲给他和哥哥卡尔留下的是一个可怜的小零售店。微薄的利润与简陋的小店,只是靠出售一些罐头和汽水之类的食品,一年到头的收入微乎其微。

于是,两兄弟不甘心这种贫穷的状态,一直在探索发财的机会。卡尔问弟弟:"为什么同样的商店,有的人赚钱,有的人赔钱呢?"特奥回答说:"我觉得是经营上的问题,如果经营得好,小本生意也可以赚大钱的。"

"可是经营的诀窍在哪里呢?"

于是他们决定到大街小巷去走走看看。一天,他们来到一家"消费商店",这家商店的生意非常火暴,顾客都挤破了门,这引起了兄弟二人的注意。他们走到商店的门口,看到门外有一张醒目的红色告示写道:凡来本店消费购物的顾客,请把发票保存起来,年终可凭发票免费购买发票款额3%的商品。

他们看了这份告示后,终于明白了这家商店生意火暴的原因。原来顾客就是贪图那年终3%的免费购物。兄弟二人一下子兴奋了起来。

回到自己的商店后,他们立即着手贴上了醒目的告示:"本店从即日起,全部商品让利3%,并保证我们的商品是全市最低价。如果到不到全市最低价,可到本店找回差价,并有奖励。"

他们不仅借鉴了别人的让利3%,还创新地提出了现款交易可以让利3%,并且加上全市最低价的口号广告攻势。他们的小店的生意自然是很快就门庭若市、生意火暴。后来他们的商店还出现了购物狂潮。他们的商店名叫"阿尔迪商店"。借这种形势，阿尔迪商店在全市发展了数十家店铺，占据了几条主要的街道位置。

此后，兄弟二人凭借这种"偷来的"经营方法，使连锁商店迅速扩张。南到阿尔卑斯山，北到弗伦斯堡，到处都布满了密密麻麻的阿尔迪商店。

从这个犹太兄弟致富的故事可以看出，财富是靠脑袋与智慧得来的道理。只有先学习别人的致富经验，从而运用自己的智慧才能获得更多的财富与成功。

犹太民族对孩子的教育，要求所有的孩子必须全心全意在学校或家里，接受学习《犹太法典》和《犹太教则》的灌输，直到长大成人。但是，成人之后犹太人终身学习的习惯与永不停止的精神都值得世界其他任何国家和民族学习与研究。

在孩子的成长过程中，犹太民族更注重品德精神上的延续。比如：责任、勤勉、谦虚、节约、爱情等等精神，这些东西在犹太人的心中，是比任何知识，甚至比金钱更宝贵的财富；是最应该一代一代传承下去的。

在犹太人眼中，真正的父母不见得是肯花钱的父母，而应该是那些懂得做人的道理、具有尊严的父母，能够让孩子健康快乐成长为真正有用的人的父母。因为，犹太民族的教育观点是：父母老师在教育孩子的时候，同时也在教育自己。

犹太民族重视教育与全民族终身学习的结果，使犹太民族成为世界上最聪明、最具有智慧、最会致富的一个民族。

近现代世界最著名的犹太人物有：伟大的共产主义思想家马克思、伟大的科学家爱因斯坦、世界金融巨鳄索罗斯、美国石油大王洛克菲勒、美国金融巨鳄约翰·摩根、美国钢铁大王卡耐基、美国股神巴菲特、美国媒体大亨普利策、世界船王丹尼尔·洛维洛、美国食品大王保罗·纽曼、美国酒店大王希尔顿、犹太巨富比尔·萨尔诺夫、犹太巨商罗恩斯坦、查尔斯·威尔逊、好莱坞开创人高德温、因特尔的格鲁夫等等。

犹太人之所以成为世界上最聪明、最有智慧的民族，也是最会赚钱的民族，就是因为犹太民族是一个真正"书的民族"。在以色列的城市中，最多的公共建筑就是咖啡馆和大大小小的书店。犹太人的生活往往是从一张报纸、一杯咖啡开始，而年轻的大学生则常常愿意在幽静的书店里呆上整整一天。

犹太民族是一个嗜书如命的民族，犹太民族是个书的民族，小小的以色列能在短短的几十年中神奇地崛起在世界的舞台，这与他们的读书、学习精神不无关系。

据联合国教科文组织 1988 年的一次调查表明，以色列人均每年读书 64 本，而以色列的犹太人更甚，占全国人口 80% 以上的犹太人人均每年读书达 68 本之多。以色列全国的公共图书馆和大学图书馆有 1000 多所，平均 4000 人就有一所图书馆。在只有 500 万人口的以色列，办有借书证的人就超过 100 多万人。在人均拥有图书和出版社及每年人均读书的比例上，以色列超过了世界上任何一个国家和地区，是名副其实的世界之最。

大学毕业了，更要学习

终身学习，才有竞争力！

现代社会是一个充满残酷竞争看不见硝烟的战场，一个人只有通过在工作中发挥最大的能量，才有可能比别人干得出色，才有可能在激励的职场竞争中胜出，从而才能获得比别人更多的升迁和加薪的机会。但是，现实中许多人虽然在拼命地工作，可是效果却并不是很理想。究其原因，就在于他们缺乏新的知识和能力，缺乏继续学习的习惯。所以，要想获得成功，你必须懂得终身学习，以知识为根本。

有许许多多的人说，我都大学毕业了，还要学习吗？

答案是："要，更要学习。"

中国的应试教育走出来的当代大学生，只学到了"硬实力"，而决定人的命运和职业的成功是"软实力"。特别是全球化的今天，职业化的今天，"软实力"代表了你的能力，代表了你的综合素质，决定了你的社会地位和领导能力。

学习，是要主动学习，而不是被动学习。

"木桶"法则：

一位老国王给他的两个儿子一些长短不同的木板，让他们各做一个木桶，并向他们承诺，谁做出的木桶能够装下更多的水，谁就可以继承他的王位。

大儿子尽量把自己的木桶做大，做到桶壁最后一条挡板时没有木材了；而小儿子平均地使用了这些木板，做出了一个看上去桶壁并不是很高的木桶。

老国王让两人用自己的桶去装水，结果反而是小儿子并不起眼的木桶装水更多。于是，小儿子最终得到了王位。

木桶能装多少水，不取决于最长的木板，而取决于最短的木板。好多时候，我们的发展恰恰取决于那块"短木块"，所以，我们应该时刻注意取长补短，把劣势转变成优势。上帝只青睐有准备的人。

经营自己的长处，能使你的人生增值；经营自己的短处，则使你的人生贬值。

童年无知可爱，少年无知可笑，青年无知可怜，中年无知可叹，老年无知可悲！

学习是你一生的财富，请你不要停下学习的脚步。好学者必能成大事，怠学者一生平庸。知识的力量胜过一切，只有"知识"才是你一生取之不竭的财富。

请记住：好学者能成就大事业，怠学者一生平庸！只有不断学习，才能持续成功！

学习是时代发展的要求，是人类获得新的幸福的永恒动力！

每天进步一点点

成功就是每天进步一点点。

永远比别人多做一点做好一点。所谓天才，只不过是把别人喝咖啡的功夫都用在工作和学习上了！

人的一生就是学习的一生，不断自我完善的一生。学会学习，你就会有收获的一生！善于学习，你就会获得成功的人生！终身学习，你的人生就有了意义！

只有学习才是你一生的事业与财富！

清空拜慧能大师学功夫，慧能大师却每天让他搬山石，如此一年，只字不提练功，清空很不满意。

慧能大师看出清空的不满情绪后，开导清空："万事要从点滴做起才能成功。就像搬石头，开始你一天才能搬完，现在你可以双手提石，这不说明你力气增长了许多吗？你现在已经具备基本功了。千万别忽视每天一点点的进步，只要坚持不懈就能到达成功的彼岸。"清空顿悟。

成功看起来遥不可及，但也不是不可及，不如从身边的事做起，每天看一页书，每天做一件善事，每天悟出一个道理，这样每天进步一点点，慢慢达到人生的圆满。

有些人，浅尝薄学，满足于一时的成功。他们虽然值得庆幸与骄傲，但是，并不值得我们敬仰。只有那些一生不断进取、不断努力学习、不断超越自我的人，才是最值得我们敬仰的。

知识就是力量，就是财富。不要停下你求知的脚步，在学习上，不找任何借口！

一个没有书籍、报纸的家庭，就等于一所没有窗户的房屋。家庭是一个人接受最主要的生活习惯养成的地方。在家庭中，我们养成的习惯，形成的志趣，将影响人的一生。

每天养成读 20 分钟书的习惯。这样每天 20 分钟，10 年 20 年后，你的知识水平一定将判若两人，那个你一定将会是另外的一个你！

"博学之，笃行之。"知识永远战胜愚昧！停止学习，就是愚昧的开始。读万卷书，行万里路。

高尔基曾说：我扑在书籍上，就像饥饿的人扑在面包上一样。

台湾首富郭台铭曾说：最有效的学习不在课堂，而在现场。也就是说最有效的学习是在实践中。他还说过，吃苦是财富之基，实践是成才之路。郭台铭对用人和人才提出两大原则就是：1. 人才是历练出来的，2. 在工作中学习，学习中工作。

比别人多一点努力，你就会多一份成绩；比别人多一点志气，你就会多一份出息；比别人多一点坚持，你就会夺取胜利；比别人多一点执着，你就会创造奇迹。

俞敏洪在"赢在中国"点评时说："蜗牛只要能够爬到山顶，和雄鹰所看到的景色就是一样的。"

每一个成就大事业的人，都是喜欢学习、善于学习的人。

要想获得更大的成功，除了学习、学习、再学习，我们别无选择！

所以，永远都不要忘记一件事——那就是"学习"。

曾经有位学者说过：一个人的精神发育史，应该是一个人的阅读史，而一个民族的精神境界，在很大程度上取决于全民族的阅读水平。

一个不爱读书的民族，是可怕的民族；一个不爱读书的民族，是没有希望的民族。

请记住： 每天比别人多努力一小时，一年比别人多赚 365 小时。

职业成功法则第十六课：终身思考

永远都不要停止思考

美国石油大王洛克菲勒曾经说过这样一段话："如果把他身上的衣服全部都剥光，什么也不要给他剩下，然后把他扔到沙漠里去。这时只要有一支商队经过，那么，他又会成为亿万富豪。"

他为什么如此自信呢？因为他拥有知识与能力这种用之无尽的财富，同时他也深信知识可以改变命运。

人生应该这样思考：超越别人不如超越自己。

超越别人，不能算是真正的超越；而超越自己，才是真正的超越。超越自己，代表的是勤奋，是持之以恒，是终身学习。

懒惰是每一个人的大敌，也是人的天性。战胜别人容易，战胜自己却更加困难。

每一个成功的创造都开始于一个好的点子，而好点子的诞生需要在许多次的思考中得出，以及许许多多的点子中筛选。这种过程就像一个摄影家拍一张好照片的经过，他拍得越多，就越会有得到一张传世之作的可能。

通常，我们要改善某一事物，可以有两种不同的方式。第一种方式是不加思考直接改进；第二种方式是首先辨认总结，然后去除掉那些抑制事物发展的因素。

请这样思考——年轻就是资本。

有这样一则故事：

有一个年轻人因埋怨自己时运不济，总是发不了财，终日愁眉苦脸。有一天，来了一位老人，看见这个年轻人愁眉苦脸的样子，就问道："年轻人，你为什么这么不高兴啊？"

年轻人回答说："我不明白自己为什么总是这样穷。"

"穷？我看你很富有嘛！"老人由衷地说。

"为什么你会这么说？"年轻人问。

老人并没有正面回答他，而是反问道："如果今天砍掉你的一根手指头，给你1000元，你愿不愿意？"

"不愿意。"

"假如今天砍断你的一只手，我给你一万元，你愿不愿意？"

"不愿意。"

"假如今天让你马上变成80岁的老人，给你100万，你愿不愿意？"

"不愿意。"

"假如让你今天马上死掉，给你1000万，你愿不愿意？"

"不愿意。"

"这就是答案，你身上的钱已经超过了1000万了呀！你还不富有嘛！"老人说完就笑吟吟地走了。而年轻人也恍然大悟，从此不再愁眉苦脸了。

这个故事反映了我们很多人身上的一种心态，我们总是抱怨这个，抱怨那个，而不去思考，不去努力，不去勤奋，不去运用自己的智慧与才能。

这个世界没有人可以回到过去从头开始，但谁都可以从今天开始书写一个全然不同的人生结局。

请记住：只思考而无行动是白日梦，有行动而不思考就是噩梦。

创新思维，想到才能做到

突破自我，用心做事，才会用心思考；不会思考的人，就不会做事。没有思考等于零，思考是所有工作的开始。

学会思考，靠脑袋赚钱还是靠手脚赚钱。思维决定高度，思路决定出路，不懂得思考的人将一事无成，所以我们永远都不要停止思考；一切失败，皆因无知。知识也会过期，思想也会僵化，没有新知识，就没有新思维，就无法创新。没有创新，就会灭亡！

世界第一 CEO 杰克·韦尔奇曾说："如果你从来没有生产过其他的想法，那你最好离开现在的工作。"

创新思维，在当今知识的世界，全球一体化、信息化的发展趋势下，技术发展日新月异，人类的知识总量平均五年就有可能翻一番。在这里，我要告诫当代大学生们，我们每一个中国大学生，都应当学会并具有用世界的眼光、全球的视野来审视自己，衡量自己，发现自己的不足与弱点，并通过终身的学习、探索与创新，去赢得全球化竞争的最后胜利。也只有这样，才能避免在竞争日益激烈的当今社会中早早地被淘汰。

有一句非常流行的话："不思考、不创新，就灭亡！"

那么，怎样才能激活创新思维呢？

首先要摆脱"办不到""不可能""没有用""那很愚蠢"的守旧思想。一位在保险业中表现杰出的人说过："我并不想把自己装得精明干练，但我却是保险业中最好的一块海绵，我尽力去吸收所有良好的创意。"

一位从商仅四年的女大学生，开了五家杂货店，这真是了不起的成就。

她的成功主要靠她自创的"每周改良计划"。比如，改变商品的陈列方式、建议式的销售技术、延期付款、积极参与竞争等经营方式，取得了很好的经济效益。

千万不要小看自己无意中的主意，几乎所有的成功者都是在自身实力的基础上，看准时机、及时捕捉，借此冲向目标。

人之可贵在于能够创新。身处激烈变革的知识经济时代，面对着日新月异的社会，每个人都感受到生存的压力与生活的重担，就像流行的一句话："计划不如变化快。""新"已经统治了整个世界，我们生活在其中，身不由己定要卷入一场深层次的变革。

海尔总裁张瑞敏"战战兢兢，如履薄冰"；华为总裁任正非大谈危机管理。这些都不是危言耸昕，这就是所谓的丛林生存法

则——优胜劣汰。

你不创新，别人就会超过你，社会和市场就会淘汰你。

在这个蓝色的星球上，一切都是可以被创造、改进、发展的。思考创新能力已成为个人立世之本、求存之道，更是众多组织与个体的必备素质。

可以说，现在的人类社会已步入创新时代，人类的创造力正在比以往任何时候都更快地发展着。全球经济一体化、信息时代的到来，"知识爆炸"，新的职业、新的技术以前所未有的速度不断产生，人类的思维方式、生活方式和工作方式也会随之发生变化。

无论是我们每个人，还是一个团体在这个充满变化、日新月异的社会中都将面临着生存的考验。如何发展创新思维，直接关系到我们的事业是死还是活，因为只有创新才能救活你的异常思维和才智，从而激活你全身的能量，这就要求我们及时注入"创新思维"。

在今后的道路上，每个人都是投石问路者，或难或易，或明或暗，或多或少，仿佛不停地挣扎在一个个"陷阱"之中，因此要学会用有效的创新去点击思维的火花，找到人生的梦想和成功的方法。

谁要抓住创新思维，谁就会成为赢家；谁要拒绝创新的思想，谁就会平庸！

21世纪是一个创新的世纪，从观念创新、知识创新、技术创新、制度创新、体制创新、管理创新到国家创新体系的建立，都要求每一个人都要有创新精神，要培养创新思维。事实证明，一切创新活动都是以创新思维为先导，并且伴随着创新思维推动创新实践活动的。

我们面对已经到来的"学习化社会"即终身学习和知识经济时代，唯有肯学、会学，才能在激烈的竞争中立于不败之地，才能不断地延伸和拓展职业空间，才能在一定的职业环境和条件下更好地生存与发展，才能在职业的道路上有着更多的创造和成就。

任何新事物的产生都是对已有的事物的否定，都是一种突破，一种创新。

人类社会发展进步的历史就是不断创新的历史。人类学会了驾驭马匹以代替步行，当他们觉得马车仍不够快时，他们就幻想着能够像鸟一样自由地飞，于是就有了汽车，有了飞机。人类就在不断创新中得到飞速的发展。

回眸人类历史发展的各个阶段，任何经济和发展都离不开生产力，即人这一重要因素。所不同的只是不同时代、不同民族、不同国家对人的素质的要求不同而已，一个民族要对人类做出贡献，列于世界先进民族的行列，同样离不开人的因素。但关键的一点是一致的，即这个民族必须具有强烈的创新意识、全面的创新精神和能力。这期间，创新意识、创新能力的养成是关键的，是核心的方面。高素质的人最重要的、最基础的、最直接的素质是创新意识和创新能力，这已成为各个国家和民族的共识。

创造性思维具有十分重要的作用和意义。首先，创新思维可以不断增加人类知识的总量；其次，创新思维可以不断提高人的认识能力；再次，创新思维可以为实践活动开辟新的局面。此外，创新思维的成功，又可以反馈激励人们去进一步进行创新思维。

正如我国著名数学家华罗庚所说："人之可贵在于能创造性地思维。"

世界前首富比尔·盖茨在一次演讲中说道："可持续竞争的唯一优势来自于超过竞争对手的创新能力！"

彼得·德鲁克说得更直接："要么创新，要么灭亡！"

洛克菲勒的女婿

有这样一个故事：

在美国乡村有一个老头和他的儿子相依为命。

有一天，一个人找到老头，对他说："尊敬的老人家，我想把你的儿子带到城里去工作。"

老头气愤地说："不行，绝对不行，你滚出去吧！"这个人说："如果我在城里给你的儿子找个老婆，可以吗？"老头摇摇头："不行，快滚出去吧！"这个人又说："如果我给你儿子找的老婆，也就是你未来的儿媳妇是洛克菲勒的女儿呢？"老头想了又想，终于被让儿子当"洛克菲勒的女婿"这件事情说动了。

过了几天，这个人找到了美国首富、石油大王洛克菲勒，对他说："尊敬的洛克菲勒先生，我想给你女儿找个对象。你未来的女婿是世界银行的副总裁，可以吗？"于是洛克菲勒同意了。

又过了几天，这个人找到了世界银行总裁，对他说："尊敬的总裁先生，你应该马上任命一个副总裁！"总裁先生摇着头说："不可能，这里这么多副总裁，我为什么还要任命一个副总裁呢？"这个人说："如果你任命的这个副总裁是洛克菲勒的女婿，可以吗？"总裁先生当然同意。

最后，老头的儿子轻而易举地当上了洛克菲勒的女婿，当然也当上了世界银行的副总裁。

我们常常习惯于传统的思维方式，按照常人的思维定律去思考，走着别人走过的路，干着别人干过的事。

思维决定人的高度，想到才能做到。要知道，社会进步是靠创新来推动的。勇于走进"禁区"，打破条条框框的束缚，敢为天下先，打破自己的惯性思维，换个角度想问题，尝试"不走寻常路"，才有可能"心想事成"，才有可能获得丰硕的成果。

检讨是成功之母，每天留十分钟时间检讨自己

如果你每个月检讨一次，一年你就有 12 次修正自己的机会；如果你每周检讨一次，一年你就有 52 次修正自己的机会；如果你每天都检讨一次，一年你就会有 365 次修正自己的机会，那么，如果你每天早晚都检讨一次，一年你就有 730 次修正自己的机会。也就是说，你的成功的机会就比原来多了 700%。

有一个聪明的年轻人，很想在各个方面都强过别人。可是，许多年过去了，他在其他方面都很不错，唯独事业却没什么大的长进。这使他非常的苦恼，特地向一位大师请教。大师说："我们去登山吧！到了山顶你就知道该怎么做了。"

那山上有许多晶莹的小石头，煞是迷人。每当年轻人见到他喜欢的石头，大师就让他装到袋子里背着。很快，年轻人就吃不消了，抬起头对大师说："大师，再背下去，别说到山顶了，恐怕我连动一动的力气都没有了。"大师微微一笑："该放下来了，背着石头怎么能够可以登上顶峰呢？"

年轻人一愣，忽然心中一亮，向大师道谢后就走了。从此，他一心做学问，进步飞快。

"菩提本无树，明镜亦非台；本来无一物，何处染尘埃？"把自己的心灵放在一个"空"的境地，打破现实生活中和自己头脑里的一切条条框框，你就会豁然开朗："原来你也是个天才，也可

以像天才那样思考！"

世界安全刀片大王吉利要去某市出差，某天清晨，他起床迟了点，正匆匆刮胡子，旅馆服务员匆忙走进来喊道："再有5分钟，火车就要开了。"

吉利听后，一紧张，把下巴刮伤了。吉利一边用纸擦血，一边想："如果能发明一种不容易伤皮肤的刀片，一定受大家欢迎。"这样，他埋头钻研，终于发明出我们现在用的安全刀片。

总结昨天，是因为昨天给了我们经验、教训；珍惜今天，是因为今天给了我们机会、成就；共享明天，是因为明天给了我们未来、希望！

学习成功人士的长处与优点，与他们交往，向他们请教。学会站在他们的角度思考问题等。通过换位思考，可以让你突破固有的思考习惯，学会变通，提升自己的思维意识，能够更容易地解决问题。

多留心生活，一点小事可能就是将你引上成功之路的千载难逢的机遇。

要在反省中学习，每日反省；要在总结中学习，改进方法。

以铜为镜，可以正衣冠；以人为镜，可以明得失；以史为镜，可以知兴替。

把创新思维融入到你的工作中，创新是一个国家最大的竞争力，也是每一个企业和个人赖以生存、赢得成功的法宝。

思维决定高度，想到才能做到，请永远都不要停止思考。

请记住：肯学习和思考的人比知识丰富的人更伟大！

生活法则

生活境界：常与高人交往，闲与雅人相会，每与亲人相聚。

节俭是我们中华民族的传统美德。无论任何时候，即使是我们已经很富有了，也必须要坚持节俭。节俭，是一种高尚的人生价值观，是一种高尚的美德。

感恩，是一种歌唱生活的方式，是一种处世哲学，是生活中的大智慧；它来自对生活的爱与希望。一个不懂得如何感恩的人，他将会变得越来越自私越来越贫穷，他终将一无所获。

职业成功法则第十七课：学会勤俭

学会节俭，有时钱是省出来的

    节俭是我们中华民族的传统美德。无论任何时候，即使是我们已经很富有了，也必须要坚持节俭。何况是我们刚刚毕业的大学生呢？

    节俭，是一种高尚的人生价值观，是一种高尚的美德。

    李嘉诚是中国华人首富，亚洲首富，是一位非常成功的商人。有一次，他从宾馆里出来准备去办事，一不小心掉了一个硬币，恰好滚到了车子下面，他立即弯下腰去捡。这时，酒店的服务生看到了，替他捡回了硬币。

    当服务生准备把硬币交回给他时，李嘉诚说，这枚硬币就送给你了吧。为了表示感谢，李嘉诚又给了服务生 100 元港币。事后，有人问他为什么还要去捡一枚硬币时，李嘉诚说，如果不去捡回来，那枚硬币很可能会随着汽车的轮子或行人的脚步最后滚到了下水道，那不浪费了一枚硬币？制造这一枚硬币的金属也同时被浪费了。钱可以花，但是不可以被浪费，如果你送给别人，别人还可以继续发挥它的价值。

    李嘉诚的话给了我们很大的启示：节俭的真谛就是在于把资源用在最需要的地方。

    李嘉诚有许多的投资理财秘诀值得我们学习和研究。据他本人透露，他有三个秘诀：

第一，三十以后再理财。20 岁以前，所有的钱都是靠双手勤劳换来的，20 ~ 30 岁之间是努力赚钱和存钱的时候，30 岁以后，投资理财的重要性逐渐提高，到了中年时赚的钱已经不重要，这时候反而是如何管钱比较重要。

第二，要有足够的耐心。理财必须花费长久的时间，短时间是很难看出效果的，一个人想要利用理财而快速致富，可以说是很困难的。理财者必须了解理财活动是"马拉松竞赛"，而非"百米冲刺"，比的是耐力而不是爆发力。要想投资理财致富，必须要经历过一段非常漫长的时期的等待，才可以看出结果。

第三，先难后易。每年年底都存 1.4 万元，平均投资回报率有 20%，即使经过了 20 年，资产也只积累到 260 万元，此时仍然距离亿元相当遥远。只有继续奋斗到 40 年后，才能登上亿万富翁的台阶。但是，赚取第二个 100 万或者 1000 万要比第一个 100 万、1000 万简单容易得多。

节省开支，开源节流。是现代人必须要学会的生活哲理，世界上大多数的富人都是从很小的投资理财储蓄开始的，这就是聚少成多、聚沙成塔的道理。

当创业致富的机会来临时你已经有所准备或没有任何的准备，也许就是直接决定你成败的关键。

勤俭永不穷，坐食山也空

勤与俭不可分离的故事会告诉我们这样的道理：

相传，有一位老人一生勤劳节俭，朝廷赐了一块"勤俭"的牌匾给他。老人过世后，弟兄俩分家，那块写有"勤俭"的牌匾兄弟俩都想要，无奈，只好将牌匾从中间锯开，哥哥分走了写有"勤"字的半块匾，弟弟分得了写有"俭"字的半块匾。

几年过后，舅舅到两个外甥家看望他们。哥哥虽然勤快，但过于浪费，所分财产挥霍殆尽，仅剩半块写有"勤"字的牌匾。弟弟虽然节俭，但十分懒惰，坐吃山空，也仅剩半块写有"俭"的牌匾。舅舅见此情景，万分痛心，于是将两个外甥叫到一起，将他们各自的半块牌匾合到一起，语重心长地说："你们兄弟二人合到一起吧，按照牌匾上写的去做，日子就会越过越好的！"果然，没过几年，兄弟俩就过上了美满富裕的好日子。

这个故事告诉我们一个极其简单的道理：居家过日子既要勤劳，也要节俭，二者不可分离。

有这样一个故事：

说的是一个地主的儿子，他非常喜欢吃包子，但是他不喜欢吃包子皮，只喜欢吃包子肉馅，每次吃包子的时候都会把包子皮顺手扔出窗外。隔壁住着一位穷苦的老太太，当看到地主儿子如此浪费的时候，她感到十分心痛。所以，每次地主儿子把包子皮扔出去以后，她就把包子皮捡起来放好。

几年过去了，地主老死了，他的儿子没有多大的本事，坐吃山空很快就把家底给吃空了，最后，沦为了路边的乞丐。有一天，他来到了这位穷苦的老太太家门口乞讨，老太太给他端出一盘热乎乎的东西，他吃过以后连声说好吃，忙问这是什么东西。老太太笑眯眯地对他说："这就是你当年扔掉的包子皮晒干了以后做的。"地主的儿子听了以后惭愧不已。

故事中地主的儿子因为不节俭而自食其果，因为奢侈浪费而遭到惩罚。节俭不一定能够创造财富，但是不节俭绝对不会积累和创造财富。

节俭不等于吝啬，节俭并不是吝啬，从古至今关于节俭的故事很多，从东晋大官吴隐之"卖狗嫁女"，到唐宋八大家之一的苏轼"横梁挂钱"都能看出节俭的美德。

80后、90后，工资水平不高，花钱如流水已成习惯，想买房子、买车子还得"啃老"，如果想解决当前这种"年光族"加"啃老族"的状况，需要自身树立良好的消费观念，学会投资理财。

投资理财，最为实用的办法首先就是强制自己储蓄，给自己制定一个切实可行的储蓄计划，每个月强迫自己先存钱。

职业成功法则第十八课：学会理财

你不理财，财不理你

所谓理财就是对个人、家庭的财富进行科学、有计划和系统的管理与安排。也可以说，就是关于投资赚钱、花钱和省钱的学问。

有这样一则故事，或许是对现代人的理财投资理念与方法最好的诠释：

有一个叫"杯子哲理"的故事，讲的是固执人、马大哈、懒惰人和机灵鬼四个人结伴出游，结果在沙漠中迷路了。这时，他们身上带的水已经喝光了。正当四个人面临死亡威胁的时候，上帝给了他们四个杯子，并为他们祈求下了一场雨。但那四个杯子中，有一个是没有底儿的，有两个是盛满了脏水的，只有一个是拿来就可以用的。

其中，固执人运气最好，得到了那个拿来就能用的杯子。但他当时已经绝望至极。他认为，即使喝了水，也是走不出沙漠的。所以，还不如等死算了，在下雨的时候，他干脆把杯子口朝下，拒绝接水。

马大哈得到的是没有底儿的坏杯子。由于他做事太马虎根本就没有发现自己杯子的底是空的。结果，下雨的时候，杯子成了漏斗，最终一滴水也没有接到。

懒惰人得到的是一个盛满脏水的杯子，但他懒得将脏水倒掉，下雨时继续用它接水，虽然很快就接满了，可是他把那杯被污染的脏水喝下去后却得了急病，不久便不治身亡。

机灵鬼得到的也是一个盛满脏水的杯子。但他首先将脏水倒掉，重新接了一杯干净的雨水。最后，只有他平安地走出了沙漠。

这个故事不但蕴含了"性格和智慧决定了命运"的人生哲理，同时也与现代人们的投资理财的方式和观念有着密切的关系。当今社会，已经进入了个人与家庭理财时代。每个人都将离不开理财与投资，拒绝贫穷、做个富有的人，就必须学会理财与投资，这也已经越来越成为国人的一种共识。西方发达国家在几十年以前，就已经形成了这种全民理财投资的时代。

当然，在新中国的发展过程中，还是会有许许多多的人就像"杯子哲理"故事中的"固执人"、"马大哈人"、"懒惰人"等一样，拒绝接受各种新的生活工作方式、新的理财投资观念与方式，这些人只能使自己越来越贫穷。只有像故事中的"机灵鬼"那样，学会新的生活工作方式和新的理财投资方式，转变观念，调整和优化自己和家人的财务资源，让新鲜的雨水不断注入你的杯子，只有这样，你才能离财富越来越近。

理财的第一步：养成储蓄的习惯。给自己做一个可行的储蓄计划。

有这样一则故事它会告诉我们：不理财将会与故事中的主人翁一样一贫如洗，理财的第一步应该从投资计划与存钱开始。

这是一个当穷也成为借口的故事：

从前，有一个富人见一个穷人很可怜，于是，他大发善心帮助穷人致富。富人送给穷人一头耕牛，嘱咐他好好开荒，等春天来了撒上种子，秋天就可以远离贫穷了。穷人满怀希望地开始开荒。

可是没过几天，牛要吃草，人要吃饭，日子比过去还难。穷人就想不如把牛卖了，买几只羊，先杀一只吃，剩下的还可以生小羊，长大了拿去卖，这样，还可以赚更多的钱。于是穷人将计划付诸行动。

可是，当他吃了一只羊后，小羊却迟迟没有生下来，日子又艰难了，他忍不住又吃了一只；穷人想这样下去不行，不如把羊卖了，换成鸡，鸡生蛋的速度要快一些，鸡蛋立刻可以卖钱，日子就可以好转了。于是穷人又将自己的计划付诸行动了。

但是鸡生蛋也很慢，挨饿的生活还是没有改变。于是，他忍不住杀了鸡，还剩最后一只鸡时，穷人感到他快要彻底崩溃了。他想，致富是无望了，不如把最后一只鸡卖了，打壶酒，三杯下肚，万事不愁。

很快，春天来了，发善心的富人兴致勃勃地送来了种子，却发现，穷人正在就着咸菜喝酒，牛早就没有了，房子里依然家徒四壁，家里依然是一贫如洗。

我们很多人都有过致富的梦想，甚至有过很多机遇，也付出过一定的行动，但为什么我们仍然贫穷？

在多数情况下，我们努力是因为我们对未来充满希望。同样，在多数情况下，我们放弃是因为找到了放弃希望与成功的理由或借口。人一旦找到一些失败的理由，就会开始放纵自己。

懒惰的人为自己找到一个让自己懒惰的理由，于是他开始懒惰；乞讨的人为自己找到一个乞讨的理由，于是他开始乞讨；迷茫的人为自己找到一个迷茫的理由，于是他可以迷茫；无知的人为自己找到一个无知的理由，于是他可以继续无知；贫穷的人为自己找到一个贫穷的理由，于是他甘于贫穷；懦弱的人为自己找到一个懦弱的理由，于是他选择懦弱！

可怕的不是懒惰，可怕的是我们为自己找到了一个懒惰的理由；可怕的不是乞讨，可怕的是我们为自己找到了一个乞讨的理由；可怕的不是迷茫，可怕的是我们为自己找到了一个迷茫的理由；可怕的不是无知，可怕的是我们为自己找到了一个无知的理由；可怕的不是贫穷，可怕的是我们为自己找到了一个贫穷的理由；可怕的不是懦弱，可怕的是我们为自己找到了一个懦弱的理由！

穷人永远有一千个穷困的理由。当他卖牛、卖羊、卖鸡的时候，其实他失去的并不是牛、羊、鸡，而是他对未来的希望。与此同时，他收获了自己为什么穷的理由。

一旦穷也成为一种理由的时候，人生就失去了希望！

理财还需要我们树立一种积极乐观、着眼未来的生活态度与思维方式，养成一种勤俭的生活习惯、理财储蓄的习惯。

有这么一位"月光族先生"。他拥有某名牌大学的博士学位，在一家外企工作，任部门经理。年薪30万，他总是穿着名牌，开了一辆进口轿车，总是喜欢出入高档消费场所。正可谓风光无限，令人羡慕。可是这位职场"成功人士"每年都要欠银行一笔数目不小的欠款，至今没有一分钱的存款与房产。

有这么高的收入，为什么还会成为"月光族"呢？原来，这位职场"成功人士"的生活习惯与人生态度、思维方式出了问题。自己觉得在大型外企工作，职务不低，收入不菲，俨然就是一位成功人士，而成功人士就应该要学会享受人生，就算自己目前还不是富人，但至少在生活上也要看起来像个有钱人。于是，他就早早贷款买了一辆进口轿车，租住了高级公寓，喜欢收藏和品尝高档洋酒、咖啡等，抽的烟都是中华牌与熊猫牌，吃饭只去高档的饭店……

这样下来，虽然有不菲的收入，可是花的钱更多，从来不理财，只知道享受高品位的生活。所以，高收入的人也会成为"月光族"。

这故事告诉了我们一个道理："月光一族"不只是低收入人群的专利，如果不懂理财，只会享受，高收入也会变"月光族"。如果你不想将来贫穷，就立即行动吧！养成储蓄的习惯，学会节俭，控制自己的消费欲望、拒绝挥霍，千万别把明天的钱也给花光了。

整个世界都是我的库存

"整个世界都是我的库存"！这就是犹太人信奉的经商哲理：凡是胸怀大志的人，最后总是会有所成就的。

美国石油大王约翰·洛克菲勒是美国著名的垄断资本家，他所创立的标准石油公司曾经垄断全美国石油行业，其中纽约分公司就是闻名世界的美伊石油公司，后来发展成为以石油化工业为主的垄断财团——洛克菲勒财团，曾位列美国十大财团之首。时至今日，洛克菲勒家族仍然是对美国政治经济生活颇具影响的名门望族。

1839 年 7 月 8 日，约翰·洛克菲勒出生在美国纽约州的一个普普通通的农民家庭，父亲本来是个农民，雇有长工种玉米和马铃薯，后来改行做木材生意。在洛克菲勒 11 岁那年，他的父亲因涉嫌对家里的女佣施暴而被起诉，当法庭要传讯他的时候，他逃走了。这样，家庭生活的担子就压在了其母亲和作为长子但未成年的洛克菲勒的身上。每天清晨 4 点钟，当夜雾还很浓、天还没有亮的时候，他就得起床，到田里去帮助母亲干活，有时还要挤牛奶。那时的洛克菲勒就有很强的经商意识，他把自己劳动的报酬按照父亲长工每小时 0.37 元计算，全部都记到本子上，留着父亲回来再跟他索取赔偿。吃过早餐之后，洛克菲勒就到学校去上课，那是一所非常严格的私立中学。就在他 12 岁那年，洛克菲勒干了一件常人想不到的事，他把父亲给他的零用钱凑整了 50 元，以

7.5%的利息贷给了附近的农民。

回到家里，小洛克菲勒满脸骄傲的神情说："我贷出去了50美元的款给了附近的农民。"这下让他的父母都感到了惊讶！

"利息是7.5%，到了明年就能够拿到3.75元的利息，另外，我在马铃薯田里帮您的工，每小时0.37元，明天我把本子拿来给您看。其实，像这样出卖劳动力是很不划算的。"小洛克菲勒毫不理会父亲的惊讶，滔滔不绝地说着，一副精明商人的样子。

13个月来第一次回家的父亲，凝视着自己的12岁的儿子，不禁想起洛克菲勒7岁时卖火鸡的事……

那是在一个偶然的机会里，洛克菲勒在树林子里发现了火鸡窝，于是，他每天一大早就跑到林子里，等大火鸡暂时离开窝时，他就跑过去，抱着小火鸡就跑。洛克菲勒把那些小火鸡养在自己的房间里，细心照料，到了感恩节的时候，就把已经长大了的火鸡卖给附近村子里的农民，把赚到的钱币放在了储钱罐子里。偷了几次小火鸡后，慢慢地储钱罐子里的钱币变成了一张张的绿色的大钞票，洛克菲勒又动脑筋准备把这些钱放贷给耕作的佃户们，等他们有了收成后连本带利地收回。

也就是在这年——1855年，洛克菲勒中途辍学，开始自己的创业工作，最初的薪水是每周3.5美元，那年他才16岁。

从此，一直到1859年在宾夕泰塔斯维州钻出石油后，洛克菲勒前去投资，而且从此一发不可收拾，最终登上了美国石油垄断财团的宝座。

洛克菲勒的成功故事，正是这种从小的立志与理财投资意识开始，才会有他事业上的辉煌成就。

借鸡生蛋，白手起家

"善借者强"，这就是犹太人经商哲理的又一条重要信条。在犹太人的眼里，强者都是从弱者发展而来的，只有那些善借的经商者才能由小变大、由弱变强。善于借势经商也是一种大智慧，是一种创新思维。

在犹太经典《塔木德》中说："没有能力买鞋子时，可以借别人的，这样比赤脚走得快。"

所以，聪明的犹太人经常考虑无本经营，但他们总是能够做到"借钱赚钱，借钱致富"。借钱赚钱通常是无本经营者的最普遍使用的一种方法。因为当你两手空空，举步维艰的时候，怎么办？只有靠借才能有出路。

世界船王丹尼尔·洛维洛的故事：

世界船王洛维洛在其一生的创业之初也是一无所有，但就是靠自己的头脑与智慧，靠借鸡生蛋，白手起家。他筹集了一笔笔资金，为自己成为"世界船王"奠定了基础。

在 1897 年 6 月，丹尼尔·洛维洛出生在密治安州的兰海芬。小时候，他的性格孤僻，沉默寡言，唯一可以打交道的就是船，他从小就梦想着自己家里养好多好多的船。

9 岁那年，他真正地成为了"船主"。他发现一艘沉在水里的小汽艇，便向父亲借了 25 美元，将汽艇买了下来。船捞上来后，他花了整整一个冬天的时间将船修好。第二年的夏天，丹尼尔将船租了出去，赚了 50 美元。除去向父亲借的 25 美元，他净赚了 25

美元。从那时起，他就强烈地想当真的船主。但是，直到他40岁时，这一儿时的梦想才得以实现。

1937年，丹尼尔来到纽约，他匆匆出入于几家银行之间，做着儿时做的事——借钱买船。他想向银行贷款把一艘船买下来，改装成油轮，因为当时运载油比较赚钱。银行的人问他有什么可以作抵押。他说，他有一艘老油轮在水上，正在跑运输。接着，丹尼尔将自己的打算告诉了对方，他把油轮租给了一家石油公司。他每个月收到的租金，正好可以每月分期地还给银行。所以，他建议把契约交给银行，由银行来定期向那家石油公司收租金。就这样他买下了第一艘船。

他的这种做法在当时来说，简直就是荒唐，许多银行都不会同意他的这种做法。但实际上，他对银行是相对保险的。丹尼尔本身的信用或许不能保证万无一失，但那石油公司却是可靠的。他就是抓住了这一点让银行把钱转到了自己的手里。

他用这笔钱买下了他要的旧货轮，改装成油轮租了出去。然后，再利用这艘船去借了另一笔钱，买了另一艘船。如此几年后，每当一笔借款还清了，他就又真正成为了这艘船的主人。租金不再被银行拿去，而是由他放进了自己的口袋里。

丹尼尔自己没有掏一分钱便拥有了一支船队，并且赢得了一笔可观的财富。

不久，他的脑海里又产生了一个利用借钱来赚钱的方法。那就是，他设计一艘油轮，或其他有特殊用途的船，在还没有开工建造的时，他就找到客户，愿意在造船完工后，把船租出去，于是拿着契约，他又跑到银行借钱造船。这种借款是延期分摊还的方式。银行要在船下水之后，才能开始收钱，船一下水，租金就可以转让给银行。于是，这项贷款就又像之前那样的方式还清了，最后，丹尼尔有以船主的身份将船开走，但自己却没花一分钱。

刚开始时，银行为之大为震惊。当他们仔细研究之后，觉得他的话非常有理。此时的他信用已经非常好，何况，还与之前一样，有别人的公司的信用增加还款的保证。

就这样，丹尼尔·洛维洛的造船公司迅速地发展壮大起来，使他逐步成长为"世界船王"。他所拥有的船只吨位是全世界第一，连奥纳西斯和尼亚斯两位大名鼎鼎的老船王也甘拜下风。

"真正的商人敢于拿妻子的结婚项链去抵押。"这是美国著名的小商品经营大王格林尼说过的一句商业名言。

初涉商海，不论多么好的经营设想、计划、目标和机会，如果没有一定的经济资本作为支撑，只能是纸上谈兵。因为，资金是任何公司经营的生命之血。

无数商业成功的事实证明：成功的商人都充分了解并能利用借贷。世界上许多巨大的财富在最初的时候都是建立在借贷上的。靠借贷发家是大多数白手起家的经营者的最明智之举。

法国著名的作家小仲马在《金钱问题》中说过一句话："商业，这是十分简单的事。它就是借用别人的资金！"

学习犹太人的致富经：在必要时，要敢于借贷、善于借贷，走一条借钱生钱的致富之路。

刚刚大学毕业，初涉职场，工资水平肯定不会高，花钱如流水已成习惯，想买房子、买车子还得"啃老"，如果想解决当前这种"年光族"加"啃老族"的状况，需要自身树立良好的消费观念，学会理财和投资。

请记住：有些人成功是因为他们命中注定要成功，但绝大部分人成功是因为他们下定决心要成功。想干的人永远在找方法，不想干的人永远在找理由；世界上没有走不通的路，只有想不通的人。

职业成功法则第十九课：保护兴趣

兴趣是事业成功的催化剂

伟大的科学家爱因斯坦说过："兴趣是最好的老师。"

也就是说一个人一旦对某事物有了浓厚的兴趣，就会主动去求知、去探索、去实践，并在求知、探索和实践中产生愉快的情绪和体验。

兴趣是指建立在需要的基础上，带有积极情绪色彩的认知和活动倾向，是个人对其环境中的人、事、物所产生的喜爱程度，是个人力求认识、掌握某事物，并经常参与该种活动的心理倾向。每个人都会有自己的职业兴趣倾向，根据个人和职业兴趣，我们就可以匹配选择最适合自己的职业。

当个人对某事物有兴趣时，会对它产生特别的注意力，对该事物感知敏锐、记忆牢固、思维活跃、情感浓厚、意志坚强。兴趣是人们活动的重要动力之一，是活动成功的重要条件。

职业兴趣是指人们对某种职业活动具有的比较稳定而持久的心理倾向。它是一个人探究某种职业或从事某种职业活动所表现出来的特殊个性倾向，它使个人对某种职业给予优先的注意，并具有向往的情感。

职业兴趣是以一定的素质为前提，在生涯实践过程中逐渐发生和发展起来的。它的形成与个人的个性、自身能力、实践活动、客观环境和所处的历史条件有着密切的关系，因此，职业规划对兴趣的探讨不能孤立进行，应当结合个人的、家庭的和社会的因素来考虑。

了解这些因素，有利于深入认识自己，进行职业规划。个人自身接受教育的程度是影响其职业兴趣的重要因素。任何一种社会职业从客观上对从业人员都有知识与技能等方面的要求，而个人本人的知识与技能水平的高低在很大程度上取决于其受教育的程度。一般意义上，个人学历层次越高，接受职业培训范围越广，其职业取向领域就越宽。

兴趣的发展一般经历：有趣、乐趣和志趣三阶段。对于职业活动，往往从有趣的选择，逐渐产生工作乐趣，进而与奋斗目标和工作志向相结合，发展成为志趣。表现出方向性和意志性的特点，使人坚定地追求某种职业，并为之尽心尽力。

由于兴趣爱好不同，人的职业兴趣也有很大的差异。有人喜欢具体工作，例如，室内装饰、园林、美容、机械维修等；有人喜欢抽象和创造性的工作，例如，经济分析、新产品开发、社会调查和科学研究等。职业兴趣对职业选择和职业发展都有一定的影响。

一方面，社会舆论对个人职业兴趣的影响主要体现在政府政策导向、传统文化、社会时尚等方面。政府就业政策的宣传是主导的影响因素，传统的就业观念和就业模式也往往制约个人的职业选择，而社会时尚职业则始终是个人特别是青年人追求的目标。如当前计算机技术和旅游事业都得到较大发展，对这两个职业有兴趣的人也增加得很快。

另一方面，兴趣和爱好是受社会性制约的，不同的环境、不同的职业和不同的文化层次的人，兴趣和爱好都不一样。职业需求是一定时期内用人单位可提供的不同职业岗位对从业人员的总需求量，它是影响个人职业兴趣的客观因素。职业需求越多、类别越广，个人选择职业的余地就越大。职业需求对个人的职业兴趣具有一定的导向性，在一定条件下，它可强化个人的职业选择，或抑制个人不切实际的职业取向，也可引导个人产生新的职业取向。

最后，年龄的变化和时代的变化也会对人的兴趣产生直接影响。就年龄方面来说，少儿时期往往对图画、歌舞感兴趣，青年时期对文学、艺术感兴趣，成年时期往往对某种职业、某种事业感兴趣。它反映了一个人兴趣的中心随着年龄的增长、知识的积累在转移。就时代来讲，不同的时代，不同的物质和文化条件，也会对人兴趣的变化产生很大的影响。

以上因素对每个人的影响都不同，需要在职业规划中予以考虑。良好而稳定的兴趣使人从事各种实践活动时，具有高度的自觉性和积极性。个人根据稳定的兴趣选择某种职业，兴趣就会变成巨大的个人积极性，促使一个人在职业生活中做出成就。反之，如果你对所从事的职业不感兴趣，就会影响你积极性的发挥，难以从职业生活中得到心理上的满足，不利于工作上的成就。

兴趣是一个人的原动力，是一个人成功的发动机和燃料剂。

但兴趣不是与生具来的，是可以通过后天培养的。

有一个日本著名小提琴家的故事：

铃木正一是日本著名的小提琴家，他有非常独特的一套教育幼儿小提琴的方法。在他的音乐课堂上，由母亲带来的小孩子，他并不是一来就开始拿琴来学习，恰恰相反，刚开始时，他根本不会让他们摸琴。初学阶段的孩子常常只能坐在一边观看其他已学了一段时间的小朋友们拉琴。这样一来，他们的好奇心、好胜心、兴趣就会被激发出来，大有跃跃欲试的样子。但这时，铃木仍不给他们拉琴，只是开始给他们听听录音带，偶尔拿出几把破琴，教他们拉琴的基本姿势等。就这样过了几个月，那些孩子渴望学琴的兴趣就会变得非常浓厚了。铃木认为，只有把孩子的兴趣培养到高峰阶段，使他们像一支满弓待发的箭时，才是他们学琴的最佳时刻。

铃木的教育方法就是"激发"兴趣。兴趣才是最好的老师。

保持健康——为自己制定一个运动的计划，养成运动的习惯

无数成功的故事都告诉我们一个道理：成功源于兴趣。

有美国学者分析发现：每个星期保持游泳、举重、健身、跑步等运动的人，平均薪水比不运动的人高 6%—9%。专家称：常运动的人不但身体健康，也比较有耐力，所以老板都愿意委以重任。

积极乐观的心态能带给你的最大报酬就是心理和生理的健康。积极乐观地面对生活，面对工作，可以使你能确立长期的和短期的目标，并能安排好你的工作生活与学习的时间，能正确地思考，持之以恒地行动。

每天保持适当的睡眠，养成良好的生活习惯。为了健康，保持规律的生活，并注意节制饮食，每天保持适当的运动，积极参加其他有益的各项活动。

我们应当认识到，只有运用积极乐观的心态去吸引财富，最后你才可能积累财富。但是，在积累财富的时候，不要忽略了你的健康。身体是革命的本钱，一个健康的体魄和坚强的心，必定能使你获得人生的成功。

运动能使你保持青春与活力，运动能使你保持健康和乐观的心态，运动能使你保持对生活与工作的热情，养成运动的习惯，使你终身受用！

不找任何不运动的借口。时间是安排出来的，时间也是挤出

来的；兴趣也是可以培养的。为自己制定一个运动的计划与事业的目标计划同样重要。

我们必须拥有一个健康的身体，我们美好理想的实现是建立在健康的生理和心理基础之上的。

人生短暂而又漫长，如果在生活中，坚持富有意义的个人兴趣爱好就会摆脱乏味的日常生活琐事，生活中的情趣能使人感悟出生活的美好，使我们有更多的机会和心情欣赏和感受生活，使我们每一天尽量过得充实和有意义。也会使我们忘记生活中的繁琐之事，而不会使生活一团糟，毫无生机和无聊。

一个人能在生活中创造和拥有情趣是能够令人愉快的。情趣的最大益处就是我们应该学会分享！一个人如果有高尚的情趣就会有一种更加随和、开放的姿态面对他人、面对生活、面对人生的风霜雪雨！

一个人的生活越丰富，拥有的自尊、自立、自信就会越多。人生于世，都会有自己生活环境和圈子，谁也离不开，也无法离开。

请记住：常与高人交往，闲与雅人相会，每与亲人相聚。

职业成功法则第二十课：学会孝敬和感恩

"百善孝为先"，孝敬是一种传统美德

父母儿女之亲情是人类最原始、最本能的情感，是一个人良心、善心和爱心的最基础的情感，也是一个今后发展各种情感与品德的基本前提。孝敬父母，是儿女应尽的义务，也是儿女义不容辞的责任。

如果连父母都不懂得孝敬，那么，你将失去做人的基本，还谈什么成功与幸福！幸福与成功就已经永远与你告别了。

子路，春秋末年鲁国人，在孔子的弟子中以政事著称，尤其以勇敢闻名。子路小时候，家里很穷，长年靠吃粗粮野菜度日。

有一次，年老的父母想吃一点米饭，可是家里连一点米都没有，怎么办？子路想，要是翻过几道山到亲戚家借米，不就可以让父母吃上了香喷喷的米饭了吗？

于是，小小的子路翻山越岭走了十几里路，从亲戚家背回了一小袋米。当他看到父母吃上了香喷喷的米饭时，子路忘记了疲劳。后来，邻居们都夸子路是一个勇敢孝顺的好孩子。

小时候，常听说过许多有关孝敬父母的故事，最让人印象深刻和感动的是"陈毅探母"的故事：

在 1962 年，新中国刚刚成立十二周年，百废待兴的年代，陈毅元帅出国访问刚回来，听说母亲病重了，顺路抽空回家乡探望

身患重病的老母亲。

　　陈毅的母亲瘫痪在床，大小便不能自理。陈毅进家门时，母亲非常高兴，刚要与儿子打招呼时，忽然想起换下来的裤子还在床边，就示意身边的人把它藏到床底下。

　　陈毅见到久别的母亲，心里很激动，握住老母亲的双手，关切地问这问那。过了一会儿，他对母亲说："娘，我刚才进门的时候，你们把什么东西藏到床底下了？"母亲瞒不过去了，只好说出实情。陈毅听了，忙说："娘，您久病卧床，儿子不能在您身边伺候，心里非常难过，这裤子应当由儿子去洗，何必藏着呢？"母亲听了很为难，旁边的人连忙把裤子拿出来，抢着去洗。

　　陈毅急忙挡住大家并动情地说："娘，我小的时候，您不知道为儿洗了多少次尿布，今天我就是洗上十条尿裤，也报不了您的养育之恩啊！"说完，陈毅把尿裤和其他的脏衣服都拿去洗得干干净净，母亲欣慰地笑了……

　　报答父母的养育之恩，孝敬父母，关爱父母是中华民族几千年的传统美德，也是我们人类最宝贵的财富。

　　一次朋友的聚会，偶然听到这样一个很感人的关于儿女尽孝的小故事：

　　一帮朋友在一起聊天，有一个人说，我在外面时间这么长了，最近忙，现在我要打个电话给爸爸妈妈报个平安。然后，他拨了一遍号码，响了两下又马上挂断了，过了一会，又拨了一遍，这才拿着听筒等着，接着开始跟父母说话。

　　他的朋友们看到了都感到很奇怪，就问他，拨第一遍是占线吗？他说没有。朋友问，那为什么要拨两遍呢？

　　这个人淡淡地说，我的爸爸妈妈年纪都大了，腿脚不好，他们只要听到电话响就老是觉得是我打来的，每次都很兴奋地不顾一切地冲去接电话，我妈为这事就经常被桌子腿给绊了。后来我就跟他们说好，我以后打电话回家，每次都响两次，但前提是你们一定不要跑，我第一次只会响两声，然后就会挂断，过一会，等你们慢慢地走到电话机旁等着，我再拨第二次通话。

这虽然看似是件非常小的事，但它却包含了儿女对父母的无限感恩与关爱。希望像这样的小事情能够天天发生在我们的身边。

常怀一颗感恩的心

人要学会感恩，懂得感恩，用感恩的心态去工作，去面对人生。

感恩，是一种歌唱生活的方式，是一种处世哲学，是生活中的大智慧；它来自对生活的爱与希望。一个不懂得如何感恩的人，他将会变得越来越自私越来越贫穷，他终将一无所获。

让感恩走进我们每一个人的心灵吧。因为，感恩可以消解内心的所有积怨，可以涤荡人世间一切尘埃。懂得了感恩，每个人便会拥有无边的快乐和幸福。

怀着感恩的心，你的成功需要靠一帮人来帮助的，所以，我们要感谢身边的所有人。

没有父母的养育，没有师长的教诲，没有国家和社会的关爱，没有兄弟姐妹的亲情，我们怎能存于世间？因此，人人都要学会感恩，懂得感恩，把感恩当成是一种美德，也是做人的基本。

如果你能够每天怀着一份感恩的心情去工作，始终牢记"拥有这份工作，就要懂得感恩"的道理，那么，你一定会收获：工作的热情、快乐，领导同事的信任和尊重，许多成功的机会。

有这样一则社会新闻，标题是《小伙春节与老父亲"躲猫猫"缺了啥？》

新闻讲的是：一位从山东到广东工作的大学毕业生阿华（化名），只因毕业了两年未积攒到什么钱，不但不愿意春节回家看父母，甚至老父亲千里迢迢来到广东探望，他却玩起了"躲猫猫"。

2012年初，从年前至年后的初十一，阿华的父亲一直住在广州一家小旅馆里，就是见不到儿子一面，到最后儿子连父亲的电话都不接了……

最后，绝望的老父亲回家了，临走前凄凉而绝望的父亲将儿子的电话告诉了一名记者，请求记者转告儿子："年轻人出门不只是为了赚钱，良心比面子、比金钱重要得多，连亲生父亲都这样对待，赚再多的钱最后都会众叛亲离。"

我们所获得的一切，所享受的一切，我们的幸福生活，都不是无缘无故的，与生具来的。每个人都应该学会感恩，不管你今后能取得多大的成就，都应该怀着一颗感恩的心。

和谐家庭是快乐的港湾

有这样一个故事：

在寒冷的冬日，一家女主人早上出门时就看见了四个蜷伏在柴堆旁被冻得发抖的老人。

吃饭之前，女主人和家人说起了这件事，于是，他先生立即要她去请四位老人进屋吃饭。女主人来到柴堆前看见四位老人还在，就把先生的意思跟他们说了。

四位老人犹豫了一下说，我们四人不能一起进去，只能进去一个人。接着又说，我们四人分别叫财富、成功、平安、和谐。请您去问一下您的先生，看他愿意请谁进去。

于是，女主人又回去问先生，先生说"财富"最好，就请"财富"吧，儿子却说，还是请"成功"吧。在出现分歧的时候，女主人自己倒是想请"平安"，于是，她也说出了自己的想法。一旁的女儿说话了："我看还是请'和谐'好。"

先生听了女儿的话，觉得有道理，全家人终于达成一致。

女主人又出门把他们的决定对四位老人说了，于是她领着"和谐"往屋里走，快进门时她回头一看，那三位老人都跟来了。女主人不明白，就问其中原因："你们不是说好了只能进来一个人吗？""和谐"老人回答说："你们请了其他三位中的任何一位，就都只能进来一位，但是您请了我就等于请了我们四位，我们是不可分开的。"

这个故事告诉了我们：当你想要拥有财富、成功、平安时，我们首先要拥有和谐。和谐的家、和谐的社会才是快乐的港湾，和谐才是人们幸福的源泉。

成 功 语 录

　　——最能激励你走向成功的 100 句励志、做人做事的成功语录

1. 人因梦想而伟大！梦想才是你一生最大的财富！心有多大舞台就有多大，成功在于你自己。

2. 读什么大学，现在的你在干什么都并不重要，重要的是你想成为什么样的人！

3. 世界是我们的！人生不止一条路，不走独木桥，人生成功之路将更宽阔！

4. 机会面前人人平等，但机会并不平均分配，上帝只青睐有准备的人。

5. 就让一切从今天开始吧！从现在开始，我也微笑着面对世界，我能活得更好！

6. 一个人幸运的前提是他有能力改变自己。人生舞台的大幕随时都可能拉开，关键是你愿意表演还是选择躲避。

7. 拼来的是人生，等来的是命运。比别人多一点努力，你就会多一份成绩；比别人多一点志气，你就会多一份出息；比别人多一点坚持，你就会夺取胜利；比别人多一点执着，你就会创造奇迹。

8. 天才就是重复次数最多的人！所谓天才，只不过是把别人玩游戏喝咖啡的功夫都用在了学习和工作上了。

9. 志在山顶的人，不会贪恋山腰的风景。眼睛看到的地方叫

视力，眼睛看不到的地方叫眼光，视力只能看到眼前，眼光却能看到未来！

10. "梦想"，我们永远的朋友！没有目标方向的人就好比漂在大海里的一只小船，随时都有可能触礁翻船。

11. 成功的人不是赢在起点，而是赢在终点。

12. 成功定位——成功就是做好每一件小事，成功就是每天进步一点点，成功就是每天实现一个小目标，成功就是实现一生最大的愿望。

13. 成功其实很简单，就是当你坚持不住的时候，再坚持一下。

14. 很多人的梦想和计划受挫，是因为两个小问题导致的：一"早上起不了床"，二"晚上下不了线"。

15. 小聪明是战术，大智慧是战略；前者看到芝麻后者得到西瓜。

16. 悲观的人先被自己打败，然后才被生活打败；乐观的人先战胜自己，然后才战胜生活。

17. 人不是命运的奴隶，而是观念的奴隶。

18. 没有梦想和目标的人，永远为有梦想和目标的人打工。

19. 经营自己的长处，能使你的人生增值；经营自己的短处，则使你的人生贬值。

20. 人生最快的脚步不是跨越，而是继续；最慢的步伐不是小步，而是徘徊。

21. 站起来的次数能够比跌倒的次数多一次，你就是强者。有许多事情，不是因为难以做到才让人们失去信心，而是人们失去了信心，事情才变得难以做到。

22. 只思考而无行动是白日梦，有行动而不思考就是噩梦。

23. 你想改变世界，先改变自己。

24. 每天比别人多努力一小时，一年比别人多赚 365 小时。

25. 不管多么险峻的高山，总是会为不畏艰难的人留下一条攀登的路。

26. 有些人成功是因为他们命中注定要成功，但绝大部分人成功是因为他们下定决心要成功。

27. 简单的事重复做，你就是专家；重复的事用心做，你就是赢家。

28. 想干的人永远在找方法，不想干的人永远在找理由；世界上没有走不通的路，只有想不通的人。

29. 每个人都应该工作，但人的工作状态分为三种：第一种，"打份工"；第二种，"当职业"；第三种，"当事业"；请选择后者。

30. 没有一颗心，会因为追求梦想而受伤，当你真心渴望某样东西时，整个宇宙都会来帮你。

31. 什么是希望？今天比昨天好，这就是希望。

32. 这个世界既不是有权人的世界，也不是有钱人的世界，而是有心人的世界。

33. 等待永远无法知道答案，对与错，成与败，得与失，总是要走几步才会见分晓。

34. 种下行动就会收获习惯，种下习惯便会收获性格，种下性格便会收获命运。

35. 信心不能给你需要的东西，却能告诉你如何得到。

36. 命运如同手中的掌纹，无论多曲折，终掌握在自己的手中。

37. 人之一生，如负重远行，不可急于求成。

38. 自助者，天助！上帝只会帮助那些自救的人！

39. 困难是暂时的，办法总比困难多！相信自己，总会有一扇大门会为你打开。

40. 成功是件很容易的事情，只要找到成功的方法，成功就离你不远了！

41. 成功就是站起比倒下多一次。

42. 没有责任心的人是永远长不大的孩子。

43. 使这个世界灿烂的不是阳光，而是我们的微笑。

44. 一切成就都始于积极的心态。

45. 肯学习和思考的人比知识丰富的人更伟大！

46. 使人疲惫的不是远方的高山，而是鞋底的一粒沙子。

47. 你能看到多远的过去，就能看到多远的未来！

48. 给部分想考研和想啃老的同学一个忠告：面对现实，逆境也会变为顺境，总会有转机；逃避现实，虽暂时偷安，但没有翻身之余地。

49. 人生的奔跑，不在于瞬间的爆发，而在于途中的坚持。

50. 真正的失败是放弃！

51. 快乐的三大源泉：有所为、有所爱、有所希望。

52. 检讨是成功之母，每天留给自己十分钟时间检讨自己。

53. 请记住：男人的人生是勇敢地闯出来的。

54. 只有经历过地狱般的折磨，才有征服天堂的力量；只有流过血的手指，才能弹出世间绝唱。

55. 超越别人，不能算是真正的超越；而超越自己，才是真正的超越。

56. 航海者虽比观望者要冒更大的风险，但却有希望到达彼岸。

67. 爱占小便宜，终生难大贵；经常吃小亏，日久必厚报。

68. 愚者偏爱物的珍贵，智者偏爱时间的珍贵；愚者受到批评时句句反驳，智者受到赞美时句句反思。

69. 把失败当成财富，永远没有失败，只是暂时没有成功。

70. 每个人都有自己的短板与长板。如何发挥自己的长板，弥补自己的短板，是你成功的关键。

71. 成功就是一个梦想加永不放弃的行动！

72. 学习改变命运，知识造就财富。

73. 坚强的自信，乃成功的无尽源泉。

74. 人无信而不立。诚信是立业之本，是做人的基本准则。

75. 要想获得成功，就让承担责任成为你的职业习惯。

76. 思维决定高度，想到才能做到，请永远都不要停止思考。

79. 含泪播种的人一定能含笑收获。

80. 一个骄傲的人，结果总是在骄傲里毁灭了自己。

81. 一个人最大的破产是绝望，最大的资产是希望。

82. 人之所以能，是相信能。

83. 当你感到悲哀痛苦时，最好是去学些什么东西，学习会使你永远立于不败之地。

84. 不要等待机会，而要创造机会。

85. 火把倒下，火焰依然向上；成功就是你被击落到失望的深渊之后反弹得有多高。

86. 如果你坚信石头会开花，那么开花的不仅仅是石头。

87. 只要还有明天，今天就永远是起跑线。

88. 没有梦想和远见的人才是这个世界最贫穷的人！

89. 当一个人有了想飞的梦想，哪怕爬着，也没有不站起来的理由。

90. 长得漂亮是优势，活得漂亮才是本事。

91. 在利益面前丢掉了忠诚，必定会遭到惩罚。

92. 欺骗是一种短视行为；诚信是你的名片。

93. 世上没有绝望的处境，只有对处境绝望的人。

94. 做人以德为先，待人以诚为先，做事以勤为先。

95. 翅膀断了，心也要飞翔。

96. 面对失败、挫折、困境时，告诉自己，再坚持一下，成功就在下一个路口等着你。

97. 你能够承担多大的责任，就能够做多大的事业！

98. 把不可能变成可能，要相信一切皆有可能！

99. 千万要记住，什么时候开始学习都不晚！

100. 人生没有太多的机会和等待作出决定，请马上行动！

结束语：

送给亲爱的大学生两句话！

送给男同学的一句话："男人的世界都是勇敢地闯出来的。"

送给女同学的一句话："国家的命运是掌握在你们的手里，因为母亲决定了孩子的未来，女人的素质决定了一个家庭的幸福指数！"